90 DIAS PARA UM CASAMENTO FANTÁSTICO

90 DIAS PARA UM CASAMENTO FANTÁSTICO

COMO SER TRANSFORMADO DE CÔNJUGE EM ALMA GÊMEA

DAVID HAWKINS

| H393 | Hawkins, David
90 dias para um casamento fantástico / David Hawkins; tradução de Noemi Valéria Altoé. – Belo Horizonte: Editora Atos, 2011.

256 p.

Título original: 90 days to a fantastic marriage.

ISBN 978-85-7607-129-7

1. Casamento – Aspectos religiosos.
2. Relacionamento homem-mulher – Aspectos religiosos. I. Título. |
|---|---|
| CDD: 173 | CDU: 177.61 |

Copyright © 2009 by David Hawkins.
Copyright © 2011 por Editora Atos
Todos os direitos reservados

Coordenação editorial
Roseli Batista Folli Simões

Capa
Rafael Brum

Projeto gráfico
Marcos Nascimento

Primeira edição:
Junho de 2011 – Tiragem 3.000
Julho de 2013 – Tiragem 3.000

Nenhuma parte deste livro pode ser reproduzida, arquivada ou transmitida por qualquer meio – eletrônico, mecânico, fotocópias, etc. – sem a devida permissão dos editores, podendo ser usada apenas para citações breves.

Publicado com a devida autorização e com todos os direitos reservados pela EDITORA ATOS LTDA.

www.editoraatos.com.br

Este livro é dedicado a todos os casais dispostos a mudar de atitude num esforço de reacender o romance no relacionamento.

"Uma das clientes de David Hawkins disse que não estava mais contente de ter um casamento mediano. Ela queria mais. É por isso que este livro merece ser lido. *90 Dias para um Casamento Fantástico* não se concentra nos problemas dos relacionamentos conjugais nem tenta solucioná-los. Ao contrário, o Dr. Hawkins oferece um programa de doze semanas para maximizar e melhorar o casamento – qualquer casamento."

CECIL MURPHEY
Autora/coautora de mais de 100 livros, inclusive *Gifted Hands: The Ben Carson Story [Mãos Talentosas: A História de Ben Carson]* e *90 Minutes in Heaven [90 Minutos no Céu]*.

"Apaixonar-se é fácil. Manter a paixão depois de ter feito os votos do casamento é mais difícil. Mas é possível! Neste livro cheio de esperança, o Dr. David Hawkins apresenta um plano de doze semanas que ajudará a reacender a chama em seu relacionamento. Uma ferramenta valiosa para qualquer casal que quer mais de seu casamento."

DR. GREG E ERIN SMALLEY
www.smalleymarriage.com

"O Dr. David Hawkins é caloroso, inteligente, culto e apaixonado pelo que faz: ajudar pessoas. Seu mais recente livro, *90 Dias para um Casamento Fantástico*, é prático, bem escrito e transborda de conhecimento e percepção daquilo de que desesperadamente necessitamos para reacender as cinzas de casamentos mundanos e falidos."

DEBRA MAFFETT
Âncora do *The Harvest Show*

"O Dr. David Hawkins escreve com visão aguçada e praticidade. Seu estilo descontraído e envolvente leva o leitor a sorrir, rir e refletir... e, mais importante, oferece as ferramentas de que você precisa para construir um casamento mais sólido."

BILL PERKINS

Fundador e diretor-executivo de Million Mighty Men. Autor de *When Good Men Are Tempted [Quando Homens Bons São Tentados]* e *6 Rules Every Man Must Break [6 Regras que Todo Homem Deve Desobedecer]*.

"*90 Dias para um Casamento Fantástico* oferece exatamente isso! Cada página é uma prova de que o profundo desejo do Dr. Hawkins é capacitar os casais, inspirar os cônjuges individualmente e restaurar os casamentos, além de apresentar os passos práticos e apaixonados para atingir esse alvo. A maneira como o Dr. Hawkins nos desafia a abraçar nossos cônjuges como nossa alma gêmea certamente levará o jogo de xadrez de seu casamento a um xeque-mate. Particularmente, eu descobri que a motivação semanal que ele dá de nos lançarmos em novas aventuras no casamento tem aprofundado minha amizade com meu marido e renovado nosso prazer na intimidade. Este é um livro que deve ser lido por todos, não apenas por casais em crise".

LINDA GOLDFARB

Personalidade da mídia (Rádio e TV na Web). Fundadora e diretora – executiva de *Live Powerfully Now Ministries*.

SUMÁRIO

Agradecimentos 11

Prólogo: Fazendo novas escolhas 13

SEMANA 1: Reavaliando sua perspectiva 23
SEMANA 2: Escolhendo óculos cor-de-rosa 41
SEMANA 3: Trazendo à tona o que seu cônjuge tem de melhor 59
SEMANA 4: Lembrando-se das razões por que seu cônjuge ama você .. 79
SEMANA 5: Abrindo mão das distrações por causa do sonho 97
SEMANA 6: Adotando o efeito dominó 117
SEMANA 7: Alimentando os sonhos de seu cônjuge 137
SEMANA 8: Ensinando seu cônjuge a alimentar os seus sonhos 157
SEMANA 9: Dar o melhor de si para receber o melhor de seu cônjuge ... 177
SEMANA 10: Desencadeando o poder da fofoca positiva 197
SEMANA 11: Iniciar mudanças por meio do encorajamento 213
SEMANA 12: Como manter a admiração mútua 237

Epílogo: A decisão 253

Sobre o autor 255

AGRADECIMENTOS

QUERO PRIMEIRO AGRADECER à editora Tyndale House Publishers pelo convite feito a mim e à minha esposa, Christie, de fazer parte da família. O tempo que passamos juntos em Orlando foi maravilhoso; sua hospitalidade fez com que nos sentíssemos privilegiados.

Desejo agradecer especificamente a Jan Long Harris por ter se reunido comigo e com minha esposa inúmeras vezes e por ter me ajudado a dar coesão ao conteúdo deste livro. Obrigado, Jan, por sua criatividade, pela profusão de ideias e por ter se arriscado comigo nesta obra.

Obrigado também a Kim Miller pela leitura cuidadosa do livro, acertando minha escrita e fazendo sugestões que o enriqueceram. Obrigado, Kim, por seu trabalho.

E, finalmente, é com muito amor que dedico este livro à minha esposa, Christie. Embora os ajustes editoriais tenham melhorado muito o manuscrito, seu entusiasmo e a sua inabalável atitude positiva diante da vida fizeram desta obra o que ele é. Parece que Christie acredita em todos, mas acima de tudo acredita em mim. Ela também acredita em cada um de vocês! Obrigado, doçura, por me amar e por ser uma voz integrante deste livro.

PRÓLOGO: FAZENDO NOVAS ESCOLHAS

- 1CORÍNTIOS 13.13

"Não acredito, Dr. Hawkins. Tive que fazer esta chamada para lhe contar o que acaba de acontecer".

Eu acabara de atender ao telefone do meu consultório e uma mulher começara a falar com agitação. Ela nem me cumprimentou ou disse o seu nome. Eu me esforçava para identificar sua voz e tentar entender por que ela havia telefonado.

"Quem está falando?", perguntei.

"Oh, desculpe. É a Susie Johnson. O senhor nos atendeu, a mim e ao meu marido, Dillon, no ano passado. Estávamos num círculo vicioso de brigas, e o senhor nos ajudou ensinando-nos a nos comunicar. No fim de nossa última consulta, o senhor nos deixou à vontade para fazer novo contato informando como iam as coisas."

"Prossiga", eu disse, ainda tentando lembrar quem ela era. "O que aconteceu?"

"Quando fomos ao seu consultório, eu só queria o meu marido de volta. Queria o relacionamento que tínhamos logo que nos casamos. Mas eu consegui muito mais do que isso!"

"Verdade?", eu disse. "Explique o que você está querendo dizer."

"Então, o senhor se lembra de nós?", ela perguntou.

"Claro", eu disse, reunindo as anotações que tinha do caso deles.

Quando eles chegaram, na primeira consulta, Susie deu-me a impressão de ser muito fechada. Dillon, seu marido, se mostrou mais animado, cumprimentando-me calorosamente com um aperto de mão firme e um sorriso. Depois de nos sentarmos, perguntei por que haviam me procurado.

"Não há nada de errado em nosso casamento", Susie disse. "Mas parece que está faltando algo. Nós não brigamos, mas parece que não sobrou muita paixão também."

Ali estava uma mulher entusiasta. Alguém que não estava disposto a se acomodar num casamento mundano, estável, mas entediante. Ela queria mais e estava disposta a provocar alguma "tempestade nessa calmaria" para conseguir alguma mudança.

"O que você acha, Dillon?", perguntei.

"Concordo com Susie. Temos andado ocupados demais com o nosso trabalho e com a nossa família e acabamos nos afastando um do outro. Também quero reacender a chama."

Minhas lembranças daquela primeira conversa foram interrompidas pela voz de Susie no telefone. "Eu me lembro de ter pensado, pouco antes da nossa primeira consulta com o senhor, que talvez todos os casais cheguem a um ponto em que precisam trabalhar duro no casamento."

"E me lembro de ter dito", acrescentei, "o quanto eu estava feliz por vocês terem vindo. Muitos casais esperam demais, deixam o amor acabar e o ressentimento crescer. Não era o seu caso. Vocês ainda tinham muita estrutura para desenvolver mais o relacionamento.

"Quando você e o Dillon entraram no meu consultório mais ou menos um ano atrás, vocês disseram que desejavam fortalecer o casamento. As coisas melhoraram, então?"

"Não só melhoraram, Dr. David. O que vou dizer vai soar como um comercial de televisão, mas é a verdade. Entramos no consultório como cônjuges, mas saímos como almas gêmeas. É incrível."

"Estou curioso", eu disse. "O que você quer dizer com a expressão 'alma gêmea'?"

"Humm. Tenho que pensar melhor", Susie respondeu, fazendo uma pequena pausa. "Não é uma coisa só. São muitas pequenas coisas juntas."

Sorri. Quando comecei a atendê-los, havia destacado a necessidade de verificar as maneiras nocivas em que Susie e Dillan estavam se relacionando um com o outro a fim de entender por que o casamento deles estava sem graça. Era preciso eliminar aqueles padrões de comportamento – criticar, interromper e ignorar o outro – que os afastavam um do outro.

"Então, que pequenas coisas são diferentes?", perguntei, fazendo algumas anotações à medida que ela falava.

"Vou mencionar algumas coisas que me vieram à mente", ela disse, satisfeita por eu ter pedido que falasse mais sobre o relacionamento deles.

"Na semana passada meus pais vieram nos visitar. Quando minha mãe disse – como ela tem feito nas últimas dez visitas – que eu devia mudar de lugar os armários da cozinha para que os pratos e talheres estivessem mais perto da mesa, Dillon apenas sorriu para mim. Eu sabia que ele estava dizendo: 'Tudo bem. Eu te amo'. Depois, mais tarde, quando nós quatro saímos para dar uma volta no bairro, ele espontaneamente segurou minha mão. Ele não teria feito isso um ano atrás. Até mesmo nos pegamos falando a mesma coisa ao mesmo tempo, então, sorrimos e dizemos: 'Somos almas gêmeas'."

Susie fez outra pausa e depois continuou. "Sabe, na verdade, eu não parei para pensar em todas as pequenas coisas que nos tornam almas gêmeas. Mas quando penso nisso, percebo que há muitas coisas que agora fazemos e que não costumávamos fazer."

"Susie, o que você está me contando é o que eu digo a todo casal que vem ao meu consultório. Qualquer casal que deseja trocar maneiras destrutivas de se relacionar por maneiras positivas é capaz de reintroduzir prazer no relacionamento. É muito bom perceber que você está tão feliz. Imagino que Dillon também esteja."

"Oh", ela disse rindo. "Acho que ele está muito feliz. Que homem não desejaria uma mulher que se considera casada com um príncipe?"

A história de Susie parece um conto de fadas? Talvez uma comédia romântica de Hollywood? Quando você ouve a expressão 'almas gêmeas', é levado a pensar em Tom Hanks e Meg Ryan no filme *Sintonia de Amor* ou num casal como Susie e Dillon, um homem e uma mulher com empregos normais morando numa cidade comum que vieram me consultar porque o casamento deles havia se tornado também comum demais?

A boa notícia é que quase todos nós somos muito mais parecidos com Susie e Dillon do que com as personagens de Meg e Tom. Nossa vida parece bem comum, mas nosso casamento não tem de ser assim. O casamento de Susie e Dillon melhorou quando eles entenderam que descobrir sua 'alma gêmea' era uma questão de encontrar, recuperar e redescobrir o que os havia atraído em primeiro lugar. Exigia trabalho e vontade. Era mais do que um destino; era uma jornada.

Talvez você esteja se perguntando se tem tempo e energia para investir em seu relacionamento. Você pode estar pensando: *Com todas as coisas em que eu e meu cônjuge estamos envolvidos – pressões no trabalho, problemas com os filhos, dificuldades financeiras – será que vale a pena investir tempo em tentar ser almas gêmeas? E o que significa ser alma gêmea, afinal de contas?*

Essas são boas perguntas e as respostas a elas são muito sérias. Na verdade, descobri do pior jeito o preço altíssimo de "ir levando" o relacionamento, depois que o meu primeiro casamento acabou em divórcio. Tanto eu como minha ex-mulher nos vimos tão envolvidos em nossas carreiras e questões familiares que nos esquecemos da importância de fortalecer nosso relacionamento conjugal e de investir nele.

Como resultado de tanto sofrimento, decidi que se me casasse de novo, aquele relacionamento seria uma prioridade. Sou tão grato por minha esposa, Christie, que deseja um casamento de almas gêmeas tanto quanto eu. Sei de minha experiência que não há nada mais gratificante do que desfrutar de um relacionamento pleno. Nada faz você se sentir tão completo quanto ser completamente amado por seu cônjuge. Ser valorizado, apreciado e reconhecido é uma das partes de ser alma gêmea – e você provavelmente estaria disposto a fazer quase qualquer coisa para ter essas qualidades em seu relacionamento conjugal.

As Melhores Intenções

Encontrar sua alma gêmea não é uma questão de sorte, acaso ou coincidência. Não tem a ver com garantir que se está no lugar certo na hora certa. Você não larga a pessoa que está com você para sair procurando pelo par perfeito – ele ou ela está sentado na mesa de jantar, bem à sua frente, esperando para ser descoberto. O ingrediente principal para trazer à tona o que seu cônjuge tem de melhor – que é a base de tornar-se alma gêmea – é a intencionalidade.

Encontrar sua alma gêmea é tão simples quanto decidir mudar seu comportamento de maneira que seu cônjuge se torne sua alma gêmea. Começando com um passo, uma ação intencional, você pode encorajar seu cônjuge a ser sua alma gêmea. A escolha de trazer à tona o que há de melhor em cada um, dia a dia, semana a semana, revoluciona qualquer relacionamento.

Em *90 Dias para um Casamento Fantástico: De Cônjuge a Alma* Gêmea, estou pedindo que você se comprometa durante doze semanas num processo idealizado para ajudá-lo a descobrir e nutrir a alma de seu cônjuge – e capacitar o seu cônjuge a fazer o mesmo. Este livro contém ideias que transformarão o seu casamento trazendo à tona o que há de melhor em seu cônjuge – e em você. A cada semana você aprenderá uma nova habilidade para ajudá-lo a se aproximar de seu cônjuge, usando as ferramentas que contribuíram para transformar o relacionamento de milhares de casais, como Susie e Dillon.

Entendo que o seu casamento pode estar arruinado. Talvez o seu cônjuge não tenha mostrado nenhum interesse em se aproximar de você. Se for o seu caso, você se resignou com um casamento sem vida e não tem expectativa de mudança. Pode ser até que esteja considerando a ideia de deixar o seu cônjuge.

Estou lhe oferecendo uma terceira opção com base nesta verdade simples: se apenas um dos cônjuges quiser mudar um casamento sem graça ou mundano, ele tem condições de iniciar essa transformação. (Se você ou seu cônjuge estiverem lidando com problemas sérios, tais como alcoolismo ou abuso, então recomendo insistentemente que busquem ajuda externa com um conselheiro ou pastor enquanto procuram resolver essas questões.)

Ainda não acha que seja possível? Na verdade, não é tão diferente de planejar uma fantástica viagem de férias. Imagine-se sentado com seu cônjuge no sofá, lendo sobre algum lugar exótico e distante no caderno de turismo do jornal de domingo. As fotos são tão tentadoras que você quase se sente lá, cercado pelas paisagens e sons de um paraíso tropical.

Embora a leitura a respeito de um lugar tão encantador não o leve até lá, ela pode inspirá-lo. Inebriados pelas possibilidades, você e seu cônjuge começam a conversar, sonhar e planejar. Vocês decidem ali mesmo e naquela hora que *farão* a viagem para aquele destino em suas próximas férias. Com os olhos da imaginação conseguem ver a areia branca daquelas ilhas tropicais. Conseguem sentir os finos lençóis da elegante cama do hotel à beira-mar. Conseguem ouvir o vaivém das ondas enquanto se balançam suavemente na rede debaixo de um coqueiro. Vocês quase conseguem sentir o sabor daquele requintado prato de frutos do mar servido num restaurante em frente ao mar, enquanto assistem ao pôr do sol no horizonte. Ahhhhhh.

Essas férias são possíveis, mas exigem inspiração, transpiração e muito planejamento. Por mais encantador que soe uma viagem para uma ilha tropical, quero que você imagine outra viagem – a mais incrível de sua vida –, uma jornada que o levará à sua alma gêmea. Assim como a viagem de férias de seu sonho, esta precisará de preparo e compromisso. Espero que, por doze semanas, você seja intencional na busca de sua alma gêmea, seguindo meticulosamente o roteiro planejado e apresentado neste livro. Deixe sua imaginação voar, confie que o mapa que lhe darei o conduzirá a suaves melodias, calmos interlúdios e lugares secretos com a pessoa que você ama.

Deixe a Música Tocar

Pode ser que você não tenha tido sensações românticas há muito tempo. A música de fundo foi desaparecendo, e você não se sente mais íntimo o suficiente – física, emocional ou espiritualmente – para dançar em perfeita sintonia com o seu cônjuge. Você tem dúvidas se seu relacionamento comum, rotineiro pode ser transformado. Eu entendo.

Mas você *quer* dançar de novo. Apesar de talvez estar escondido, o romance dentro de você ainda está vivo, enterrado debaixo das ocupações da cotidiano. Você aprendeu a se distrair a fim de não ficar frustrado. Mas tudo que você quer é que seu cônjuge seja sua alma gêmea de novo.

Quer você esteja casado há quarenta e dois anos ou por quatro meses, este tipo de relacionamento é possível. O que é necessário é uma mudança de coração, de ritmo e de mente. Deixar de ser um simples cônjuge para tornar-se alma gêmea é possível. Tudo que o separa de um relacionamento encantador é um pouco de inspiração.

E essa é uma ótima notícia. Como um médico que ouve o paciente alistando os sintomas que se encaixam num diagnóstico previsível, juntos identificaremos os problemas previsíveis que levam um casamento a ser mundano. Concentrar-se nesses problemas e substituí-los com "comportamento de alma gêmea" produz mudanças incríveis.

Trazendo à Tona o que há de Melhor em seu Cônjuge

Conselheiros, assim como médicos, são treinados para concentrar-se nos problemas. Identificamos os padrões em que os desafios se apresentam e depois intervimos. Embora essa abordagem seja útil, não é suficiente. Em vez de concentrar-se apenas no que está dando errado, devemos nos concentrar também em substituir o comportamento problemático pelo comportamento construtivo, saudável, restaurador. Neste livro discutiremos maneiras pelas quais você pode interagir com o seu cônjuge a fim de que ele reaja com amor, bondade e afeição, demonstrando estar completamente apaixonado por você.

Embora de início isso pareça bom demais para ser verdade, a ação positiva quase sempre provoca uma reação positiva. Quando você trata seu cônjuge com amor e respeito, é provável que receba em troca amor e respeito também. Quando você intencionalmente escolhe trazer emoção e energia para o casamento, seu cônjuge provavelmente reagirá do mesmo modo. Você pode, em grande parte, determinar como seu cônjuge responderá a você.

Na busca ativa por este "encontro com a alma gêmea" vamos conhecer de maneira sucinta as ferramentas que você aprenderá a dominar a fim de revolucionar o seu relacionamento.

1. *Reavaliar sua perspectiva.* Como dizem as Escrituras: "Quem semeia para a sua carne, da carne colherá destruição; mas quem semeia para o Espírito, do Espírito colherá a vida eterna" (Gálatas 6.8). Em outras palavras, as escolhas que você faz têm efeitos previsíveis. Isso é particularmente verdadeiro no que diz respeito à decisão de enxergar seu cônjuge a partir de uma perspectiva positiva ou negativa. Mesmo em momentos difíceis, você pode escolher ampliar a visão positiva.
2. *Escolher óculos cor-de-rosa.* Quando escolher concentrar-se nos aspectos positivos de seu cônjuge, você será mais feliz, mais saudável e capaz de se relacionar de maneira mais efetiva. Aprenda quando se concentrar num problema e quando o ignorar. Mesmo que esteja num casamento problemático, você pode aprender a fazer uma ponte entre o problema e o benefício inerente a ele. Toda crise é uma oportunidade para mudança positiva. Toda situação frustrante em seu relacionamento é uma oportunidade de explorar mudanças de caráter que precisam acontecer.
3. *Trazer à tona as melhores qualidades de seu cônjuge.* Aprenda não apenas a observar as melhores qualidades de seu cônjuge, mas também a destacá-las e a criar um ambiente em que elas possam florescer.
4. *Lembrar-se das razões por que o seu cônjuge ama você.* O seu cônjuge se apaixonou por causa de qualidades especiais em você. Elas ainda es-

tão aparentes? Você se lembra por que ele se apaixonou e você tem nutrido essas características em si mesmo?
5. *Desistindo das distrações.* Observar e destacar as melhores qualidades de seu cônjuge exige concentração. Deixe de lado as distrações e se exercite em identificar, destacar e lembrar-se dessas qualidades repetidamente. Você deve notar, prestar atenção e dedicar-se às qualidades que quer em seu relacionamento.
6. *Adotar o efeito vaivém.* Quando você observa o que é maravilhoso em seu cônjuge e ele nota o que é especial em você, boas sensações vão e vem no relacionamento. Você tem a capacidade de iniciar essa onda de atitudes, comportamentos e sentimentos positivos. Você tem o poder de transformar padrões negativos em positivos.
7. *Alimentar os sonhos de seu cônjuge.* Seu cônjuge tem seus próprios planos, ideias e sonhos. Essas esperanças podem ser alimentadas e encorajadas; na verdade, tudo que você fizer para estimular os sonhos de seu cônjuge aumentará a intimidade.
8. *Ensinar o seu cônjuge a alimentar os seus sonhos.* Quando você alimenta os sonhos de seu cônjuge, é mais provável que ele alimente os seus. E quando sonham juntos, surge uma conexão muito forte entre vocês.
9. *Preparar o seu melhor para unir ao melhor de seu cônjuge.* Em vez de perpetuar padrões destrutivos, concordem em não apenas reconhecer o que o outro tem de melhor, mas também nutrir e permitir que o seu melhor aflore.
10. *Liberar o poder da comunicação positiva.* Quando você se concentra nas qualidades de seu cônjuge, é natural falar a respeito delas. Contar aos outros sobre as qualidades de seu cônjuge as torna mais reais para você e cria uma dinâmica muito favorável no relacionamento.
11. *Iniciar mudança por meio do encorajamento.* Não é nenhum segredo – provocamos mudanças mais facilmente e de maneira mais efetiva com motivação do que com crítica. Ao passo que o encorajamento gera cooperação e confiança, as críticas geram ressentimento e hostilidade. Aprenda a criar um ambiente positivo, cheio de calor e motivação.
12. *Manter a admiração mútua.* É preciso vontade e concentração para manter a positividade. Resista à tentação natural de escorregar para a negatividade e a regressão e insista no relacionamento de admiração mútua.

Positividade. Relacionamentos em espiral crescente. É disso que este livro trata. Decida trazer à tona o que seu cônjuge tem de melhor e encoraje-o a fazer o mesmo em relação a você. O resultado será revolucionário.

Apesar de ser necessário bastante esforço para sair da crítica e do negativismo que fluem naturalmente, você conseguirá. Se você for intencional, poderá escolher uma nova perspectiva que modificará positivamente o seu relacionamento.

Você está diante de uma oportunidade única, uma chance de descobrir sua alma gêmea e de ser uma alma gêmea. A mudança deve começar em você, mas garanto que o seu cônjuge não conseguirá evitar e também responderá favoravelmente a essas mudanças.

Ensinando uma Galinha a Dançar

O comportamento é algo incrivelmente previsível. Somos criaturas de hábitos e dançamos de maneiras previsíveis. Não apenas isso, mas nosso cônjuge reage e responde de maneiras previsíveis também. Uma ação gera uma reação e assim por diante.

Antes de encerrar uma de minhas últimas sessões com Susie e Dillon, fiz uso de uma história para desafiá-los a manter as mudanças na forma como se relacionavam um com o outro.

"Vocês sabiam que é possível ensinar uma galinha a dançar?", perguntei.

Eles olharam curiosos, como os casais sempre fazem quando começo a contar esta história. Tinha conseguido a atenção deles.

"É verdade", continuei. "Pergunte a qualquer psicólogo experimental que, por qualquer motivo, estuda essas coisas. Se você premiar uma galinha por fazer certos movimentos dando-lhe um pequeno grão de milho, ela fará mais e mais movimentos em direção ao alvo desejado. Presumindo que queira ensinar a galinha a dançar, você reforçará todo movimento que for parecido com a dança que está ensinando."

Susie e Dillon se entreolharam, com um sorriso lentamente se abrindo em seu rosto. Eles estavam começando a ver a conexão entre galinhas e pessoas – eles, especificamente!

"Vejam o que mais meus colegas descobriram. Se você chutar a galinha na cabeça quando ela fizer um movimento na direção indesejada, ela cairá morta ou correrá freneticamente para escapar. De qualquer maneira, a dança com certeza acabou.

"Então, se quiser ensinar uma galinha – ou o cônjuge – a dançar, você consegue. A escolha é sua."

Essa é sua tarefa também – prestar atenção e cuidadosamente escolher como irá se comportar em relação à pessoa mais importante para você. Enquanto se prepara para começar a implementar mudanças positivas nas próximas doze semanas, comece observando simplesmente o que gera negatividade em seu relacionamento e o que produz positividade e alegria. Não se preocupe demais em mudar nada por enquanto. Apenas observe.

Como Dillon e Susie descobriram, você não tem de fazer o que sempre fez. Realmente é possível mudar seu foco, observar o que derruba seu relacionamento e o que o levanta de novo. Você pode dominar a arte de discernir o que faz seu cônjuge derreter-se de desejo de estar perto de você. Este livro é sobre fazer novas escolhas e também sobre adotar e dominar novas estratégias. É sobre esperança e a crença de que "um brilho nos olhos" de seu amor ainda é possível, não importa por quanto tempo vocês estejam casados. É sobre perceber o outro fazendo os movimentos certos e desenvolver o relacionamento a partir dessas ações.

No fim de cada capítulo há um Questionário Semanal que lhe dará a oportunidade de refletir na lição da semana e de aplicá-la à sua vida. Você rapidamente notará seus pontos fortes, bem como as áreas que precisam de mais atenção. As perguntas e exercícios da seção "Colocando em Prática" que acompanham cada questionário fornecem recursos práticos que você e seu cônjuge podem usar para fortalecer o casamento.

Nem sempre você se relacionará de maneira perfeita, é claro, mas se conseguir isolar as coisas que faz e magoam e identificar as que são úteis, será possível fazer escolhas que levarão seu cônjuge a se apaixonar por você de novo.

Esta é uma oportunidade incrível e tudo começa com você. É sua a decisão de aproximar-se de seu cônjuge como sua alma gêmea. Essa decisão fará uma profunda diferença, da qual tenho o privilégio de desfrutar com minha esposa. Você pode começar sozinho o processo de transformação.

Você está pronto para ter um casamento cheio de sabor e vitalidade, com você e seu cônjuge se amando profundamente e apaixonados um pelo outro? Tudo isso é possível.

Então, vamos começar.

Semana 1

REAVALIANDO SUA PERSPECTIVA

Felizes os que não viram e creram. — *João 20.29*

SINAIS DE QUE VOCÊ PRECISA DE UMA NOVA PERSPECTIVA

1. Você fica tão surpreso quando alguém elogia seu cônjuge como quando Simon Cowell tem alguma coisa positiva a dizer sobre um participante do *American Idol*[1].
2. Você está sempre querendo atribuir ao seu cônjuge a responsabilidade dos problemas no casamento.
3. Você acha que tem mais chance de ganhar na loteria (mesmo sem comprar o bilhete) do que de seu casamento se tornar emocionante de novo.
4. Você considera prerrogativa sua guardar ressentimento contra seu cônjuge em sua lista de "direitos inalienáveis".
5. Incomoda-lhe quando seu cônjuge estraga um dia perfeito falando sobre algum problema ou preocupação.

---

1 Programa da televisão norte-americana (*Ídolos*, no Brasil) em que calouros se apresentam numa competição musical. Simon Cowel é um dos juízes que criticam o desempenho dos candidatos (N. do T.).

Aparentando ter não mais que vinte e cinco anos de idade, o Dr. Taylor, meu oftalmologista, explicou-me algumas coisas a respeito da cirurgia de catarata. Partes da cirurgia seriam desconfortáveis, e eu ficava um pouco ansioso ao pensar em substituir minhas lentes.

"Presumo que sua visão esteja piorando", disse o Dr. Taylor, fazendo anotações em seu formulário.

"Durante algum tempo era só um leve incômodo", eu disse, abrindo e fechando um olho de cada vez, "mas agora me incomoda o tempo todo. Sinto como se estivesse olhando através de lentes escuras, sujas."

"Dá para ver por que o seu mundo parece escuro e borrado. É como se você estivesse olhando por uma janela suja. Vamos colocar uma janela nova no seu olho e você vai adorar a diferença."

Ele me lembrou que os riscos da cirurgia eram bem menores se comparados aos benefícios. "Todo mundo tem de decidir por si só quando é a sua hora da cirurgia de catarata. Mas se dependesse de mim, se minha visão estivesse tão indistinta como a sua obviamente está, eu diria: faça agora."

Olhando para os números que ele havia calculado sobre minha visão, o Dr. Taylor me disse com entusiasmo: "Você não vai acreditar na diferença".

"Maravilha", eu disse, sorrindo. "Vamos fazer, então."

Eu me sentia à vontade com o Dr. Taylor. Apesar de jovem, meu médico tinha uma conduta que transmitia segurança e perícia.

Eu estava pronto para me submeter ao procedimento por outra razão. Havia apenas dois anos tinha feito a cirurgia de catarata no meu olho direito. Já conhecia a rotina.

Minha visão havia gradualmente regredido numa imagem sem vida e borrada como quando surgiu a primeira catarata. Só percebi a gravidade quando o médico me deu exemplos visuais da visão limpa em comparação com a visão cinza. "Você acaba se acostumando a enxergar as coisas desse jeito e esquece que há uma maneira muito melhor de ver", ele disse, voltando a falar sobre o procedimento rápido, relativamente indolor, de instalar uma nova lente na córnea do meu olho.

Após meia hora de pré-operatório anestésico e quatro minutos de procedimento de implante, passei de uma visão borrada em tons de cinza no meu olho direito para imagens claras, nítidas de vermelhos, amarelos e azuis. A diferença foi espantosamente dramática. Agora sou um garoto-propaganda de cirurgia de catarata e logo terei dois olhos com visão clara, dinâmica.

Relacionamentos através de Lentes Borradas

Não consigo evitar a comparação de minha visão borrada pela catarata com os óculos manchados que muitos de meus pacientes usam, no sentido figurado, é claro. Eles muitas vezes não percebem como suas atitudes e interações negativas afetam o relacionamento com o cônjuge. Assim como eu havia perdido a vibração da vida por causa da minha visão opaca e borrada, muitos casais com óculos manchados são privados de um relacionamento conjugal vibrante por causa da perspectiva que têm a respeito da situação que estão vivendo.

Uma mágoa aqui, uma interação negativa ali, e logo o relacionamento ganha tons nebulosos, obscuros, frustrantes. Quase sem perceber que estão enxergando seu cônjuge através de lentes borradas, maridos e mulheres podem começar a interagir a partir de uma perspectiva distorcida. Essa "névoa", porém, está longe de ser inofensiva – ela mancha e empalidece tudo que a pessoa vê quando olha para seu cônjuge.

Laurie e Stephen vieram ao meu consultório quando as lentes de seu relacionamento ficaram um pouco distorcidas. Ao caminhar em direção a eles na primeira consulta, observei o casal conversando na sala de espera. Eles haviam chegado separadamente e pareciam estar colocando a conversa em dia quando os cumprimentei. Eu me apresentei e os acompanhei até minha sala.

"Onde nos sentamos?", Laurie perguntou com nervosismo. "Nunca fizemos isso antes. Não sabíamos se ia ter um divã ou coisa parecida", ela disse.

"Desculpe por desapontá-la", respondi sorrindo. "Só antigas poltronas de sala de estar."

Olhando para o marido, Laurie interrompeu: "Não sabemos por onde começar".

Stephen levantou as sobrancelhas, indicando que ele também não tinha certeza de por onde começar.

"Stephen significa tudo para mim", Laurie começou. "Mas temos cometido alguns deslizes desde que nos casamos, há cinco anos. É o nosso segundo casamento e não vamos deixá-lo escapar. Já aconteceu uma vez."

"Acho que acabamos desenvolvendo alguns pequenos hábitos que queremos eliminar", acrescentou Stephen. "Começamos a ver o outro sob uma ótica negativa e temos dito coisas duras que magoam o outro, mas não é assim que somos lá no íntimo.

"Sabemos que há algo melhor do que o que estamos fazendo, mas acho que tanto a Laurie quanto eu nos tornamos muito complacentes na maneira como nos vemos. Queremos trazer de volta a magia ao nosso casamento. Achamos que precisamos de alguém que nos ajude a fazer isso.

"Você continua agora. Pode falar", Stephen disse suavemente, voltando-se para Laurie. Percebendo sua hesitação, ele acrescentou: "Tudo bem se você falar sobre mim. Sei que há algumas coisas que preciso mudar".

"Não estou aqui para humilhar o Stephen", Laurie disse.

"Vá em frente", Stephen reforçou. "Não tem problema. Quero que ele saiba o que nos atrapalha. É claro que depois você pode acrescentar algumas coisas maravilhosas a meu respeito também." Ele abriu um sorriso.

"Ele realmente é maravilhoso", Laurie disse, alcançando a mão de Stephen.

"Então, o que aconteceu?", perguntei. "Conte um pouco sobre o casamento de vocês, sobre os aspectos positivos e negativos."

"Tínhamos um casamento maravilhoso", ela disse lentamente. "Não sei o que aconteceu. Costumávamos passar muito tempo juntos, mas agora não mais. Com a economia em crise, voltei a cuidar de crianças quatro noites por semana e o Stephen teve de aumentar sua carga de trabalho na empresa, após uma dispensa temporária de empregados.

"Costumávamos dizer o quanto nos importamos e gostamos um do outro, mas agora já não acontece com tanta frequência." Ela encolheu os ombros. "Talvez agora tomemos o amor de um pelo outro como certo, mas acho que ambos sentimos que estamos perdendo algo realmente importante."

"É triste", Stephen afirmou, "que nós dois sentimos um pouco como se estivéssemos murchando e secando. Você entende o que queremos dizer?"

"Essa sensação não acontece da noite para o dia", eu disse, com um leve sorriso no rosto. "É como uma planta. Ela só seca definitivamente depois de bastante negligência. Então, contem-me o que está acontecendo – ou não está acontecendo."

REAVALIANDO SUA PERSPECTIVA   *Semana* 1

"Éramos muito próximos", Laurie continuou, "e agora parece que estamos ocupados demais. Estamos muito agitados. Se alguma coisa engraçada acontece no trabalho, eu sempre penso: *Mal posso esperar para contar isso ao Stephen!* Mas quando chego em casa, estou exausta e o Stephen está de saída para o trabalho, então isso nunca acontece. Quando ele chega em casa à tarde, sempre parece preocupado. Se o trabalho dele está atrasado, ele fica crítico comigo por qualquer motivo. Quando está irritado, eu simplesmente me afasto."

"Quando estou irritadiço, fico impaciente", admitiu Stephen. "Começo a achar que Laurie está fazendo cobranças demais. Começo até a pensar que ela não me ama. Sei que parece loucura, mas essa é uma das atitudes em que me vejo facilmente caindo."

"Eu também", Laurie acrescentou. "Quando o Stephen está ocupado, penso que talvez ele não me ame mais como me amava. Às vezes até entro em pânico."

"Então nos acalmamos e reafirmamos nosso amor, e as coisas se assentam", Stephen continuou. "Mas não podemos acreditar que chegamos ao ponto de questionar nosso amor."

"Sabe, gente", comecei, "sei que estão bastante preocupados com esses padrões de comportamento e isso me encoraja. Aposto que vocês já estão tentando mudar alguns desses padrões, correto?"

Ambos assentiram com a cabeça.

A ESPERANÇA ESTÁ BEM À MÃO

Se estiver pronto para assumir a responsabilidade por qualquer padrão negativo que está fazendo seu relacionamento se arrastar e substituí-lo por padrões mais saudáveis, você conseguirá começar a restaurar a vitalidade de seu casamento.

Em vez de muito preocupado, senti-me levemente encorajado. Laurie e Stephen estavam fortemente comprometidos um com o outro. Eles já tinham experimentado entusiasmo antes no casamento, ficando evidente que gostavam um do outro. Se estivessem dispostos a seguir minhas orientações e os princípios bíblicos, encontrariam aquele entusiasmo de novo. Eles estavam prontos para assumir plena responsabilidade por padrões negativos que prejudicavam o casamento deles e se dispunham a substituí-los por padrões positivos. Era um ótimo começo.

Crer é Ver

Você se identifica com Stephen e Laurie? Talvez você tenha tido um casamento dinâmico no começo e depois descobriu que começou a permitir que surgissem padrões negativos. Acontece com muita facilidade, muitas vezes sem a gente perceber.

Passei a primeira sessão ajudando Stephen e Laurie a descobrir os padrões destrutivos que haviam desenvolvido em seu relacionamento. Pedi que deixassem de lado suas críticas, tanto quanto possível, e simplesmente observassem junto comigo o que estavam fazendo.

Após alguma reflexão, Stephen e Laurie concordaram que haviam parado de compartilhar histórias pessoais do seu dia. Em vez disso, eles tinham a tendência de entrar pela porta e cair no sofá, quase sem trocar uma palavra. Não é de espantar que o relacionamento tenha começado a murchar e se tornado mundano.

Somos uma espécie que busca por padrões. Não apenas temos a tendência de cair em certos padrões de comportamento – o que estava acontecendo com Stephen e Laurie –, mas também enxergamos as situações a partir de padrões. Algo acontece e fazemos um julgamento a respeito. Algo acontece de novo e fazemos outro julgamento, que acarreta uma opinião. Logo, estabelecemos um julgamento que é permanente e afeta o nosso comportamento.

Usamos essa capacidade de criar padrões o tempo todo. Por exemplo, quantas vezes você viu uma imagem numa nuvem? Aquela imagem naturalmente não está na nuvem – nós forçamos nossa própria interpretação no formato que a nuvem tem. Quantas vezes você teve certeza de ter avistado ao longe algo que estava procurando, somente para descobrir que, ao se aproximar, era uma coisa completamente diferente? Recentemente, quando saí para velejar e procurar baleias, mais de uma vez avistei o que achei ser um leão marinho, apenas para descobrir que era um pedaço de madeira flutuando. Quanta percepção.

Apesar de não perceber, trazemos essa mesma tendência de criar padrões para os nossos relacionamentos. O jantar é o momento mais natural do dia para Laurie e Stephen conversarem. Ele chega em casa pouco antes do jantar e Laurie sai para o trabalho algumas horas mais tarde. Poucas semanas após a dispensa dos empregados na empresa, Laurie começou a perceber que Stephen muitas vezes voltava para casa do trabalho cansado e ansioso. Ela perguntou-lhe várias vezes quando ele achava que o chefe conseguiria alguma ajuda. A intenção de Laurie era mostrar que ela se importava com ele; no entanto, ele foi ficando irritado achando que ela estava querendo dizer que ele não era capaz de dar conta do seu trabalho. Mais de uma vez foi ríspido com Laurie, levando-a a concluir que não era muito seguro sondar mais profundamente. Eles nunca conversaram sobre suas percepções; em vez disso, ambos aprenderam a evitar qualquer assunto que não fosse a conversa trivial durante o jantar.

Infelizmente, quando isso acontece nos relacionamentos, depois que tomamos uma decisão a respeito de como vemos algo, é difícil mudar nossa mente. Após fazer um juízo sobre uma pessoa ou após enxergar uma situação a partir de determinada perspectiva, é uma tarefa difícil e árdua enxergá-la sob outro ângulo.

CRER É VER
O que você acredita ser a verdade sobre seu cônjuge afetará como você o vê.

Nossa capacidade de criar padrões é precisa e bastante correta às vezes, porém pode ser completamente falha em outros momentos. Considere o fato de quão rapidamente você forma uma opinião a respeito de alguém, se você gosta ou não dele. Considere quanto tempo leva para você mudar de ideia, se de início decidiu que não gosta dessa pessoa.

Vamos aplicar este mesmo princípio ao assunto em questão – enxergar o cônjuge com óculos opacos. Cada um de nós desenvolve atitudes para com o cônjuge, e essas atitudes podem variar ao longo do tempo. Dependendo do que acreditamos, "enxergamos" coisas diferentes nele.

Se, por exemplo, acreditarmos que somos amados e valorizados, provavelmente responderemos positivamente em relação ao nosso cônjuge. No entanto, se nos sentirmos desrespeitados, teremos dificuldade de agir com amor para com ele. Você consegue perceber como nossas atitudes – o que acreditamos – são cruciais para a forma como agimos e nos comportamos?

Stephen e Laurie vieram ao meu consultório porque estavam desenvolvendo alguns padrões de comportamento problemáticos, que estavam afetando as atitudes de um para com o outro também. Cada um começou a questionar se o outro realmente o tinha em alta consideração. Cada um começou a se perguntar se o outro realmente o amava. Com essa atitude, o casamento perdeu o ponto de apoio estável, obscurecendo suas lentes relacionais.

Uma verdade profunda e princípio central deste livro é simplesmente esta: crer é ver. O que você acreditar ser a verdade a respeito de seu cônjuge influenciará a forma como o vê de fato. Suas atitudes influenciarão como você trata seu cônjuge. Em tudo, sua atitude está evidente.

Olhando sua Atitude

Sua atitude é a lente pela qual você enxerga seu cônjuge, vendo-o sob uma ótica essencialmente positiva ou predominantemente negativa. Você já refletiu sobre sua atitude para com seu cônjuge?

É hora de recuar e avaliar sua perspectiva. Você está usando óculos claros e limpos, permitindo que a luz e a bondade atravessem as lentes, ou óculos obscuros e borrados, concentrando-se em tudo o que há de errado em seu relacionamento? Suas respostas para as perguntas a seguir ajudarão você a identificar sua atitude.

1. Você acredita que o seu cônjuge o ama?
2. Você acredita que o seu cônjuge deseja o melhor para você?
3. Você acredita que ele sinceramente se interessa com o seu bem-estar?
4. Você observa mais as qualidades ou os defeitos de seu cônjuge?
5. Você dá mais ênfase às qualidades ou aos defeitos de seu cônjuge?
6. Você gasta tempo elogiando e motivando as qualidades de seu cônjuge?

7. Você ora por seu cônjuge?
8. Que palavra melhor descreve sua atitude para com seu cônjuge?

Após responder a essas perguntas, reflita no que aprendeu. Você decidiu que seu cônjuge verdadeiramente o ama e deseja o melhor para você? Acredita que ele se importa com você e seu bem-estar? Sua atitude geral é positiva ou negativa, de confiança ou desconfiança, motivadora ou desencorajadora? Suas respostas revelam como você enxerga seu cônjuge e seu relacionamento com ele – não necessariamente a realidade da situação.

Se você não tem certeza de como seu cônjuge realmente se sente, verifique suas percepções com ele. Descubra se o que você acredita ser verdade é de fato o que acontece. Essa é uma oportunidade de esclarecer percepções erradas. Suas respostas direcionarão você a importantes conversas que vocês precisam ter. Em seguida, reflita sobre como sua atitude influencia sua interação com seu cônjuge.

Com frequência digo a meus clientes que percepção é tudo. O que você acredita ser real, em muitas situações, passa a ser sua realidade. Se você tem a percepção de que seu cônjuge está contra você, é provável que assuma uma posição de adversário contra ele. Se, porém, você o vê primordialmente como alguém que está *do seu lado*, provavelmente terá uma atitude positiva para com ele.

Agora, é aqui que as coisas ficam interessantes. Embora percepção seja tudo, ela não é necessariamente exata. Deixe-me dar um exemplo prático da minha vida.

Recentemente nossos filhos já adultos vieram nos visitar no fim de semana. Animados com a presença deles e querendo passar muito tempo juntos colocando os assuntos em dia, ficamos acordados até tarde, muito além do meu horário de ir dormir. Por volta das onze horas, educadamente pedi licença e fui para a cama. Rapidamente peguei no sono, mas uma hora mais tarde acordei com risadas. Imediatamente fiquei aborrecido. Tentei, sem sucesso, abafar o barulho, mas no meu estado sonolento fui ficando cada vez mais irritado. Quando minha esposa finalmente veio para a cama, eu havia nutrido minha raiva por mais de uma hora e fiz alguns comentários sarcásticos.

Naquele momento enxerguei minha esposa como insensível, descuidada, sem amor – características completamente estranhas a ela. Minha percepção fora consideravelmente alterada por meu cansaço, minha falta de positividade e habilidade de conter a raiva.

Depois de uma noite agitada e mais algumas palavras educadas, eu finalmente pedi desculpas e comecei a revisar a situação. A verdade é que nossos filhos estavam se divertindo e mereciam passar aquele tempo com a mãe. A verdade é que nossos filhos não estavam sendo insensíveis. Eles até haviam tentado se manter em silêncio e se mostraram sensíveis para com meus sentimentos. A verdade é que eu não me levantara para pedir que falassem baixo, ou para me juntar novamente a eles, ou para pegar um bom livro para ler. Em vez disso, permiti-me afundar num poço de autocomiseração – e de humor terrivelmente desagradável.

Dá para ver a diferença que a percepção faz? Sim, eu errei por não ter reconhecido meu erro antes. Mas e se eu tivesse sido ainda mais briguento e decidido manter minha posição a despeito de toda evidência em contrário? E se eu tivesse fincado pé, ensaiado o discurso de vítima argumentando como eu estava certo e todos errados? Christie e eu teríamos nos distanciado, nosso coração teria se voltado um contra o outro. Os resultados poderiam ter sido desastrosos.

Mau Humor – Loucura Temporária

Apesar de eu ter escapado daquela noite com apenas algumas horas de tensão, as coisas poderiam ter sido piores. O mau humor pode nos envolver, fazendo-nos perder a perspectiva. Uma pequena raiva, uma dose de desmotivação, algum ressentimento alimentado e logo nossos pensamentos podem sair do controle.

Não muito tempo atrás, recebi um telefonema de uma mulher que é extremamente ansiosa. Seu casamento está ruindo e o marido, após quinze anos juntos, está pensando seriamente em separação.

Atendi Gayle e o marido, Michael, por algum tempo. Infelizmente, eles me procuraram quando a coisa já estava adiantada, após anos de conflito. Agora Michael está cansado e inquieto, dizendo que não tem mais forças para continuar lutando.

O humor de Michael é de profundo desapontamento. Ele projeta frustrações passadas no futuro, gerando uma percepção de desespero. Ele não consegue enxergar como as coisas podem melhorar, já que os últimos anos foram tão ruins. Gayle está com muito medo e assustada, e ela se pergunta se conseguirá sobreviver se o marido a deixar. Ambos se sentem desesperados.

O mau humor deles é palpável. Conversar com Gayle ao telefone foi estressante para mim, porque me senti impotente para salvar o casal.

"O senhor precisa fazer alguma coisa", Gayle protestou. "O senhor tem de fazer o Michael entender que ele está cometendo um enorme erro. Deus pode salvar o nosso casamento. Michael só precisa nos dar um pouco mais de tempo."

Sinto muito por Gayle. Se eu apenas pudesse lhe oferecer as garantias de que Michael não a deixará. O que tentei fazer foi ajudá-la a perceber que agarrar o Michael, tentando usar a culpa para induzi-lo a ficar, não era a resposta. Talvez ela precise deixá-lo ir embora, se essa for a intenção dele, e só então começar a trabalhar no casamento de uma maneira nova e diferente.

Em outras palavras, ela poderia decidir acabar com aquele ciclo vicioso e negativo recusando-se a implorar e suplicar que ele ficasse. Por mais assustadora que parecesse a ideia, ela entendeu que se recusar a se manter presa naquele ciclo poderia instilar uma pequena dose de esperança de que as coisas poderiam mudar. Pudemos então começar a desvendar outros padrões destrutivos que havia no casamento deles, trabalhando a fim de criar uma espiral de positividade. À medida que conversávamos Gayle finalmente começou a perceber que criticar Michael não ajudava em nada e enxergá-lo continuamente a partir de uma ótica negativa somente reforçava o ressentimento dela.

Michael se abriu revelando seu estado perturbado numa sessão de aconselhamento não muito depois disso.

"Não tenho nenhuma esperança", ele disse. "Odeio a ideia de deixar Gayle e as crianças, mas tudo que fazemos é brigar. Isso é tudo que vamos fazer."

"Posso entender sua frustração, Michael", eu disse, "mas o passado não tem de definir o futuro. Só porque vocês têm brigado bastante no passado não significa que não conseguirão aprender novas habilidades."

"Não acredito que alguma coisa possa mudar no nosso casamento", ele disse, olhando para baixo. Seu humor estava péssimo, e seu rosto, abatido pelo contínuo desapontamento.

"Você se sente desesperado", eu continuei, "e isso dá o tom cinza a tudo que você vê. Mas você e Gayle podem aprender novas habilidades. Ela está motivada a mudar, e isso é um bom sinal. Vocês podem tomar a decisão de mudar velhos padrões – podem decidir reconstruir, interagir de maneiras mais saudáveis e resolver antigos problemas. O trabalho é viável se você estiver disposto a fazer uma tentativa. Um passo de cada vez, Michael."

Michael olhou para cima, assimilando cada palavra.

"Vou pensar a respeito", ele disse cautelosamente. "Mas não estou prometendo nada."

Enquanto escrevo este livro, Michael e Gayle estão começando a sair da roda viva de negatividade. Apesar de ainda cauteloso e bastante desmotivado, Michael está começando a ver Gayle sob uma ótica diferente. Ele nota o esforço dela em ser sensível às necessidades dele e menos pegajosa. Gayle nota a leve mudança na atitude e comportamento de Michael e está um pouco mais motivada. Uma nova luz está começando a brilhar no casamento deles.

Muitos Ângulos

Apesar de a percepção nos ajudar a compor nossa experiência, muitas vezes ela é imprecisa. O mau humor tende a nos tornar intratáveis, fechados a novas informações. As percepções de Michael se tornaram rígidas, não permitindo que informações novas e úteis se tornassem parte da solução. Ele nem percebeu as primeiras vezes em que Gayle não entrou em pânico quando ele ameaçou deixá-la. Apenas lentamente e com a ajuda de aconselhamento foi que percebeu que sua esposa não era mais a mulher carente e instável como ele passara a enxergá-la.

ESCOLHA SUA PERSPECTIVA

Permanecendo flexível e disposto a ver as coisas a partir de diferentes pontos de vista, você começará a deixar de enxergar seu cônjuge de forma negativa.

Então, de que maneira a experiência de Michael e Gayle pode ajudar você? Perceba que há muitas formas de enxergar a mesma situação. Você não precisa enxergar qualquer situação ou conjunto de circunstâncias a partir de uma perspectiva estreita, pequena. Você pode cultivar uma mente aberta e um coração aberto, adotando novas possibilidades.

Se dez pessoas virem um mesmo evento e depois forem entrevistadas a respeito dele, você obterá dez interpretações e observações diferentes. As coisas não são sempre como parecem ser.

Vamos voltar à noite em que meus filhos não me deixaram dormir. Pense no que teria acontecido se, quando a risada deles me acordou, eu tivesse pensado:

- *Que bom que nossos filhos estão se divertindo tanto.*
- *Somos tão privilegiados por nossos filhos gostarem de passar tempo conosco.*
- *É maravilhoso que nossos filhos gostem tanto da companhia um do outro.*
- *Essa é uma oportunidade para eu festejar.*
- *Nossos filhos ficariam felizes se eu estivesse lá com eles.*

Cada uma dessas afirmações, a propósito, era verdadeira. Infelizmente, não consegui enxergá-las no momento porque eu estava usando óculos de lentes cinza. Minha esposa, usando óculos de lentes cor-de-rosa, estava aproveitando ao máximo. Adivinha quem fez o melhor negócio?

Quando a questão é relacionar-se com o cônjuge, você tem muito espaço para decidir como enxergará as coisas. O segredo é flexibilidade e abertura para ver as coisas a partir de ângulos diferentes. Casais saudáveis ficam soltos, enxergam as coisas sob diferentes pontos de vista, consultam o cônjuge quanto a outros pontos de vista possíveis e demonstram empatia pela posição do outro. Eles mudam as coisas em sua mente, ouvem variadas perspectivas e continuam abertos a novas informações.

As Atitudes São Contagiosas

Recentemente eu estava me queixando a respeito da quantidade de chuva no Estado de Washington com uma mulher natural do Kansas.

"Eu simplesmente adoro o verde de Washington", ela disse, "e é a quantidade de chuva que o torna tão bonito."

"É", eu continuei, "mas é demais."

Ela mal podia acreditar no que ouvia. "Bem", ela disse, "eu simplesmente adoro a umidade, o ar suave. Adoro a brisa úmida que vem da água salgada. Adoro as montanhas e florestas verdes, os lagos, os rios, o oceano. Acho que você está acostumado demais com tudo o que tem aqui." O entusiasmo em suas palavras me fez parar e pensar que temos a oportunidade de enxergar as coisas a partir de ângulos diferentes.

Em seu inovador livro *Inteligência Emocional*, Daniel Goleman explica que na verdade nós "transmitimos e assimilamos emoções uns dos outros". Isso significa que algumas trocas são nocivas, outras são nutritivas. "Esse intercâmbio emocional", ele diz, "acontece tipicamente num nível sutil, quase imperceptível: a maneira como o vendedor diz obrigado pode fazê-lo se sentir ignorado, magoado ou sinceramente apreciado e bem-vindo. Captamos os sentimentos uns dos outros como se fossem um tipo de vírus social."[2]

Então é por isso que fico irritado quando minha mulher está de mau humor! E isso explica por que ela fica brava quando ando resmungando pela casa! Isso também explica por que me sinto nas nuvens quando Christie me cumprimenta na porta de casa e diz: "Oi, bonitão. Que bom que você chegou". Depois de um longo dia, um abraço caloroso e uma palavra suave fazem tudo ficar bem no mundo.

Na minha experiência, Goleman tem toda a razão.

Lembro-me de quando nosso filho mais novo, Tyson, era adolescente e predisposto a resmungar. Quando as coisas não iam bem no seu mundo, ele tinha um jeito de fazer com que todos – realmente todos! – soubessem. A atitude dele podia ser vista e sentida à distância.

Por algum tempo, Tyson vinha se sentar à mesa de jantar de mau humor e esperava que todos nós o ignorássemos.

"É só me deixar em paz", ele dizia. "Vocês não precisam deixar que o meu mau humor afete vocês. É meu problema e eu vou superá-lo sozinho."

"Não é assim que funciona, Ty", nós respondíamos. "O seu humor afeta toda a família."

"Mas não deveria", ele protestava. "Não deixem que isso os incomode."

"É fácil falar, difícil fazer", nós dizíamos. "O mau humor é uma coisa contagiosa. Nós sentimos o que você está sentindo. Ficamos felizes em tentar

---

2   Daniel Goleman. *Emotional Intelligence*. New York: Bantam Books, 1995, p. 114. No Brasil, *Inteligência emocional*, publicado pela Ed. Objetiva.

ajudá-lo, se quiser conversar sobre seu problema, mas se você simplesmente ficar amuado, terá de lidar sozinho com ele."

Foi exatamente isso que decidimos – ele podia ficar no quarto curtindo o seu mau humor pelo tempo que quisesse, mas não tinha permissão de vir à mesa de jantar e fazer com que toda a família fosse contaminada.

Nossas atitudes, sejam boas, sejam ruins, são contagiosas. A boa notícia, como discutiremos em detalhes mais à frente, é que temos o poder de influenciar as atitudes de nosso cônjuge por meio de nossas próprias atitudes. Podemos permitir que o nosso mau humor repercuta entre nós ou podemos escolher influenciar um ao outro com atitudes positivas e bom humor.

Despertando o Pior de Cada Um

O mau humor lança uma mortalha sobre os momentos mais felizes, sobre o lar mais tranquilo. Gera um ambiente de confusão e tensão, fazendo com que todos se sintam desesperados e perplexos, sem saber como eliminar o clima pesado.

Embora todo mau humor seja perturbador, certas emoções causam mais dano do que outras. Algumas são particularmente dolorosas e podem levar seu casamento, de um lugar de segurança e realização, para um deserto de sofrimentos. A seguir estão algumas atitudes que você precisa evitar com atenção especial. Elas não podem ser toleradas se você quiser gerar um ambiente onde o amor possa florescer.

As coisas não têm mais jeito. Nada derruba mais rápido um relacionamento do que a desesperança. Quando Michael insistiu com Gayle que não havia mais esperança de mudança no casamento deles, seu desespero foi contagioso, levando-a a desistir também. Uma emoção negativa gera uma nuvem pesada sobre o casamento, criando uma sensação de desespero e, às vezes, de profunda desmotivação.

Felizmente, a situação raramente é tão desanimadora quanto a "nuvem pesada" parece indicar. Há sempre um fio de esperança no qual se agarrar, e a esperança, por menor que seja, é suficiente para mudar uma atitude. Como pessoas de fé, podemos pedir a Deus que nos dê sabedoria e nos ajude a encontrar as respostas onde nos sentimos desmotivados.

Você não se importa comigo. Quando há um turbilhão de sentimentos antagônicos dentro de nós, é difícil ter emoções alegres e calorosas para com o nosso cônjuge. Talvez tenhamos alimentado essas emoções ruins por algum tempo, e tenha sobrado pouco espaço para sentimentos positivos. Quando isso acontece, certamente estamos tendo uma atitude vergonhosa.

Mas a verdade é que geralmente nos importamos com o nosso cônjuge. E ele se importa conosco. Talvez o cuidado esteja camuflado por trás de atitudes ruins e comportamento desmotivador, mas estamos a um pequeno passo de mudar tudo. Um pequeno ato de carinho gera outro e outro e outro. E com o tempo, ações carinhosas geram uma nova atitude que vai sendo formada dentro de nós.

Tenho todo direito de estar com raiva. Oh, o prazer da indignação legítima! Gastamos tanto tempo ensaiando o *script* de como estamos com a razão e quão errado está o nosso cônjuge. Facilmente distorcemos as coisas a nosso favor, fazendo nosso cônjuge parecer sempre o "bandido", e nós as vítimas inocentes. Nós somos o mocinho, e ele o vilão. Essa atitude é perigosa, prejudicial e provoca incríveis divisões.

Mas e se seu cônjuge o feriu profundamente com algum tipo de traição? É natural sentir mágoa e raiva. A verdade, porém, é que nunca temos o direito de montar acampamento com a raiva. Apesar de ter sido a vítima, um ambiente de raiva na casa não ajudará em nada. Permita-se sentir raiva e depois avance para uma ação efetiva. Faça escolhas. Estabeleça limites. Recomponha o problema a fim de encontrar soluções. Aceite que seu parceiro é humano, exatamente como você.

Há um jeito certo e um jeito errado de fazer as coisas. Quando achamos que estamos fazendo as coisas do jeito "certo" e nosso parceiro está fazendo do jeito "errado", desenvolvemos uma atitude de insatisfação e ira. Essa perspectiva estreita limita nossa visão e só serve para afastar ainda mais nosso cônjuge de nós.

Lembra-se de Laurie, que se queixava que o trabalho do marido exigia demais dele? Achando que o supervisor de Stephen estava tirando proveito do marido, por várias vezes ela lhe perguntou quando o chefe iria diminuir sua carga de trabalho. Depois que finalmente o casal conversou sobre a situação, Stephen contou a Laurie que as responsabilidades do chefe também haviam aumentado. Stephen começou a fazer relatórios semanais para o chefe e passou a receber diretrizes quanto a quais projetos eram prioritários. Essa abordagem permitiu que ele se sentisse menos pressionado mesmo numa situação de trabalho estressante.

Quando relaxamos e tomamos fôlego, é bastante comum perceber como estávamos errados em olhar para as situações a partir de um ponto de vista tão estreito. A prática de olhar as questões a partir de diversos ângulos nos permite enxergar o nosso cônjuge com novos olhos – não como inimigos, mas como nosso amado companheiro.

O meu cônjuge está contra mim. Quando presumimos que o nosso cônjuge está competindo conosco, é fácil enxergá-lo como um inimigo. *Por que você não vê as coisas como eu vejo? Por que você não caminha comigo nos meus planos?* Ao repassarmos essas crenças negativas, nossa raiva e amargura crescem, e nos afastamos ainda mais um do outro. Basta um pouco de pensamento negativo e começamos a achar que nosso cônjuge é crítico demais conosco. Foi exatamente o que aconteceu com Stephen.

Naturalmente, essa perspectiva pode estar errada. Nosso cônjuge pode discordar de nós sem estar "contra nós". Quando vemos com novos olhos que, apesar de discordar de nós, nosso cônjuge nos ama, amolecemos e nos dispomos a uma reaproximação.

O primeiro passo para revitalizar o nosso casamento é reavaliar a perspectiva. Espero que até aqui você tenha considerado a possibilidade de que sua atitude negativa, "ruminada" e justificada internamente, pode na verdade estar causando sérios danos ao seu casamento. O desafio desta primeira semana é examinar sua atitude com responsabilidade, considerando a possibilidade de que há melhores maneiras de enxergar a sua situação.

É tentador escorregar para a passividade, achando que você causa pouco impacto ao que acontece em seu casamento. Nada poderia estar mais longe da verdade. Sim, você pode simplesmente reagir às situações, mas há um caminho melhor. Você pode agir deliberadamente, escolhendo as ações e palavras que trarão à tona o que seu cônjuge tem de melhor. Obviamente, você se beneficiará tremendamente dessa aproximação mais positiva.

Agora que você já tirou seus óculos de lentes cinza, qual é a próxima coisa a fazer? No capítulo 2 vamos explorar como você pode colocar óculos de lentes cor-de-rosa. Em vez de temer o conflito em seu casamento, aprenda a ver as possibilidades à medida que for encarando e superando os conflitos com seu cônjuge. Em vez de ver tudo o que há de errado com ele, aprenda a enxergá-lo com novos olhos. Olhar os aspectos positivos de seu casamento e as qualidades de seu cônjuge os levará a uma parceria mais forte, mais íntima.

Questionário Semanal

É hora de avaliar sua perspectiva conjugal. Lembre-se de que ações positivas quase sempre geram reações positivas. E é mais fácil ter ações positivas a partir de uma perspectiva positiva. Você tem a capacidade de definir o clima em seu relacionamento. Pense em como agiria no seguinte contexto:

Você pediu ao marido que fosse ao supermercado já faz uma hora. Pediu que ele comprasse ovo, leite e ração de cachorro. A esta hora, já era para ele estar de volta, e seu cachorro, que agora está latindo e andando de um lado para o outro, está ainda mais agitado do que você. Você pensa:

a) Eu mesma deveria ter ido ao mercado. Aquele homem nunca consegue encontrar nada! Hmmmm. Aposto que ele está enrolando para não ter de ajudar a lavar a louça.
b) Estou tão grata que ele tenha ido ao mercado para mim. Sabia que podia ser difícil encontrar a marca da ração que o Brutus gosta. Não ficaria surpresa se ele tiver de passar em outro mercado para encontrá-la.

COLOCANDO EM PRÁTICA ESTA SEMANA

1. Gaste algum tempo conversando com seu cônjuge sobre as "lentes" pelas quais vocês se veem e como reagem um ao outro. Se for preciso, releiam as perguntas das páginas 28 e 29.
2. Tentem se lembrar de algum incidente que tenha causado discussão ou mal-entendido entre vocês. Cada um deve apresentar sua perspectiva daquela situação. Em seguida, conversem sobre as diferenças na percepção de cada um e se é possível ambas as percepções terem no mínimo alguma validade.
3. Revisem a lista de atitudes "nocivas" nas páginas 35 a 37. Quais delas, se houver, estão presentes entre vocês?

Semana 2

ESCOLHENDO ÓCULOS COR-DE-ROSA

O otimista olha o mundo com óculos cor-de-rosa.
— *Provérbio inglês*

SINAIS DE QUE VOCÊ PRECISA USAR ÓCULOS COR-DE-ROSA

1. Você se descreveria mais como alguém que se esconde do que alguém que enfrenta as situações de forte carga emocional.
2. Você tenta sair de fininho quando seu cônjuge chama: "Amor, precisamos conversar".
3. Você faz o possível para não deixar seu cônjuge se esquecer de que ele não lembrou do aniversário de sua mãe – três anos atrás.
4. A última vez que vocês se sentaram para uma conversa franca foi quando estavam decidindo se deviam ir comer no McDonald's ou no Wendy's[1].
5. Você classificaria seu casamento como mediano – ou pior –, mas está satisfeito, mesmo que ele caia no *ranking*.

Uma piada antiga, popularizada pelo presidente Reagan, é mais ou menos assim:

---

1 Terceira maior rede de *fast-food* dos Estados Unidos (N. do T.).

Um jovem muito otimista achou-se inesperadamente num enorme monte de estrume de cavalo e começou a cavar animadamente. Quando alguém lhe perguntou por que estava cavando no monte de esterco, o garoto respondeu com entusiasmo: "Com todo esse esterco, tem que haver um pônei aqui em algum lugar!".

Rimos diante do absurdo desta piada, entretanto algumas pessoas realmente enxergam os obstáculos como oportunidades e encaram os desafios como épocas de crescimento. Elas saúdam uma queda no mercado imobiliário, percebendo as possibilidades de encontrar uma casa à venda abaixo do preço normal. Elas transformam a perda do emprego na oportunidade de terminar aquele curso que nunca terminaram ou procurar um trabalho numa área que jamais haviam sonhado.

Se conseguirmos manter a calma e vencer o medo, muitas vezes veremos oportunidades escondidas na aparente calamidade. Temos a escolha de colocar óculos de lentes cinza ou cor-de-rosa.

Outro dia, eu e minha esposa fomos apanhados no meio de um aguaceiro repentino em Seattle. Molhado e com frio, comecei a resmungar sobre o tempo, mas ela fez o que sabe fazer melhor – uma ponte entre aquilo que eu enxergava apenas como um problema e o que ela via como um resultado positivo.

"Parece uma ótima oportunidade de irmos ao seu café favorito, na Rua Cherry e tomar uma sopa e um café com leite", ela disse, sorrindo.

Inicialmente, estava preso na minha visão cinza. "Não, vamos pra casa tirar essa roupa molhada", eu disse, ignorando seu bom humor.

"Por favor", ela insistiu. "Podíamos passar no Ivar's para tomar uma xícara de sopa de peixe com legumes. É bem no caminho."

Com um pouco de esforço mental, alcancei meus óculos cor-de-rosa, tirei com muita dificuldade meus óculos cinza e abracei a oportunidade de desfrutar de um tempo gostoso com minha esposa. Peguei a mão de Christie e nos dirigimos para a Rua Cherry, já nos imaginando tomando um delicioso café com leite e apreciando os quadros de arte nas paredes do café. Então, sorri.

VOCÊ SEMPRE TEM RAZÃO

Quer você acredite que é capaz de superar uma dificuldade no casamento, quer não, você está certo. Escolha ver cada dificuldade como uma oportunidade de crescimento.

Esse é um exemplo simples, talvez, mas os mesmos princípios se aplicam, não importa o tamanho do problema. Quer você acredite que é capaz de superar uma dificuldade no casamento, quer não, você está certo. Agora que já analisou suas percepções na semana 1, a tarefa desta semana será aceitar sua capacidade e responsabilidade de mudar sua atitude, recusando-se a simplesmente contentar-se com um casamento medíocre e procurando oportunidades de aumentar a alegria e o entusiasmo. Colocando de maneira muito simples, fazer isso é sua escolha.

Acredite, haverá provações em seu casamento de qualquer maneira. Se escolher usar óculos cinza, você verá apenas escuridão. Se enxergar apenas os aspectos negativos, perceberá tudo que seu cônjuge fizer de errado, remoerá isso na sua mente e o resultado será a amplificação das imperfeições dele na sua visão. Logo, essas imperfeições irritarão como o som estridente de um violino e provavelmente você baterá em retirada.

Se, por outro lado, você escolher ver cada dificuldade como uma oportunidade de crescimento, uma chance de crescer e expandir, seu casamento se encherá de vida e entusiasmo. Se você procurar o pônei escondido no esterco ou for até o café no meio da chuvarada, encontrará algo maravilhoso.

Um Lugar para Crescer

Você já ouviu esta velha piada? Você entra no casamento certo de que encontrou o ideal, acaba caindo no trivial e depois sai pela porta tentando encontrar outro mais original. Infelizmente, isso não está longe da verdade para muitos casais. Enfrentando problemas que parecem intransponíveis, muitos casais não veem muitas opções além de aceitar um relacionamento estagnado ou partirem ambos para outra.

Há outra saída. Há um caminho melhor. O apóstolo Tiago trata disso da seguinte forma: "Meus irmãos, considerem motivo de grande alegria o fato de passarem por diversas provações, pois vocês sabem que a prova da sua fé produz perseverança. E a perseverança deve ter ação completa, a fim de que vocês sejam maduros e íntegros, sem lhes faltar coisa alguma" (Tg 1.2-4).

Grande alegria? Ele deve estar brincando! Será possível que Deus sabia que nossos casamentos seriam lugares de provações e ainda assim oportunidades de crescimento? Sim! Ele sabe que o casamento é um excelente lugar para aperfeiçoar nossas habilidades de relacionamento, encarar nossas fraquezas e superá-las. Ele sabia o que estava fazendo quando instituiu o casamento – e essa grande alegria faz parte do pacote.

A adversidade pode pegar um casamento satisfatório e transformá-lo num casamento de almas gêmeas. A adversidade pode tanto dividir como unir um casal. Nós podemos nos aproximar ainda mais ou nos afastar um do outro. Em tempos difíceis, enxergamos nosso cônjuge como um aliado ou como um adversário.

Mas lembre-se: atitude é tudo. As lentes pelas quais você olhar determinarão o que verá. Se decidir que cometeu um erro monstruoso e que seu casamento deveria ser muito mais fácil, você certamente terá problemas. Porém, se decidir que aceitará os desafios como um meio de transformá-los de cônjuges em almas gêmeas, você se sentirá muito melhor.

Pare um pouco e pense nas épocas difíceis de seu casamento. Isso levará alguns minutos e funciona melhor quando temos em mãos um pedaço de papel e uma atitude reflexiva – mantenha os óculos cor-de-rosa por perto.

Depois que estiver com uma xícara de café e seu diário à sua frente, reflita nos momentos difíceis de seu casamento. Direcione sua atenção a alguma dificuldade específica que vocês superaram. Como conseguiram superá-la? Como você venceu sua irritação, frustração e raiva? Suspeito que vocês tenham enfrentado o problema, decidindo superá-lo e então conseguiram! Colocado de maneira simples, você recompôs essa experiência. Agora você não enxerga mais essa situação como um problema insolúvel, mas como uma ponte que os levou a se comunicarem melhor e a terem um estilo de vida melhor.

Talvez você tenha passado por uma época de conflitos que terminou com um pacto de diminuir as brigas e viver em harmonia. Pode ser que você tenha tomado a decisão de não mais negligenciar seu casamento, como Stephen e Laurie no capítulo 1, cujo casamento não estava em perigo, mas havia caído na mediocridade. Você passou a ser proposital quanto a acrescentar sabor e vitalidade ao seu casamento. Você observou seu relacionamento começando a florescer e a crescer.

Quer você esteja num casamento medíocre e queira melhorá-lo, quer esteja num casamento bom e queira torná-lo maravilhoso, posso garantir o seguinte: não há lugar melhor para crescer do que no seu casamento. Esta é a hora e este é o lugar de crescimento. As respostas não estão "lá fora", mas bem aí, exatamente onde você está!

É verdade. Em vez de ser um lugar de conflitos e enfrentamentos, seu casamento oferece oportunidades como nenhum outro para aprender novas habilidades. Considere as habilidades que estou desenvolvendo em meu casamento:

- Falar a verdade em amor: estou aprendendo a ser assertivo, respeitando o ponto de vista de Christie, mas ao mesmo tempo compartilhando o meu.
- Conter a língua: estou aprendendo a escolher a hora certa de compartilhar meus sentimentos e desejos.
- Falar palavras de encorajamento: estou aprendendo a tirar o foco de mim, ficando atento às oportunidades de suprir as necessidades que Christie tem de motivação.
- Controlar minha raiva: estou aprendendo a expressar minha raiva de maneiras saudáveis, sem magoar.
- Ser vulnerável e transparente: estou aprendendo a me arriscar mais, aproximando-me de Christie e permitindo que ela me veja como eu sou de fato.

Se não fosse pelo meu casamento, tenho certeza de que não teria crescido como já cresci. Certamente, teria sido muito mais fácil se eu nunca tivesse sido forçado a fazer essas mudanças. Porém, estou convencido de que minha vida seria muito mais sem graça também.

Em *Transitions [Transições]*, um de meus livros favoritos, o autor William Bridges explica que a vida não é formada de linhas retas entre as distâncias mais curtas, mas "a vida faz o seu caminho por uma paisagem ondulada. Se você quer viver, precisa se render ao caminho de transição – relaxar quando a vida lhe apresentar um momento de término e aproveitar a oportunidade de um novo começo quando surgir o momento".[2]

Não é uma Coisa Ruim

Eu estava deitado na nossa cama quando minha esposa olhou para mim e disse que precisava conversar comigo sobre uma coisa. Imediatamente me senti ten-

---

2 William Bridges, *Transitions [Transições]*. Cambridge, MA: Perseus Publishing, 2001, p. 85.

so, supondo que essa simples afirmação era um aviso de que algo desagradável estava por vir. E estava.

"Estamos deixando nosso relacionamento ficar sem graça, e eu não estou gostando disso", ela disse. "Você está começando a trabalhar demais e faz meses que a gente não dá uma saída."

Olhei para ela totalmente despreparado para qualquer crítica. Não soube lidar com a situação. Imediatamente me pus na defensiva e tentei mostrar-lhe como ela estava errada.

"Como você pode dizer isso?", disse sem acreditar no que ouvia. "Saímos em férias dois meses atrás e aproveitamos muito. Sim, tenho trabalhado bastante ultimamente, mas você sabia que eu teria de mergulhar no trabalho quando voltássemos."

"Você não precisa ficar tão na defensiva", ela retrucou, indignada. "Só estou sentindo falta das noites que tínhamos juntos e gostaria de tê-las de novo. Não quero que você trabalhe à noite nem faça telefonemas relacionados ao trabalho depois do jantar. Quero a magia de volta ao nosso casamento."

Ainda não conseguia acreditar nas críticas de Christie. Eu me esforçava para ser um marido carinhoso e atencioso. Mas eu também tinha um consultório lotado e uma carreira ativa como escritor. Eu queria um casamento maravilhoso, mas achava que podia encaixá-lo nos espaços livres de minha agenda. Ela queria mais.

Depois de ficar amuado por alguns momentos, parei para pensar no que ela estava dizendo. Na verdade, escolhi tirar os óculos cinza e coloquei os de lente cor-de-rosa que deixo sempre no meu criado-mudo para momentos como esse.

Isso me levou a olhar para a situação de uma nova maneira. Qual era a oportunidade desse enfrentamento e como eu podia transformar uma briga em potencial numa oportunidade desafiadora de crescimento? Exigiria uma boa dose de força de vontade e mudança de atitude, mas eu estava disposto a encarar o desafio.

"Tudo bem", eu disse com certa relutância. "Como posso ajustar as coisas para que você fique entusiasmada com o nosso relacionamento de novo? Também desejo um casamento cheio de magia, então estou dentro."

Com isso, ela sorriu, aproximou-se e segurou minha mão. "Eu estava pensando que a gente poderia passar o fim de semana numa pousada. Ouvi dizer que tem uns lugares legais em Port Townsend. Você podia aproveitar a sexta para escrever o dia todo e nós poderíamos sair na sexta à noite e aproveitar o sábado lá. No caminho, a gente podia experimentar aquele restaurante italiano novo. Só nós dois, querido. O que acha?"

"Fechado", eu disse, sorrindo.

Fiquei deitado mais alguns minutos, animado com o fato de que nós não só tínhamos evitado um conflito, mas também havíamos criado um emocionante programa a dois. Era uma proposta em que nós dois saíamos ganhando. Christie estava abrindo mão de algum tempo para que eu pudesse escrever e eu estava criando espaço em minha agenda para que ela tivesse minha total atenção. Assim, além de não ter sido algo ruim o fato de ela ter me confrontado, também foi uma incrível oportunidade para nós dois. Tudo que precisei fazer foi tirar os óculos cinza e colocar os óculos cor-de-rosa.

Sentindo-se Muito Bem

Encarar um desafio como algo bom e não simplesmente como algo mau ou mesmo neutro é uma atitude que proporciona incrível capacidade. Quando você age assim, deixa de ser a vítima de circunstâncias desafortunadas e passa a estar no controle. Você deixa de gastar suas energias para evitar situações difíceis e passa a confiar em suas habilidades de encará-las, lidando com elas efetivamente.

Essa atitude, porém, exige preparo. Você deve desenvolver habilidade de concentração e intencionalidade. Estou falando "polianês"?[3] Não, o que é preciso é a disposição de transformar cada desafio num resultado positivo.

E se quando Christie tivesse mencionado seu desapontamento eu tivesse direcionado todas as minhas energias para me defender e discutir com ela? Talvez eu tivesse "ganho" a discussão, mas o custo teria sido alto demais. Certamente eu teria conseguido o embate que eu temia e provavelmente Christie iria guardar futuras mágoas e anseios, sufocando-os dentro de si.

---

3   O autor faz referência a Polyanna, a jovem protagonista dos romances de Eleanor H. Porter. Polyanna é a verdadeira personificação da pessoa excessiva e persistentemente otimista (N. do T.).

ASSUMA O CONTROLE
Enxergar um problema de maneira positiva lhe dará novamente o controle e o ajudará a encontrar uma oportunidade naquilo que antes você via como algo negativo.

Por eu ter escolhido uma abordagem que não surgiu naturalmente, Christie e eu chegamos a um resultado muito melhor. Você pode imaginar meu prazer quando num minuto eu estava com medo do conflito e no outro estava me preparando para um fim de semana fantástico com minha esposa? Dá para imaginar a mudança de defensiva e prontidão para o conflito para alegria e disposição para o romantismo? Graças à sinceridade de Christie e sua boa vontade, íamos para uma pousada maravilhosa e, mais importante, eu ia passar algum tempo com a mulher que tem prazer em estar comigo.

Dá para sentir a mudança que aconteceu dentro de Christie? Num instante ela estava com medo do desfecho que aquele enfrentamento teria; no outro, estava se sentindo exuberante sobre as possibilidades de nosso relacionamento. Num momento ela temia que eu ficasse na defensiva (como de início fiquei) e me recusasse a ouvi-la, enquanto no outro ela se deliciou em me ver tão aberto e desejoso de agradá-la.

Em ambos os casos, a primeira disposição mental envolvia medo e dúvida, ao passo que a outra envolvia potencial e empolgação. A primeira fez com que nos sentíssemos desencorajados e amedrontados; a outra permitiu que nos sentíssemos no topo do mundo, confiantes de que tudo é possível. A escolha foi nossa.

A mudança mais importante, porém, é a que nos leva a nos enxergar não mais como meros cônjuges, e sim como almas gêmeas. Se Christie tivesse se acomodado à situação, suportando as coisas do jeito que estavam – o que é bastante tentador –, teríamos perdido a oportunidade de desfrutar de algo mais, de nos tornar almas gêmeas. Se ela tivesse tido tanto medo a ponto de não se aproximar de mim em busca de mudanças, teríamos afundado na mediocridade. Teríamos vivido como cônjuges, mas não como almas gêmeas.

Christie e eu estamos aprendendo o que você também pode aprender: uma determinada reação gera outra reação parecida no outro. Uma resposta agressiva geralmente gera uma reação também agressiva. Uma resposta calma, compreensiva quase sempre cria a oportunidade de uma reação também calma. Quando estou aberto e disposto a resolver as questões, ela também está. Quando tento encontrar maneiras novas, criativas de me relacionar, ela também tenta. Quando busco algo mais em nosso casamento, ela está pronta para fazer sua parte. Quando ela anseia por algo mais que eu possa lhe dar, atendo aos seus pedidos.

Sem Acomodar-se

Quando nos acomodamos às coisas do jeito que estão, paramos de crescer. De acordo com o conceito da física conhecido como *entropia*, todas as coisas estão num constante processo de decomposição e desintegração. Sendo assim, nunca podemos nos dar ao luxo de deixar as coisas como estão ou achar que está tudo bem. Devemos sempre buscar melhorar. E há sempre algo mais ao nosso alcance. A partir do momento que começamos a ignorar essa verdade, nosso casamento começa a se deteriorar.

Essas palavras são duras, mas é a verdade. Dá para prever casamentos que vão morrer, muito tempo antes do funeral. Muitos homens e mulheres querem ser noivo e noiva, mas não querem ser marido e mulher. Por quê? Porque não querem as tarefas diárias e enfadonhas do casamento. E quem pode culpá-los? Quem deseja uma vida de trocar fraldas, lavar louça, limpar banheiros e arrumar a bagunça? Queremos cafunés, beijos e jantares à luz de velas. Não há nada de errado em desejar essas coisas; na verdade, a partir do momento que desistimos delas e nos acostumamos com a rotina, nossa esperança começa a morrer.

Devemos lutar para encontrar o ideal, mesmo no meio de fraldas sujas e louça por lavar. Talvez você seja uma pessoa pragmática e insista que depois que termina a lua de mel tudo que sobra é trabalho, trabalho e mais trabalho. Mas eu não aceito isso. Insisto que nunca devemos nos acomodar. Nunca devemos desistir de nossos sonhos de ser o Príncipe Encantado e a Cinderela. E esses sonhos são possíveis se mantivermos os óculos cor-de-rosa nos olhos e insistirmos em obter mais de nosso casamento.

Portador de Boas Notícias

Toda vez que Christie vem falar comigo sobre uma preocupação, tenho um segundo para decidir se vou abraçar ou ferir o mensageiro. É claro que nunca gosto de ouvir más notícias. Nunca quero ouvir reclamações.

Mas percebi algo importante: se eu receber suas preocupações ficando na defensiva, ela se sente insegura e enterra suas queixas bem lá no fundo onde elas envenenam o espírito. Se eu reajo à sua mensagem com desinteresse e desatenção, ela se sente menosprezada e insignificante, e provavelmente se afastará de mim.

Entretanto, se eu enxergá-la como uma mensageira de boas notícias, aceitando suas críticas, preocupações e queixas com receptividade, ela vai compartilhá-las comigo e poderemos encontrar uma solução adequada. Podemos nos empenhar para que ambos sintamos que estamos sendo ouvidos, compreendidos e reconhecidos e podemos seguir adiante na tarefa de garantir uma solução que seja favorável a ambos.

Mas devo ser honesto – nem sempre estou no meu melhor. Às vezes me esqueço de receber minha mensageira com entusiasmo. Não estou disposto a ouvir más notícias, reclamações ou falhas pessoais. Percebo, no entanto, que cada vez que fracasso em saudar a mensageira as coisas acabam piores do que se eu a tivesse recebido bem.

Acredite em mim, já tentei lidar com isso das duas maneiras possíveis. Tentei tornar difícil para ela a tarefa de vir a mim com suas preocupações; a questão não foi descartada e a preocupação continuou lá, sem ser resolvida. Também tentei fazê-la se sentir segura e protegida, dando crédito a suas preocupações; sempre funciona melhor. Nosso relacionamento sempre melhora quando enfrentamos nossos problemas e procuramos resolvê-los e nunca melhora quando os evitamos.

Uma estratégia muito eficaz nesta difícil empreitada é imaginar que Christie tem sempre em mente o meu bem-estar, que a mensagem que ela tem para mim, no fundo, é uma boa notícia. Imagino que ela se aproxima de mim com o objetivo de tornar nosso casamento ainda melhor do que já é. Acredito em sua boa vontade em relação a mim. Tendo essa hipótese como alicerce, consigo ouvir suas preocupações com uma disposição mental positiva.

Essa abordagem, porém, é muito contrária à intuição e, portanto, difícil. É perfeitamente natural afastar-se da dor. Nós evitamos os médicos, dentistas, fiscais da receita e advogados. Desejamos que nossos problemas desapareçam misteriosamente no meio da noite. Mas eles não desaparecem, e nós sofremos as consequências.

Assim, em vez de encarar os problemas e os "mensageiros de problemas" sob um prisma negativo, tente aceitar os problemas. Primeiro, pense neles, repassando-os em sua mente uma ou duas vezes e analisando-os a partir de pontos de vista diferentes. Procure enxergar o mensageiro, seu cônjuge, como alguém cuja intenção é buscar o seu bem-estar. Treine visualizá-lo como o portador de boas-novas, alguém que quer o melhor para você e seu casamento – e não como um bandido que deseja prejudicá-lo. Aceite suas mensagens como presentes.

Superando os Obstáculos

Todo desafio na vida é uma oportunidade, uma chance de crescer e seguir adiante, mais forte do que nunca. A maneira como encaramos e aceitamos o desafio é tudo e nossa atitude determina o resultado.

Donald Clarke, em seu livro *A Marriage After God's Own Heart [Um Casamento segundo o Coração de Deus]*, apresenta suas ideias sobre o assunto.

> *O caminho em direção a qualquer conquista significativa na vida está cheio de obstáculos. Pense em todos os alvos importantes, preciosos que você alcançou na vida: o diploma no ensino médio, o grau de bacharel, a abertura de uma empresa, a promoção no emprego, ter um filho, manter uma família saudável, comprar uma casa, crescer espiritualmente, vencer um vício... Lembra-se de como você teve de se esforçar para chegar ao fim? Lembra-se dos obstáculos, tanto internos como externos, que você teve de ultrapassar antes de declarar a vitória? Provavelmente é verdade que, quanto mais importante fosse o alvo, maior o número de obstáculos enfrentados.*[4]

Há inúmeros obstáculos na transformação de meros cônjuges para almas gêmeas. Cada um deles, porém, é também uma oportunidade. Cada um é uma

---

[4] Donald Clarke, *A Marriage After God's Own Heart* [*Um casamento segundo o coração de Deus*]. Sisters, OR: Multnomah Publishers, 2001, p. 183.

chance de nos aproximarmos mais de nos tornar almas gêmeas. Veja a seguir alguns passos necessários para enxergar seu cônjuge através de lentes cor-de-rosa:

Crie uma imagem do que é ser alma gêmea. Por mais óbvio que pareça, muitas pessoas não têm a mínima ideia do que seja ser alma gêmea. Estamos todos acostumados demais a enxergar as pessoas através dos olhos da mediocridade. Que tal ver seu cônjuge como alguém capaz de ser engraçado, cheio de entusiasmo e animação? Que tal imaginar seu cônjuge como alguém que se importa com você, que deseja saber o que você pensa e como se sente? Visualize seu cônjuge como alguém disposto a conversar com você, a compartilhar pensamentos e emoções íntimas e sinceras.

De posse dessa visão, você vai em busca desse profundo nível de intimidade. Você se satisfaz com nada menos do que a transparência e a sinceridade, um ambiente de riso espontâneo e alegria onde você e seu cônjuge respeitam um ao outro. Você se dedica a compartilhar seus sonhos e estimula seu cônjuge a sonhar e a perseverar em busca desses sonhos. Você antevê as necessidades de seu cônjuge, e ele as suas. Vocês compartilham sorrisos e olhares de cumplicidade e se iluminam ao se encontrar.

Crie espaço e tempo para ser alma gêmea. No mundo agitado de hoje, ser alma gêmea não acontece naturalmente. Além de ser intencional e ter uma imagem clara, você deve criar tempo e espaço para se tornar uma alma gêmea. Você deve colocar outros desejos em segundo plano. Você deve planejar atividades e momentos em que a intimidade possa crescer. Toda vez que você cumprimenta seu cônjuge é uma chance de criar essa relação de alma gêmea. Toda conversa é uma oportunidade de demonstrar atenção e dedicação exclusivas. Trabalho e preocupação não podem coexistir com a tarefa de criar espaço e tempo para quem deseja se tornar alma gêmea.

Valorize seu cônjuge. Se você começar a enxergar seu cônjuge através de lentes cor-de-rosa, certamente passará a valorizá-lo. Imagine a seguinte situação:

À noitinha, deixando para trás o estresse de mais um dia de trabalho e após colocar meus óculos cor-de-rosa, estaciono o carro na garagem. Estou consciente da importância dos primeiros minutos em que eu e minha esposa nos veremos e cumprimentaremos. Na alegre expectativa de encontrar a pessoa mais linda do mundo, entro rodopiando em casa.

"Boa noite, querida", digo com entusiasmo. "Que bom ver você. Como foi seu dia?" Abraço minha esposa e olho bem dentro de seus olhos.

"Bom", ela diz, "tive meus altos e baixos."

"Sim", respondo, "e eu gostaria de ouvir sobre cada um deles. Vamos nos sentar um pouco e conversar sobre o seu dia". Assim, vamos até o sofá, nos sentamos e ouvimos o que cada um tem a dizer.

Ridículo? Impossível? Nem um pouco – não para o homem e a mulher que são almas gêmeas. Almas gêmeas se importam com o que acontece com o outro. Eles separam tempo para a intimidade emocional, dispondo-se a ouvir o que o outro tem a dizer. Almas gêmeas valorizam um ao outro e se recusam a simplesmente se acostumar com a presença do outro. Sabem que cada um é inestimável e têm genuíno interesse nas alegrias e dores um do outro. Nada é supérfluo ou medíocre.

Crie um vínculo de intimidade. Casais formados por almas gêmeas percebem que as emoções são a moeda de troca para a intimidade. O compartilhar de emoções é a ponte que aproxima os casais. Quando cônjuges se relacionam num nível pessoal e profundo, surge uma ligação especial entre eles. Sentimos as frustrações, as tristezas, as preocupações e entusiasmos do cônjuge. Quando nos identificamos com o nosso cônjuge, ele sente nosso cuidado para com ele e uma incrível ressonância ocorre.

Daphne Rose Kingma concorda que a conexão emocional é de suma importância.

> *Muitos de nós somos fracotes emocionais, temerosos de expressar o que estamos de fato sentindo. Fracotes emocionais têm medo de que, ao se expor, serão ignorados, zombados ou ridicularizados. Então, em vez de correr o risco de colocar para fora – o que quer que estejam sentindo – simplesmente se fecham... Ter coragem emocional significa, apesar dos possíveis efeitos adversos, arriscar-se a dizer as coisas que podem fazer você se sentir exposto e acreditar que o desfecho de tudo será um final feliz.*[5]

Enxergue seu cônjuge como um filho de Deus. Quando olhamos para nosso cônjuge como filho de Deus, com tudo de bom e de ruim que cada um tem,

---

[5] Daphne Rose Kingma, *True Love* [*Amor verdadeiro*]. Berkeley, CA: Conari Press, 2002, p. 37.

paramos de tentar controlá-lo. Paramos de tentar transformá-lo na pessoa que queremos que ele seja. Aceitamos que ele é diferente de nós e, num certo sentido, é um empréstimo para nós por um curto período.

Almas gêmeas permitem que cada um cresça, cometa erros e falhas e seja humano. Almas gêmeas entendem que irão desapontar um ao outro de vez em quando. Mas ao reconhecer que o desapontamento é parte da natureza dos relacionamentos, eles aceitam essas limitações.

Maravilhoso

Usar óculos cor-de-rosa permite olhar à sua volta e ficar maravilhado. Otimistas e oportunistas sempre percebem como a vida é maravilhosa. Eles veem oportunidades em meio ao desapontamento e aceitam cada aspecto da vida.

Tenho um neto. O nome dele é Caleb Joshua Hawkins e ele é incrível. Com apenas algumas semanas de vida, ele já está começando a aproveitar o mundo. Seus olhos se movem, olhando da esquerda para a direita, da direita para a esquerda. Não diga a ele que o mundo não é maravilhoso, porque para ele é.

Caleb está entrando num mundo maior, cheio de lutas, e num mundo menor, cheio de amor e carinho. Eu o segurei em meus braços quando ele tinha poucas horas de vida e imediatamente me apaixonei por ele. Olhei em seus olhos escuros e disse clara e calmamente: "Eu te amo". Lágrimas se formaram em meus olhos enquanto eu olhava para aquela maravilhosa e frágil criação de Deus.

"Como é possível amar alguém que você não conhece?", perguntei a Christie. "Como conseguimos amar alguém que não nos deu nada em troca? É surreal."

"Ele é pequeno e inocente e receberá cada porção de amor que você lhe der", ela disse, sorrindo. "E nós lhe daremos muito amor."

Christie e eu saímos do hospital de mãos dadas e fui embora com um sentimento de amor tão grande como quando meus filhos nasceram – e isso representa muito amor mesmo. O pensamento de que eu amava aquela criança praticamente incapaz de me oferecer nada em troca continuou a girar em minha mente. Ele estava maravilhado e eu também. Como isso era possível?

Acredito haver uma lição inerente nesta experiência com meu neto que se aplica a óculos cor-de-rosa e a amar seu cônjuge a ponto de se tornarem almas gêmeas. Acho que há uma lição em dar, a despeito do que você recebe em troca, sabendo no seu coração que muito voltará para você. Parece-me que quando amamos bastante, nosso coração aumenta de tamanho e assim nos tornamos capazes de amar ainda mais. Fomos criados com a habilidade de amar, e nosso cônjuge, apesar de ter falhas e limitações, é imensamente digno desse amor. Marido e mulher se amam simplesmente por serem quem são e porque aceitarão o amor um do outro. E isso é algo muito especial.

REAÇÃO MÚTUA – ATRAÇÃO MÚTUA
A maneira como você reage – seja com agressividade, seja com amor – muito provavelmente levará seu cônjuge a reagir da mesma forma.

Ao pensar em seu cônjuge, tente imaginar que ele é uma criança, maravilhada diante do mundo e necessitando desesperadamente de amor. Mesmo com limitações, seu cônjuge tem a mesma necessidade de amor e afirmação que você tem. Ainda que esteja distante e em conflito, ele ainda quer ser amado. Mesmo que seu cônjuge esteja irado ou tenha um comportamento frio e indiferente, você ainda pode ver potencial nele. Não se fie nas percepções que você está tendo agora; acalente novas possibilidades. Pense em seu cônjuge como um depositário de amor, sabendo que se você amá-lo, ambos crescerão. Se você olhar para seu cônjuge com bondade, com óculos cor-de-rosa – talvez não como ele realmente seja, mas como ele seja capaz de ser –, você terá feito algo maravilhoso.

Aceitando as Possibilidades

Em todo monte de esterco há um pônei escondido assim como em todo casamento há possibilidades infinitas. Você deve simplesmente acreditar e depois seguir adiante com base nisso.

Nem sempre acreditei nisso. Foi preciso passar por momentos difíceis, conflitos conjugais e dias bastante cinzentos para vir a crer que há possibilidades e oportunidades em tudo – sim, em tudo.

Rosamund Stone Zander e seu marido, Benjamin Zander, maestro da Orquestra Filarmônica de Boston, foram instrumentos usados para me ajudar a crer. Eles contam uma história divertida em seu livro, *The Art of Possibility [A Arte da Possibilidade]*.

> Uma fábrica de calçados enviou dois analistas de mercado a uma região da África para avaliar as perspectivas de expansão do negócio. Um deles mandou um telegrama que dizia: "SITUAÇÃO TERRÍVEL PONTO NINGUÉM USA SAPATOS". O outro escreveu triunfantemente: "OPORTUNIDADE GLORIOSA DE NEGÓCIO PONTO NINGUÉM TEM SAPATOS".
>
> Para o especialista em marketing que não viu nenhum sapato, as evidências apontavam para uma situação sem saída. Para seu colega, as mesmas condições indicavam abundância e possibilidade.[6]

Essa é uma história engraçada com a qual podemos nos identificar prontamente. Somos rápidos em ver as possibilidades nas situações ou imediatamente as descartamos?

Com bastante frequência vejo algo parecido em minha prática como psicólogo. Muitas vezes vejo possibilidades onde as pessoas só enxergam desespero.

Um casal chega e compartilha sua história de brigas e conflitos. O observador casual, assistindo a esse casal brigando em qualquer lugar e por qualquer motivo, rapidamente critica e diz: "Por que eles ainda ficam juntos? Deviam se separar". Observo o mesmo casal e vejo possibilidades. Se eles são capazes de reproduzir o mesmo padrão de comportamento negativo tantas vezes, nada os impede de praticar comportamentos positivos e repeti-los, com a diferença de que obterão resultados muito mais prazerosos.

O programa de Doze Passos dos Alcoólicos Anônimos exige apenas três coisas da pessoa que deseja fazer parte do grupo: ser honesto, aberto e ter vontade. Peço o mesmo a qualquer pessoa que me procura para aconselhamento.

---

6   Rosamund Stone Zander and Benjamin Zander, *The Art of Possibility* [A arte da possibilidade]. New York: Penguin Books, 2000, p. 9.

Sei que se um casal vier me procurar com todos os seus problemas, por mais crônicos e complicados que sejam, se forem honestos, abertos e estiverem dispostos, verão novas possibilidades.

Lembro-me de Nicodemos, que pertencia ao Sinédrio e era um dos líderes religiosos de seu tempo, e seu interesse em Jesus. No entanto, por desfrutar de uma posição de prestígio, ele não estava pronto para assumir todos os riscos deixando que esse interesse se tornasse público e conhecido de todos. Por isso, ele foi encontrar-se com Jesus à noite.

> *Ele veio a Jesus, à noite, e disse: "Mestre, sabemos que ensinas da parte de Deus, pois ninguém pode realizar os sinais miraculosos que estás fazendo, se Deus não estiver com ele". Em resposta, Jesus declarou: "Digo-lhe a verdade: Ninguém pode ver o Reino de Deus, se não nascer de novo". Perguntou Nicodemos: "Como alguém pode nascer, sendo velho? É claro que não pode entrar pela segunda vez no ventre de sua mãe e renascer!" Respondeu Jesus: "Digo-lhe a verdade: Ninguém pode entrar no Reino de Deus, se não nascer da água e do Espírito".*
>
> João 3.2-5

Nicodemos continuou a duvidar e a questionar Jesus; porém, parece que seu coração gradualmente foi transformado e ele começou a aceitar os ensinos de Jesus. Apesar de ter medo da zombaria, com o tempo Nicodemos superou seu medo e passou a seguir a Jesus.

O mesmo Espírito que mudou o coração de Nicodemos é capaz de mudar o seu e o meu. O mesmo Espírito é capaz de despertar novas possibilidades não apenas na maneira como enxergamos nosso cônjuge, mas também em como o tratamos. Um coração transformado, uma pequena mudança de comportamento, e logo damos início a uma mudança radical de perspectiva. Essa é a mesma transformação que acontece quando passamos de meros cônjuges a almas gêmeas.

Questionário Semanal

Temos a capacidade de escolher nos concentrarmos no que está errado no relacionamento ou no que está certo. Podemos decidir que toda dificuldade de relacionamento é uma oportunidade de mudanças positivas. Que óculos você usaria na seguinte situação?

Seu cônjuge tenta assumir o controle do fim de semana, enchendo-o com obrigações. Você:

a) Fica na defensiva e diz para parar de reclamar, já que vocês já haviam concordado com aqueles planos.
b) Sugere que vocês se sentem e verifiquem os planos, tentando encontrar alternativas para ver como podem aliviar a agenda e encontrar um pouco de tempo para vocês dois.

COLOCANDO EM PRÁTICA ESTA SEMANA

1. Se você ainda não fez o exercício da página 43, gaste alguns minutos voltando lá para terminá-lo. Direcione sua atenção a alguma dificuldade específica por que você passou no passado e que já foi superada. Como você venceu a raiva e a irritação? Que resultados positivos a experiência trouxe?
2. Se no momento sua sensação é de que você e seu cônjuge estejam num impasse em relação a alguma questão, gaste algum tempo para pensar no assunto a partir de uma nova perspectiva. Que oportunidade de crescimento esse impasse oferece? Como transformar uma briga em potencial numa oportunidade desafiadora para crescer?
3. O que você e seu cônjuge podem fazer para restaurar o entusiasmo no relacionamento durante esta semana? Não precisa ser algo sofisticado; qualquer coisa que os faça pensar como crianças de novo – brincar na chuva, pulando poças d'água, olhar as estrelas, estourar pipoca e sentar juntos para assistir a um filme "*light*" – e que os faça lembrar como a vida a dois é prazerosa.
4. Quando você se pegar criticando algo que seu cônjuge costuma dizer ou fazer, pergunte-se se você consegue olhar a situação por outro ângulo.

Semana 3

TRAZENDO À TONA O QUE SEU CÔNJUGE TEM DE MELHOR

Seus sorrisos, suas carrancas, seus altos e baixos são uma segunda natureza para mim agora, como respirar.
– *Henry Higgins, comentando sobre Eliza Doolittle em* My Fair Lady

SINAIS DE QUE VOCÊ PRECISA TRAZER À TONA AS QUALIDADES DE SEU CÔNJUGE

1. Raramente você agradece seu cônjuge quando ele termina uma tarefa doméstica – afinal, isso não é sua responsabilidade mesmo?
2. Você acredita no princípio que uma coisa boa pode ser demais – inclusive passar tempo com seu cônjuge, por isso sai sozinho em quatro noites da semana.
3. A última vez que você tentou pedir alguma coisa a seu cônjuge um de vocês acabou tendo de ir dormir no sofá.
4. Você supõe que seu cônjuge sempre estará com você, então outras pessoas e coisas passam a ser a prioridade no momento.
5. Você gasta mais tempo decidindo o que vai vestir do que em como suprir as necessidades de seu cônjuge.

Uma combinação improvável. Henry Higgins é o entediante e minucioso professor de fonética e Eliza Doolittle uma vendedora ambulante de flores que tem um forte sotaque *cockney* (habitante da zona leste de Londres).

Ao ver Doolittle pelas ruas de Londres, Higgins, um homem irascível e impaciente, se gaba com seu amigo, o Coronel Pickering, afirmando que consegue ensinar a moça a falar um inglês impecável e assim fazê-la passar-se por uma dama da alta sociedade. A aposta é feita.

Esse é o tema do famoso musical *My Fair Lady* [*Minha Bela Dama*], baseado na peça teatral *Pygmalion*, do dramaturgo irlandês George Bernard Shaw.

Enquanto se esforça arduamente a fim de dominar o inglês culto, Eliza não apenas conquista o nosso coração, mas também o de Higgins. Embora Eliza seja a aluna, Henry aprende algumas coisas com ela a respeito de como tratar as pessoas. Sua ética de trabalho duro gradualmente vai mudando para um estilo de ensino mais suave. Meses de trabalho finalmente são recompensados quando ela se apresenta como uma elegante duquesa num baile na embaixada.

O enredo secundário é a crescente atração de Higgins por Eliza. Numa das últimas cenas, Higgins, que a forçou a ir embora com sua atitude brusca, crítica, declara com pesar: "Acabei por me acostumar com o rosto dela".

O musical fez mais do que ganhar um punhado de prêmios. Ele espalhou a ideia do efeito Pigmaleão, mais conhecido como o efeito da expectativa do professor em relação aos estudantes: os alunos têm melhor desempenho quando é isso que se espera deles. O efeito Pigmaleão leva os alunos a internalizar as expectativas de seus professores. Alunos cujos professores têm expectativas negativas a respeito deles internalizam essas pressuposições negativas ao passo que os alunos cujos professores têm expectativas positivas internalizam perspectivas positivas. Isso não é surpresa, uma vez que quando os professores ouvem que certos alunos são brilhantes e seu desempenho pode atingir níveis elevados, eles tratam tais alunos de maneira diferente. Intuitivamente sabemos que os rótulos que colocamos nos outros ou que são colocados em nós são embaraçosos, limitados e muitas vezes errados.

Se levarmos o efeito Pigmaleão um pouco mais longe, veremos que é possível, ao alterar nossas expectativas em relação a nosso cônjuge, tratá-lo de maneira que traga à tona o que tem de melhor. Assim como Henry Higgins transformou Eliza Doolittle numa duquesa, podemos transformar nosso cônjuge num príncipe ou numa princesa. Na verdade, essa é a nossa estratégia da semana – começaremos a estimular as melhores qualidades de nosso cônjuge.

TRAZENDO À TONA O QUE SEU CÔNJUGE TEM DE MELHOR *Semana 3*

O EFEITO PIGMALEÃO
Se você tiver expectativas positivas a respeito de seu cônjuge, é provável que ele as internalize e as alcance.

Até aqui examinamos os perigos de usar óculos cinza, que nos mantêm entrincheirados no desapontamento, na desilusão e no ressentimento. Também descobrimos que podemos substituir essas lentes escuras por lentes cor-de-rosa, escolhendo ver o melhor em nosso parceiro. Com essa mudança nas expectativas, "enxergamos" em nosso cônjuge alguém de infinito valor, com possibilidades de grandeza e dignidade.

Agora em nossa terceira semana de trabalho transformacional, vamos um passo adiante: na verdade podemos *evocar* as qualidades positivas que queremos ver em nosso cônjuge, o tempo todo. Por meio da mais pura imaginação e motivação podemos fazer aflorar as qualidades de nosso cônjuge. Incrível! Somos não apenas os receptáculos do mau humor ou da generosidade de espírito de nosso cônjuge; também desempenhamos um papel crucial em como eles reagem a nós.

Antes de conseguir fazer com que as melhores qualidades de seu cônjuge aflorem, porém, você deve acreditar que isso está em seu poder e até mesmo é sua responsabilidade. Em vez de assumir um papel passivo em seu relacionamento, você deve adotar uma disposição mental completamente nova que atribui a você a capacidade de evocar as melhores qualidades de seu cônjuge. *Você tem a escolha de antever e de fato "ver" o que seu cônjuge tem de pior ou imaginar as melhores qualidades dele e proporcionar um ambiente seguro para que elas sejam expressas.*

O Poder da Imaginação

Nunca me esquecerei de minha professora de álgebra do sétimo ano, a senhora McCormick, da Escola de Ensino Fundamental Dois Mt. Baker, em Deming, Washington. Uma mulher magra que parecia ter cento e três anos, a senhora McCormick surpreendeu nossa classe com sua bondade e simpatia. Eu esperava algo muito mais difícil daquela mulher delgada e encurvada que se vestia com roupas antiquadas.

Eu não gostava de matemática e tive a atitude errada antes mesmo de entrar na sala dela. Ao ver aquela mulher idosa, com mais rugas do que um cão Shar-Pei, eu já acreditava que ela não conseguiria me ensinar nada.

O que não levei em conta, porém, foi o poder da imaginação da senhora McCormick. Ela conseguia enxergar além de minha atitude, através de meu medo e intimidação, e muito além de meu desinteresse. Resumindo, ela confiava em sua capacidade de ensinar. E, puxa, como ela sabia ensinar!

Para minha absoluta surpresa, a senhora McCormick pacientemente introduziu álgebra ao seu despreparado grupo de pré-adolescentes. Em meio a nossos risinhos e desrespeito, ela se mantinha firme na crença de que nós iríamos dominar álgebra. Lenta, metódica e entusiasticamente ela compartilhou princípios matemáticos. Ela sorriu, provocou e ensinou – e eu consegui acompanhar a matéria. Todos nós conseguimos. Surpreendi-me quando descobri que não apenas estava entendendo álgebra; estava gostando.

Como a Sra. McCormick fez isso? Ela fez isso ao *não* aceitar o que estava vendo – um grupo de crianças agitadas, socialmente desagradáveis e completamente desinteressadas por álgebra –, mas imaginando um grupo de crianças que podia se empolgar com a aprendizagem. Ela olhou para mim e imaginou um garoto que podia não apenas aprender, mas ficar empolgado com o que ela estava ensinando. Ela estava certa.

A Sra. McCormick acreditou e confiou em suas próprias habilidades. Ela supôs que seria capaz de evocar qualquer atitude inata que seus alunos tinham para a matemática. *Se David Hawkins consegue aprender*, ela deve ter pensado, então eu posso ensiná-lo.

E se nós tivéssemos a mesma atitude em relação a amar o nosso cônjuge?

Se Christie Hawkins é capaz de amar, *eu posso imaginar*, então posso ajudá-la a me amar. Se ela tem a capacidade de ser amorosa, bondosa, generosa e motivadora, então com imaginação e intencionalidade, posso evocar essas qualidades em minha direção. Christie tem *a habilidade de ser amorosa, bondosa, generosa e motivadora, então rotineiramente evoco essas características nela. É muito gratificante, a propósito!*

Ensinando o Outro como Deve nos Tratar

É realmente verdade que consigo ensinar as pessoas a me tratar bem? É possível que eu consiga imaginar e instruir as pessoas na fina arte de ser amoroso, bondoso, generoso e encorajador para *comigo*? Claro que é.

Novamente, este processo começa primeiro na imaginação. Temos de saber o que queremos evocar em nosso cônjuge. Devemos ser capazes de dizer especificamente que características precisas vemos e mais valorizamos. Vou dar um exemplo de como um casal pode fazer isso.

Jay e Michelle são nossos amigos. Ambos são otimistas por natureza e têm uma sede inebriante de vida. Eles estão casados há trinta anos e têm dois filhos adultos. Passar tempo com Jay e Michelle é um prazer para Christie e para mim enquanto os vemos agirem como recém-casados. Na verdade, eles demonstram tanta afeição que comecei a observá-los ainda mais de perto. Um dia, não faz muito tempo, chamei o Jay de lado e coloquei algumas perguntas que estava ansioso por fazer.

"Vocês são tão carinhosos e atenciosos um com o outro", eu disse. "Qual é o segredo?"

"Como assim?", ele perguntou, aparentando surpresa.

"Você e Michelle são tão carinhosos e atenciosos um com o outro", eu disse de novo, um pouco intrigado que ele estivesse surpreso. "Não é normal, você sabe", eu disse, sorrindo.

"Passamos por um período em nosso casamento em que as coisas ficaram sem graça", ele disse. "Nada mal, entenda bem. Mas insosso. Nós dois nos sentíamos ignorados e deixados de lado, então juramos que íamos mudar. Talvez sejamos um pouco diferentes das outras pessoas, mas acreditamos que podemos transformar nosso casamento em qualquer coisa que queiramos que ele seja. Queremos que ele seja bom, então vamos torná-lo bom."

Exatamente quando eu ia fazer um comentário, ele continuou.

"Sabíamos que poderíamos continuar do jeito que estava porque éramos comprometidos um com o outro. Mas queríamos ser mais do que mais um casal que conseguiu manter um casamento. O que é um casamento se não for de corpo e alma?", ele perguntou.

"Você tem razão", eu disse. "Mas você faz parecer tão fácil. Se fosse assim tão fácil não haveria tantos divórcios."

"Tem mais uma coisa que parece fazer toda a diferença", ele disse. "Perguntamos um ao outro como gostaríamos de ser tratados. Fomos bastante específicos. Cada um de nós fez uma lista de qualidades que consideramos importantes e sentimos que podíamos dar e daríamos ao nosso cônjuge aquelas coisas. Fomos claros quanto às qualidades que cada um necessitava serem coisas que podíamos dar e por isso nos comprometemos a dar. Foi algo totalmente intencional."

"Poderia me dar um exemplo?"

"Claro", ele respondeu. "Eu disse a Michelle que tempo de qualidade gasto exclusivamente com ela era crucial para mim. Eu estava cansado de escalar a ladeira do sucesso sem ter tempo para a pessoa que eu amava. Fui muito sincero com ela e fiquei bastante vulnerável. Ela tem sido maravilhosa me suprindo com essa necessidade. Ela até sugeriu que reservássemos toda sexta-feira à noite para namorar. Fiquei muito feliz quando ela acrescentou que me acompanharia em viagens de negócio sempre que possível."

"E em relação às necessidades dela?", perguntei.

"Ela disse que queria que eu criasse mais momentos especiais juntos. Estou fazendo isso. Sei o quanto ela gosta de visitar exposições de arte e eu a convido para sair toda semana ou a cada duas semanas. Na verdade, notei que quando eu me dedico a ela, naturalmente, em troca, ela se dedica a mim. Realmente não envolve tanto esforço assim. Uma ação positiva parece ser a ignição de uma reação positiva no outro."

"O que vocês fazem quando ela fica ocupada demais, sem tempo para você?", perguntei.

"Sento-me com ela, olho-a nos olhos e digo que estou sentindo falta dela. Digo-lhe que sei que ela me ama e pode doar mais de si e de seu tempo. Digo-lhe que eu gostaria de receber mais dela. Sempre dá certo."

"A maneira como você acaba de colocar foi muito legal", eu disse. "Você não fez críticas, nem exigências, nem a acusou de nada. Você simplesmente lhe disse que desejava receber mais dela. Sabe, Jay, vocês são uma inspiração para Christie e para mim."

Não mais Limitações

Jay e eu continuamos a conversar sobre relacionamentos. Percebi que não era apenas o relacionamento dele com Michelle que me impressionava. Jay também é o tipo de cara que faz as coisas. Em vez de enxergar limitações, ele vê as possibilidades.

Ele continuou a explicar que o que queria de Michelle era algo que ela era plenamente capaz de dar. "Não estou pedindo a ela que faça algo além de sua capacidade", ele me disse. "Ela pode me dar do seu tempo e gosta de fazer isso, então por que não pedir isso a ela?"

Tudo parecia simples demais. Passei horas meditando naquela conversa. Tinha de ser muito mais complexo do que a forma como ele colocara, pensei. Se é tão simples assim, só pedir o que você precisa, confiante de que seu cônjuge tem em mente o melhor para você, por que não há tantos casais felizes assim?

Uma das razões, eu conjecturei, tinha a ver com limitações. Não que o nosso cônjuge seja limitado, mas nós limitamos aquilo que pedimos e esperamos dele. Limitamos o que estamos dispostos a arriscar encontrar em nosso cônjuge. Francamente, vivemos num mundo de limitações criado por nós mesmos.

Uma das coisas que primeiro atraiu Janet a Ted foi o prazer que ele tinha em estar com os sobrinhos. Ele regularmente os levava a passeios e nas reuniões da família era sempre o primeiro a se juntar a eles para jogar futebol. Doze anos se passaram, e o casal hoje tem uma filha. Ted é agora um ocupado contabilista que chega em casa cansado e quase nunca atende aos pedidos que a filhinha lhe faz para brincar com ela. Ele parece não notar os olhares desanimados da filha – mas Janet percebe. Entretanto, ela morde a língua, e não diz nada, com medo de que, se expressar seu desejo de que Ted gaste mais tempo com a filha, ele fique bravo e acuse Janet de não reconhecer o quanto ele tem trabalhado duro para prover o sustento do lar.

O que você acha que aconteceria se Janet acreditasse que Ted é um bom homem que reagiria bem a seus gentis pedidos para que ele gaste mais tempo com a filha? O que aconteceria se você acreditasse que seu cônjuge é capaz de ser uma criatura amorosa, bondosa, generosa, espiritual, sensual e envolvente? E se você acreditasse que ele está disposto a dar e simplesmente espera que você peça, a fim de desenvolverem uma relação mútua de entrega? Parece dar nó no cérebro, não é? Talvez o segredo para a vida plena é simplesmente a arte de pedir.

Mas há um empecilho – se você for pedir o sol e a lua ao seu cônjuge, tem de estar preparado e disposto a dá-los em troca. Agora você desacelerou um pouco, não? Os relacionamentos funcionam melhor quando há satisfação mútua. Quando Janet satisfaz o desejo mais profundo que Ted tem por respeito e reconhecimento, ele fica pronto e disposto a atender aos pedidos dela. Quando ela estiver pronta para ser sua alma gêmea, ele também estará a postos para ser a dela também.

O MOMENTO CERTO É TUDO
Peça ao seu cônjuge o que você necessita na hora certa e do jeito certo, com a disposição de dar em troca o que ele precisa de você.

Mas sempre que tento conversar com meu cônjuge sobre o que eu preciso, acabamos discutindo, você pode estar pensando. Não se apresse em presumir que você nunca conseguirá o que quer de seu cônjuge. É possível que você esteja fazendo seus pedidos do jeito errado, com o tom de voz errado, na hora errada? Se a Janet confrontar o Ted na porta de casa, quando ele estiver chegando do trabalho, acusando-o de estar negligenciando a filha, provavelmente Ted ficará bravo e na defensiva. Porém, se da próxima vez que ela vir Ted pintando um desenho junto com a filha, ela sorrir e lhe disser como fica feliz ao vê-los brincando juntos, é muito mais provável que ele aceite a sugestão da esposa para regularmente passar tempo com a filha e fazerem coisas juntos.

Não permita limites autoimpostos que mantenham você ou seu cônjuge afastados do melhor que vocês podem oferecer. Julia Cameron, autora de *The Artist's Way*, acredita que vivemos com limitações demais.

Uma das principais barreiras que nos impedem de aceitar a generosidade de Deus é nossa noção limitada do que nós somos realmente capazes de realizar... Não nos levamos a sério – nem a Deus – o suficiente e então classificamos como grandiosos muitos planos que, com a ajuda de Deus, podem estar bem ao nosso alcance. Quando lembro que Deus é minha fonte, coloco-me na posição espiritual de ter uma conta sem limite de crédito.[1]

Cameron sugere que devemos parar de ser mesquinhos um com o outro. Assim como é certo que podemos alcançar a liberalidade de Deus e crer nela, podemos imaginar o mesmo a respeito de nosso cônjuge. Podemos oferecer a ele dádivas de nossas fontes "não-tão-limitadas-quanto-achávamos". E podemos também receber o que ele tem a nos oferecer.

Evocar o Melhor de seu Cônjuge

Para receber o melhor de seu cônjuge – que é a exigência para se tornar alma gêmea – você deve primeiro saber o que é esse melhor. Você deve ser capaz de ver, enxergar, imaginar e depois evocar. Assim como a Sra. McCormick conseguiu rapidamente olhar para seus alunos e avaliar as capacidades de cada um, você deve fazer o mesmo com seu cônjuge.

Uma das maneiras mais garantidas de fazer isso é pela experiência. Pare um momento para responder a essas perguntas:

- O que você mais admirou em seu cônjuge quando o conheceu? Seja específico. Pense especificamente em cada característica que fez com que você quisesse estar com essa pessoa de novo.
- O que fez seu cônjuge se destacar das outras pessoas que você namorou? Que características o tornaram único?
- De que características você mais sente falta quando está longe de seu cônjuge por algum tempo?
- Como você descreveria a noite perfeita passada com seu cônjuge? O que vocês fariam? Reflita exatamente em como seria aquela noite.

---

1 Julia Cameron, *The Artist's Way*. New York: Jeremy P. Tarcher/Putnam, 1992, p. 91. No Brasil, *O caminho do artista*, publicado pela Ediouro.

Deixe-me responder a essas perguntas em relação à minha esposa. Quando conheci Christie, admirei seu senso de humor. Na verdade, visto que havíamos nos correspondido antes de nos encontrar de fato, eu já sabia que ela era uma pessoa inteligente e espirituosa. Ela não se levava muito a sério e eu sabia que me sentiria à vontade com ela.

Depois de conhecê-la pessoalmente escrevi o seguinte no meu diário: "Conheci uma mulher maravilhosa. Ela é uma graça, divertida e é muito agradável estar com ela. Desfrutamos da companhia um do outro e ela parece ter muitos dos mesmos valores que eu tenho. Estou atraído por ela e quero vê-la de novo".

Christie se destacou das outras que eu já tinha namorado por causa de sua aparência atraente e dedicação aos exercícios físicos, sua fé firme e dedicação à família, seu riso fácil e disposição de passar momentos tranquilos comigo em vez de sempre precisar estar "no agito".

Quando estou longe dela sinto falta de ser recebido à porta, de seu cumprimento carinhoso dizendo que ficou com saudades e perguntando como foi o meu dia. Sinto falta de me aconchegar com ela no sofá enquanto conversamos sobre o nosso dia. Sinto falta de seu enorme sorriso.

A noite perfeita com Christie começa com uma caminhada na praia sob o luar. Depois, apreciamos um jantar à luz de velas em nossa casa de campo e em seguida nos abraçamos no sofá enquanto lemos um livro em voz alta.

De que maneira saber tudo isso me ajuda a evocar o melhor em minha parceira? Ao identificar o que me atraiu nela reconheço o que ela pode fazer agora para continuar a me atrair. Também, através das experiências passadas, certifico-me de que Christie ainda é plenamente capaz de me oferecer essas mesmas bênçãos e é a combinação delas que a torna minha alma gêmea. Sei que ela deseja entregar-se a mim e quer o meu melhor. Sei que ela continua sendo a pessoa generosa por quem me apaixonei e, sendo as circunstâncias apropriadas – principalmente quando eu lhe garanto segurança –, quer me entregar voluntariamente essas dádivas repetidas vezes.

Embora um bom tempo possa ter passado desde que você e seu cônjuge se conheceram, acredite que cada uma das características que os atraiu ainda está esperando para ser trazida à tona. Acredite que, juntos, você e seu cônjuge podem lembrar o que cada um tem de melhor e construir um caminho para que, passo a passo, vocês se transformem de cônjuges em almas gêmeas.

Como Conseguir o Melhor de seu Cônjuge

Generosidade em encorajar

Uma qualidade, acima de todas as outras, garante o ambiente certo para que os melhores atributos de seu cônjuge aflorem. Essa qualidade é o encorajamento. Ninguém se torna alma gêmea sem ser motivado.

A motivação parece ser uma arte desaparecida no mundo de hoje. Quantas vezes nos esquecemos de agradecer quando nosso cônjuge nos faz alguma gentileza? Quantas vezes ele executa uma tarefa, parando de fazer algo que estava fazendo, para nos ajudar e fica sem o devido reconhecimento? Vezes demais.

Christie leva minhas camisas à lavanderia para que sejam lavadas e engomadas. Tento fazê-la saber como sou grato pelas camisas limpas e cheirosas. Ela me faz saber como minha gratidão a faz cumprir essa tarefa com mais prazer. Ela me diz como ela gosta que eu corte a grama do jardim. Saber que ela valoriza meu esforço me motiva a cumprir essa tarefa.

Sabemos que na maioria das vezes um comportamento é repetido se for reforçado. Se há algo que seu cônjuge faz e que você aprecia, diga a ele. Se há algo especial que seu cônjuge faz e que você gostaria que continuasse a fazer, diga-lhe. Sorria, aproxime-se, toque e ofereça palavras de encorajamento.

Uma das passagens da Bíblia de que mais gosto é Efésios 4.29: "Nenhuma palavra torpe saia da boca de vocês, mas apenas a que for útil para edificar os outros, conforme a necessidade, para que conceda graça aos que a ouvem".

Pense nisso. E se nós só disséssemos palavras de motivação e essas palavras fossem feitas sob medida para as necessidades específicas de nosso cônjuge? Dá para imaginar o poder de nossa fala?

Mas não é assim tão fácil, não é mesmo? Se você for um pouco parecido comigo, todo dia parece uma maratona. Desde a hora em que meus pés tocam o chão, eu me sinto como se estivesse correndo uma maratona. Engulo meu café da manhã, corro para a porta, começo a atender clientes assim que entro no meu consultório e administro os desafios diários de minha profissão. No fim do dia, quando arrasto meu corpo exaurido de volta para casa, não sou a melhor versão de mim mesmo. Absorvo o encorajamento de minha esposa como uma esponja.

Preciso que ela me olhe e diga: "Você é o meu herói. Obrigado por trabalhar tão duro por nós". Preciso que ela me olhe nos olhos e diga: "Você é o meu homem!". Ainda fico zonzo quando ela me agarra, me dá um enorme abraço e diz: "Eu fiquei com a melhor parte deste acordo". Nessas horas eu lhe daria a lua numa bandeja de prata se eu pudesse!

Mas por mais que eu goste desse tipo de motivação, não devo esquecer que Christie também necessita de encorajamento. Suas necessidades são um pouco diferentes, suas áreas de desânimo são outras, ainda assim a questão é a mesma – ela precisa de encorajamento para ser quem é.

O segredo, como diz o apóstolo Paulo, é identificar qual palavra será "útil para edificar os outros, conforme a necessidade". Devemos conhecer as necessidades de nosso cônjuge. Devemos estar tão afinados com ele a ponto de saber, sem nenhuma sombra de dúvida, o ritmo da batida do seu coração.

O encorajamento, talvez, acima de qualquer outra qualidade, traz à tona o que seu cônjuge pode oferecer de melhor. Como um marido ou mulher motivador(a), você elogia, apoia e cita ações e qualidades específicas que você aprecia e pelas quais é grato. Quando vocês mutuamente dão o melhor de si um para o outro, deixam de ser meros cônjuges; tornam-se almas gêmeas.

Proporcionando segurança

A segurança é muitas vezes subestimada e mal compreendida nos relacionamentos. Mas em minha experiência a segurança é crucial para evocar as melhores qualidades de seu cônjuge. Sem a segurança de saber que o que cada um compartilha será compreendido e respeitado, ninguém se abre nem está disposto a compartilhar aspectos íntimos que nos tornam vulneráveis.

Deus nos criou com um desejo natural para a intimidade e para um profundo compartilhar um com o outro. Porém, essa intimidade não acontece se não houver segurança completa. Devemos ser assegurados de que seremos amados, valorizados e aceitos, a despeito de qualquer coisa. Devemos saber que podemos nos expor e que ficar vulnerável envolve um risco significativo. Para que qualquer um de nós venha a correr esse risco, devemos acreditar que estamos completamente seguros.

O que estou querendo dizer exatamente com segurança? Veja a seguir algumas das qualidades que abrangem a segurança num relacionamento:

Valorizar o que é importante para seu cônjuge. Para que seu cônjuge valorize o que é importante para você, é preciso valorizar o que é importante para ele. Se você entrar num relacionamento com uma atitude de "me dá", sem esperar dar igualmente em troca, seu cônjuge se afastará de você ou ficará esgotado de tanto dar e não receber nada. Seu cônjuge deve saber, sem sombra de dúvida, que você está interessado no que é importante para ele.

SEGURANÇA EM PRIMEIRO LUGAR

Você não obterá o melhor de seu cônjuge a menos que ele saiba que seu amor, respeito e aceitação são incondicionais.

Christie gosta de passar tempo com os filhos adultos dela e realmente reconhece meus esforços para fazer com que seus filhos se sintam bem-vindos em nossa casa. Eu digo-lhe verbalmente e por meio de ações que eu valorizo e aprecio esse relacionamento íntimo e carinhoso dela com seus filhos. Você consegue pensar em maneiras de comunicar uma atitude carinhosa e compreensiva em relação a algo que é importante para seu cônjuge?

Demonstrar que os sentimentos de seu cônjuge estão protegidos com você. As emoções, talvez o aspecto mais vulnerável de nosso ser, devem ter um abrigo seguro. Seu cônjuge precisa saber que seus sentimentos não serão julgados, ridicularizados ou expostos, mas serão protegidos e aceitos por você.

Saber que ele receberá de seu tempo. Seu cônjuge precisa saber que ele não será apressado, reprimido ou ignorado. Um casal precisa saber que ambos darão um ao outro o tempo e o espaço que necessitam para ser quem são. Na segurança do tempo kairos, que é o tempo sem cronograma para simplesmente ser, vocês se sentirão mais seguros para compartilhar de si mesmos um com o outro.

Motivar a transparência. Para que seu cônjuge dê de si mesmo livremente, deve perceber e saber que você se importa com ele. Seu cônjuge deve ser motivado a se abrir, a compartilhar mais e deve receber reforço positivo em relação aos riscos que corre por se abrir e tornar-se vulnerável.

Perceber que vocês têm afinidade. Nós compartilhamos mais espontaneamente com aqueles que sentimos conhecer por toda a vida. A despeito de termos conhecido uma pessoa por décadas ou por apenas quinze minutos, a intuição nos diz se é alguém confiável ou não.

Algumas semanas atrás passei um curto período com Cec Murphey, um sábio e renomado escritor. Conversei com ele a respeito de alguns de meus segredos mais íntimos, embora eu mal o conheça. Não tenho certeza do porquê me senti propenso a confiar nele; só sabia que podia confiar. Talvez tenha sido a maneira como ele me deu sua atenção exclusiva enquanto eu falava. Pode ser por causa de seu entusiasmo enquanto discutíamos sobre nossos respectivos projetos como escritores. Pode ter sido sua atitude modesta. Apesar de eu não conseguir dizer com certeza o que nele me deixou tão à vontade para me abrir, o que sei é que ele me proporcionou uma sensação de segurança.

Até que ponto tenho proporcionado esse tipo de segurança para minha esposa? Uma vez que quero trazer à tona suas melhores qualidades, devo proporcionar um ambiente seguro para que ela as desenvolva. Devo montar o cenário para ela fazer aflorar seus dons mais preciosos – os dons que compõem seu ser. Por exemplo, por valorizar sua gentileza e bom humor, após uma visita de amigos em nossa casa, posso elogiá-la por ter feito nossos hóspedes relaxar e se sentir à vontade conosco.

Como isso se aplica ao seu casamento? Você pode evocar as melhores qualidades de seu cônjuge, e deve fazer isso se querem ser almas gêmeas. Você deve proporcionar um ambiente em que seu cônjuge se sinta seguro e encorajado a ser ele mesmo.

Antever com esperança

Antecipação – a expectativa de que algo bom vai resultar de suas palavras e ações – não é apenas o título de uma canção de Carly Simon (*Anticipation*) que ficou famosa nos anos 1970; antecipação é outro elemento-chave para trazer à tona o melhor de seu cônjuge.

Lembro-me dos meses anteriores ao nascimento de nosso neto Caleb. Como avós, esperávamos ansiosamente, fazendo qualquer coisa que podíamos para criar uma atmosfera acolhedora para o mais novo membro da família Hawkins.

Tornei-me um pai "babão" para meu filho. "Já decorou o quarto do bebê? Já comprou o berço e o enxoval do bebê? Já providenciou algumas semanas de licença do trabalho para quando o bebê nascer?"

Acho que ele e Jacqueline, sua esposa, começaram a se cansar de minhas perguntas. "Está tudo pronto, pai", ele finalmente disse impaciente. Eles tinham feito planos e agora também estavam simplesmente aguardando a chegada do maior presente. Antecipação.

Também me recordo das palavras de Josué quando foi orientado a conduzir os filhos de Israel na travessia do rio Jordão em direção à Terra Prometida. Lembre-se de que os israelitas haviam esperado anos para entrar naquela terra. Um dia antes de entrar nela, Josué fez uma pausa em antecipação ao incrível evento, dando a seguinte instrução: "Santifiquem-se, pois amanhã o Senhor fará maravilhas entre vocês" (Js 3.5).

Josué lembrou o povo que algo muito significativo estava para acontecer e eles deviam estar preparados. Não era mais um trecho do percurso a ser percorrido – era o fim da jornada! Eles precisavam estar prontos para algo assombroso, espetacular. Eles precisavam se distanciar da vida cotidiana e de tudo que fosse impuro antes de embarcar na jornada da vida deles. Eles precisavam participar de certos rituais que preparariam seu coração e mente para receber tudo que Deus lhes tinha reservado.

Muitas vezes pulamos esse pequeno versículo ao ler essa grande história. Mas é um importante verso sobre antecipação, consagração e preparação. Ele levanta certas questões: você está pronto para receber os presentes que estão reservados para você? Assim como os israelitas tiveram de se preparar para receber tudo que Deus lhes prometera, você também tem se preparado para tudo que seu cônjuge está pronto para lhe dar? Você fez a sua parte em evocar o melhor de seu cônjuge? Uma coisa é querer o melhor que ele tem a oferecer, outra bem diferente é estar completamente preparado para receber e oferecer o seu melhor ao seu cônjuge.

Tenho notado que devo ser um receptáculo positivo dos presentes de Christie. Devo não apenas aguardar seu carinho para comigo, mas também devo recebê-lo com simpatia e apreciação. Devo garantir que quando ela me der carinho, bondade e amor, ela saiba o valor dessas dádivas. Isso exige preparação de minha parte para que, quando chegar o momento de dar, eu esteja pronto e emocionalmente disponível para receber.

A consagração é um conceito bíblico que envolve preparação para algo incrível da parte de Deus. A consagração tem a ver com abrir espaço em sua vida para um novo crescimento. Entendemos que estamos numa jornada, como os filhos de Israel, prontos para algo novo em nossa vida. Fomos separados, consagradas para um novo relacionamento, um novo propósito e talvez até mesmo uma nova identidade. Longe de ser um processo passivo, a consagração é muito ativa. Nós não nos sentamos simplesmente antecipando essas novas dádivas de nosso cônjuge – nós mudamos o nosso coração, a nossa mente e talvez até nossa identidade.

Expressar gratidão

Embora o encorajamento, a segurança e a antecipação sejam necessários para trazer à tona as melhores qualidades do cônjuge, a gratidão as mantém na superfície.

"Obrigada", Christie disse, aproximando-se e me dando um beijo estalado na testa. "Agradeço por você ter ajudado com a louça."

"Claro", respondi, quase sem levantar os olhos da escrivaninha onde eu estava escrevendo.

"Obrigada mesmo", ela continuou.

"Foi um prazer", eu disse, parando um momento para olhar para cima e sorrir para ela.

Isso tem se tornado parte de nossa rotina. Tentamos nunca nos acomodar com a ideia de que o outro não fez mais que a obrigação, algo que parece comum nos casamentos. Em vez de simplesmente esperar que o outro satisfaça nossas necessidades ou seja gracioso conosco, procuramos expressar gratidão. Almas gêmeas transformam essas pequenas e rotineiras situações em oportunidades de reforçar as qualidades que os aproximam tanto.

TRAZENDO À TONA O QUE SEU CÔNJUGE TEM DE MELHOR — Semana 3

Alexandra Stoddard escreve com eloquência sobre apreciação e gratidão. "A vida é uma alegria quando paramos de correr na frenética busca por 'algo' novo e vago que está por aí, em algum lugar. Quando vivemos num estado de interminável expectativa do que poderia ter sido, nunca experimentamos prazer no que de fato é: estar vivo para usufruir daquilo que está diante de nós todos os dias."[2]

Devemos aplicar esse mesmo conceito de gratidão em relação a nosso cônjuge. Devemos encontrar o equilíbrio entre trazer à tona o melhor dele e ao mesmo tempo enxergar o melhor que já está acontecendo. Devemos antecipar e nos preparar para algo melhor, algo mais, enquanto também apreciamos e elogiamos o que temos no momento.

É possível que você tenha se acostumado com algumas das excelentes qualidades que aprecia em seu cônjuge? Como exatamente essas qualidades são demonstradas? Não apenas as observe; faça comentários e mostre sua profunda gratidão por elas.

Durante uma viagem que fiz recentemente para a Carolina do Sul aprendi uma lição sobre bondade e gratidão com a fonte mais improvável. Meu voo chegou a Greenville, e eu fui para o hotel, onde fiquei me preparando para um programa de televisão que aconteceria no dia seguinte. Após o café da manhã, fui ao saguão esperar o motorista que me levaria ao estúdio. Exatamente na hora combinada, um adolescente vestindo calças largas e um brinco entrou tranquilamente pelo saguão. Olhei para ele e voltei a ler meu jornal, presumindo que não poderia ser o meu motorista.

"Com licença", disse o adolescente, "o senhor é o Dr. Hawkins?"

"Sim", eu disse, tentando imaginar o que ele queria comigo.

"Sou seu motorista, senhor, e estou pronto para levá-lo ao estúdio. Meu nome é Neil. Estamos muito felizes por ter vindo de tão longe para estar conosco. Posso ajudá-lo com suas coisas?"

Ainda tentando decidir o que eu pensava daquele jovem, respondi que eu mesmo podia levar minha bolsa.

---

2   Alexandra Stoddard, *Gracious Living in a New World* [*Uma vida agradável em um mundo novo*]. New York: William Morrow & Co., 1996, p. 46.

"Não, senhor, por favor, deixe-me levar sua bagagem. É um grande prazer ter o senhor conosco. Minha avó está muito contente com sua vinda. Meu carro está ali fora à sua disposição."

Ainda tentando entender esse garoto, deixei que ele levasse minha bagagem.

"Espero que o senhor tenha tido uma boa noite. Dormiu bem?", ele disse enquanto nos dirigíamos para o carro.

Não pude deixar de sorrir diante da solicitude de Neil. Todos os meus estereótipos estavam saindo voando pela janela. Onde aquele garoto havia aprendido a conversar daquele jeito? Será que ele estava sendo genuíno ou havia ensaiado sua fala com a avó, a âncora do programa em que eu seria entrevistado?

Fomos para fora, onde seu Mustang, que ele orgulhosamente exibia, estava com o motor roncando. Ele colocou minha bagagem com cuidado no banco de trás de seu carro, engatou a marcha e saiu em direção ao estúdio.

Neil continuou sendo amável em todo o trajeto até o estúdio, perguntando sobre Washington, meus livros e minha vida. Em nenhum momento ele desviou a conversa para falar de si mesmo.

Foi demais para minha visão estreita a respeito de jovens usando brinco, calças largas e com carros barulhentos! Ali estava um rapaz perito na arte de demonstrar gratidão. Senti-me honrado, respeitado e bem-vindo.

Foi um momento inesperado, em que me senti sobrepujado pela graça. Quando vi Neil pela primeira vez, imaginei que fosse o tipo de jovem rebelde. Não estava preparado para um garoto educado e gentil. Mas o estilo dele transbordava amabilidade e não pude evitar senão retribuir à altura.

Seja honesto: você tem a tendência de desconsiderar seu cônjuge, dando uma olhada rápida aqui e ali e depois rapidamente concluindo que ele não tem mais nada para oferecer? Ou está constantemente buscando e elogiando aquele sorriso, aquela atitude, aquela qualidade que o atraiu ao seu cônjuge inicialmente? Essa é uma das lições mais importantes que almas gêmeas nos ensinam: todos os dias temos oportunidades de agradecer a gentileza e a bondade e a reagir com amabilidade e graça. É nesse espaço maravilhoso que fazemos vir à tona o que temos de melhor.

Questionário Semanal

Você está começando a reconhecer sua habilidade de trazer à tona as melhores qualidades de seu cônjuge? Chega de passividade e simplesmente esperar pelas coisas boas; agora você já consegue antecipar as mudanças positivas. Você está atento às oportunidades de aumentar as interações positivas e desfrutar delas.

Essa é sua chance de aplicar o princípio da semana, que é trazer à tona o melhor de seu cônjuge:

Seu cônjuge está de bom humor e começa a fazer gracinhas e a brincar com você. Porém, parece não ser o melhor momento, e você inicialmente acha o comportamento dele "bobo", em parte porque ainda está pensando em complicações e problemas do trabalho. Você:

a) Repele a brincadeira de seu cônjuge, deixando claro para ele que não é a melhor hora para se divertir um pouco.
b) Aproveita a oportunidade, deixa de lado suas preocupações e se deixa envolver plenamente por seu cônjuge, desfrutando daquele momento.

COLOCANDO EM PRÁTICA

1. Nesta semana, fique atento e tente "apanhar" seu cônjuge fazendo algo de que você gosta. Depois, diga-lhe o quanto aquelas palavras ou ações significam para você.
2. O que você mais quer de seu cônjuge? Depois de rascunhar suas ideias, pergunte a si mesmo: como posso ser mais específico? Depois que ambos tiverem anotado uma ou duas coisas que a outra pessoa pode realizar para fazê-lo sentir-se mais valorizado e apreciado, discutam suas listas.
3. Como você pode expressar gratidão a seu cônjuge de maneira que seja significativo para ele? Se você não tem certeza, pense em situações do passado em que seu cônjuge claramente apreciou sua reação ou então pergunte diretamente.

Semana 4

LEMBRANDO-SE DAS RAZÕES POR QUE SEU CÔNJUGE AMA VOCÊ

Mil palavras não deixarão uma impressão tão profunda quanto um ato. – *Henrik Ibsen*

SINAIS DE QUE VOCÊ PRECISA SE LEMBRAR DO PORQUÊ SEU CÔNJUGE O AMA

1. Você se preocupa mais em impressionar seus vizinhos do que seu cônjuge.
2. Você não tem a mínima ideia do que atraiu seu cônjuge a você logo no início – embora tenha quase certeza de que não foi uma agradável primeira impressão.
3. Você gostaria que seu cônjuge não o "sufocasse" e lhe desse mais espaço.
4. Você não sente nenhuma necessidade de ter um "bom comportamento" perto de seu cônjuge. Afinal, vocês prometeram se amar "na saúde ou na doença"!
5. Você se sente acanhado ou inseguro com seu cônjuge.

Quando comecei a namorar de novo, alguns anos atrás, não era raro passar a tarde do sábado polindo meu carro esportivo, indo cortar o cabelo ou até passando as roupas que eu ia usar à noite. A preparação para o encontro começava horas antes de eu sair pelo portão de casa. Quando atravessava o portão, estava pronto.

Sendo um namorado cuidadoso, eu queria causar uma boa impressão. Mas era mais do que isso. Não queria apenas passar uma imagem agradável que desaparecesse vinte minutos depois que aquela mulher tivesse estado comigo. Eu queria que minha namorada visse o melhor que eu tinha para oferecer. Sabia muito bem que eu podia impressionar alguém por algum momento, mas seria preciso muita energia e intencionalidade para manter alguém impressionado.

Eu não apenas era cuidadoso quanto à primeira impressão que eu causaria, mas era cuidadoso quanto à primeira impressão que a mulher com quem eu iria me encontrar causaria. Eu estava me esforçando e esperava que ela fizesse o mesmo. Eu me orgulhava de ser capaz de avaliar o caráter da pessoa, suas qualidades e defeitos e suspeitava que qualquer pessoa em quem pudesse estar interessado também fosse capaz de fazer o mesmo em relação a mim. Isso acabou sendo verdade.

Estacionei o carro em frente à casa de Christie em nosso primeiro encontro numa noite fria de janeiro. Embora estivéssemos bem na metade do inverno, quando meu carro esportivo normalmente ficaria na garagem, eu queria causar a melhor impressão possível. Havia passado o dia lavando e encerando o carro e depois passei na casa dela para levá-la ao cinema. Considerava minhas chances na conquista dela:

- Sou um cara realmente legal.
- Tenho uma personalidade marcante e charmosa.
- Sou cristão.
- Tenho alvos e planos.
- Tenho vários interesses, dentre eles música, velejar, escalar e ler.
- Sou relativamente atraente.
- Sou sincero e honesto.
- Sou bom de conversa.

Consciente dessas qualidades, dirigi-me à porta da casa de Christie. Ela me cumprimentou com simpatia e tivemos uma noite maravilhosa. Gostamos do filme e do tempo que passamos conversando depois. Descobri bem rápido que Christie é uma pessoa realmente agradável e que tem uma personalidade marcante e charmosa. Deu para notar que ela tinha alvos e planos e que compartilhávamos de interesses comuns e da mesma fé cristã. Já mencionei que ela também é uma graça, inteligente, sincera, honesta e muito boa de conversa?

Provavelmente você não ficará surpreso em saber que eu gostei muito de nosso primeiro encontro, e também do segundo, do terceiro... Na verdade, logo decidimos namorar para ver se havia alguma chance para o nosso relacionamento. E como você já sabe a esta altura, Christie e eu agora estamos muito bem casados.

Esquecemos Rápido

Christie e eu tivemos um ótimo começo. Combinávamos em todas as questões mais sérias. Eu gostava dela e ela de mim. O que poderia dar errado?

Na verdade, não muito, visto que nos dedicávamos a manter as qualidades que nos atraíram um ao outro. Porém, eu estaria mentindo se não dissesse que houve alguns momentos delicados – tudo porque momentaneamente esquecemos daquilo que nos atraía um no outro.

Inicialmente atencioso e ouvinte perspicaz, com o tempo passei a estar ocupado demais para ouvi-la e tivemos nosso primeiro baque. Sentindo-me um pouco convencido a respeito dos sentimentos de Christie para comigo, fiquei complacente. Esqueci algumas das razões por que me senti atraído a ela, mas, mais importante, *esqueci por que ela se sentiu atraída a mim* – e esse é o meu próximo segredo para trazer à tona o melhor de seu cônjuge. Você deve lembrar por que conquistou o coração de seu cônjuge inicialmente.

Considere o que acontece quando esquecemos por que nosso cônjuge abandonou tudo para juntar-se a nós. Reflita por alguns momentos no que ocorre naturalmente quando nos permitimos esquecer por que nosso cônjuge se apaixonou por nós.

Paramos de alimentar essas qualidades admiráveis. Quando esquecemos as razões específicas por que nosso cônjuge se apaixonou por nós, paramos de exercitar algumas qualidades que são muito importantes para o nosso casamento. Nós nos tornamos complacentes, acomodando-nos a outras características menos dignas. Em vez de permanecer sensíveis e atentos, às vezes permitimos que nossos traços menos atraentes (nosso lado negro) dominem, o que enfraquece nossa ligação com nosso cônjuge.

Paramos de alimentar as qualidades admiráveis de nosso cônjuge. Uma vez que nos acomodamos à mediocridade, nosso cônjuge às vezes tende a se acomodar a ela também.

USE OU PERCA
Se conscientemente não lembrar e exercitar as qualidades que aproximaram seu cônjuge de você, inevitavelmente decairá num comportamento menos digno.

Há uma tendência natural em nos acomodarmos, e isso mata a maior parte do entusiasmo de nosso casamento.

Recentemente Christie e eu sentamos juntos e reavaliamos nossos alvos para os meses seguintes. Eu sabia que ela estava cansada por causa de uma mudança recente e precisava descansar. Ela sabia que eu precisava de tempo ininterrupto para escrever e terminar este livro no prazo. Juntos planejamos um passeio de uma semana que iria suprir sua necessidade de relaxar e minha necessidade de tranquilidade para escrever. Teria sido mais fácil simplesmente ficar em casa e cada um cuidar de suas coisas sem atrapalhar o outro, mas nós queríamos realmente suprir o outro em sua maior necessidade – e ao mesmo tempo encontrar uma maneira de nos aproximarmos mesmo em meio a um período de muitas atividades.

Deixamo-nos acomodar a padrões pouco saudáveis, apesar de confortáveis. Ao aceitar a mediocridade, lentamente nos acostumamos com esse estilo de vida. Como a preciosa prata escurece quando não é polida, nossa vida a dois se torna opaca e sem vida. O brilho se apaga, junto com o amor que sentíamos um pelo outro.

LEMBRANDO-SE DAS RAZÕES POR QUE SEU CÔNJUGE AMA VOCÊ *Semana 4*

Christie e eu regularmente conversamos sobre o quanto um é especial para o outro. Queremos tomar cuidado para não nos acomodarmos e tratar o outro como alguém comum.

Cada Vez mais Vago

Recentemente conversei com Stan e Cindy, que estão casados há vinte anos. Eles formam um bonito casal; ambos se vestem impecavelmente. Cindy é uma representante de vendas comunicativa e Stan um corretor de seguros esforçado, que administra uma carteira de clientes bem grande em sua seguradora. Ambos são bem sucedidos em sua respectiva carreira, porém vacilantes na esfera dos relacionamentos.

Ouvi cada um falar sobre o relacionamento deles. Eles admitiam que o trabalho havia consumido suas energias apesar de tê-los feito enriquecer muito. Embora pudessem desfrutar de muito luxo, estavam se sentindo cada vez mais exauridos relacionalmente. Eles queriam reacender a chama em seu casamento.

"O que você acha que fez Cindy se apaixonar por você?", perguntei a Stan.

Ele gaguejou de início, demonstrando estar perplexo diante da pergunta.

"Bem, há... Eu estava esperando que você me perguntasse por que me apaixonei pela Cindy", ele disse, sorrindo. "Por que ela se apaixonou por mim, bem, essa é uma pergunta difícil."

"Por quê?", perguntei.

"Imagino que seja porque raramente penso nisso", ele continuou. Ele se voltou para Cindy.

"Então, por que você se apaixonou por mim?", ele perguntou.

"Não", eu disse, "não tão rápido. Realmente quero que pense no porquê ela se apaixonou por você. O que você tinha de especial que a fez esquecer todos os outros e escolher você?"

Tanto Cindy quanto Stan estavam rindo a esta altura, surpresos em como é fácil explicar o que haviam gostado no outro, mas como é difícil descrever as qualidades que levaram o outro a nos escolher. Uma vez que não passavam muito tempo observando essas qualidades, naturalmente também passavam pouco tempo cultivando-as.

"Então, Stan", repeti, "quais são as qualidades que Cindy admirou em você de início?"

Ele lançou uma porção de ideias; em algumas delas acertou na mosca, e em outras, errou feio.

"Acho que não posso ser muito crítica", Cindy disse cautelosamente. "Estou aqui sentada pensando 'o que foi que Stan viu em mim que o fez se apaixonar' e não consigo pensar em nada."

"É fácil perder o foco", comentei para tranquilizá-la. "Não passamos muito tempo pensando nisso ou cultivando essas características em nós mesmos. Depois que conseguimos nosso cônjuge, geralmente desistimos da conquista. Paramos de jogar a isca, por assim dizer, por isso não é surpresa que não estejamos apanhando nada.

"O que aconteceria, Stan, se você trouxesse de volta aquelas características que fizeram Cindy se apaixonar por você? Alguma pista?"

Stan sorriu, pegando na mão de Cindy.

"Aposto que ela adoraria", ele disse. Cindy assentiu com a cabeça, concordando.

A Conquista Continua

O que aconteceria se eu agisse como se cada dia com minha esposa fosse o nosso primeiro encontro, ouvindo-a com atenção, abrindo a porta para ela e cuidando da minha aparência? Como gostaria de manter esse nível de concentração, essa singularidade de propósito. Muitas vezes, me desvio. Esqueço que devo ganhar o coração de minha parceira dia após dia, todos os dias, sempre.

Em seu livro Wild at Heart [*Coração selvagem*], John Eldredge lembra aos homens que devemos ser implacáveis e nunca desistir de conquistar a mulher de nossa vida. Devemos cativar o coração de nossa noiva vez após outra. Nosso cônjuge merece o melhor que podemos oferecer – repetidamente. Devemos "preparar a isca", por assim dizer, para conquistá-la.

LEMBRANDO-SE DAS RAZÕES POR QUE SEU CÔNJUGE AMA VOCÊ *Semana 4*

Meu sogro é um ávido pescador. Ele se levanta cedo para preparar o barco e fala entusiasticamente sobre iscas, *downriggers*[1], linhas e anzóis. Vern não se satisfaz apenas em comprar isca de peixe na loja – ele usa sua própria mistura para pegar o peixe. Ele é concentrado e dedicado, sabendo que está medindo forças com uma criatura esperta.

Com tanta coisa em jogo, você pode pensar que nos esforçaríamos por "manter nosso cônjuge no anzol", como fazemos na pesca e nas caçadas. Você pode pensar que manteríamos nossas habilidades de conquista bem apuradas, sempre prontos a impressionar nosso cônjuge. Mas não é o que acontece. Geralmente nos tornamos descuidados e até mesmo negligentes.

O escritor Thomas Moore nos ajuda a entender por que nos tornamos descuidados. "Por mais forte que seja nosso anseio por proximidade, obviamente há algo mais dentro de nós que anseia por solitude, liberdade e afastamento. Nossa análise dos relacionamentos deve incluir ambos os lados deste espectro e aceitar a tensão que possa existir à medida que tentamos dar atenção a ambos."[2]

Hmmm.

Moore sugere que temos uma relação empurra-puxa com nosso cônjuge. Queremos proximidade tanto quanto queremos independência. Isso, é claro, não é nenhum *insight* novo. Todos sentimos a tensão entre nos aproximar e nos afastar daqueles que nos são mais íntimos.

Enquanto eu pensava na observação de Moore, perguntei-me se ajudava explicar por que eu "esqueço" de nutrir as mesmas qualidades que fizeram Christie se apaixonar por mim. Será que uma das razões seria meu descuido em ser o homem amoroso e atencioso que sei que posso ser? Talvez. Assim como às vezes sinto o ímpeto de me conectar com Christie, devo reconhecer que às vezes também sinto o ímpeto de afastá-la. Falhar em entender esses ímpetos pode causar problemas.

É importante reconhecer essa tendência inata que temos por independência. Embora isso nunca possa ser desculpa para a falta de intimidade, pode

---

1   Dispositivo de pesca composto por uma haste, um cabo de aço, um peso e um carretel (N. do T.).
2   Thomas Moore, *Soul Mates* [*Almas gêmeas*]. New York: HarperCollins Publishers, 1994, p. 11.

afetar na permanente conquista de nosso cônjuge e é algo que deve ser administrado. É importante que você e seu cônjuge mantenham um canal aberto de diálogo. Isso garantirá que sua conexão continue forte e presente. Não tenha medo de perguntar ao seu cônjuge como ele se sente em relação à ligação que há entre vocês.

ZONA DE GUERRA

Por mais que queiramos ter intimidade com nosso cônjuge, também desejamos nossa independência. Almas gêmeas são pessoas que aprenderam a equilibrar sua necessidade de espaço individual com seu compromisso de se manter conectados.

Juntos, mas Respeitando o Espaço de Cada Um

Após reconhecer nosso desejo e necessidade de espaço, devemos administrar cuidadosamente o nível de intimidade em nosso casamento. Afastar-se negligentemente do cônjuge pode levar ao desastre. Se mantivermos o processo de conquista de nosso cônjuge enquanto também respeitamos nossa necessidade de ficar sozinho, teremos casamentos fortes e maduros.

Kahlil Gibran, em seu livro *The Prophet*, me pôs a par do conceito de "espaço na intimidade". Fiquei desconcertado quando li suas palavras pela primeira vez: "Mas permitam que haja espaços em sua intimidade e deixem que os ventos dos céus dancem entre vocês. Amem um ao outro, mas não criem um vínculo de amor: em vez disso, que haja um mar em movimento entre as praias de suas almas".[3]

As palavras de Gibran apresentam algo extremamente importante – uma explicação do porquê em determinados momentos não precisamos ir atrás de nosso cônjuge. Não há problema em suspender a temporada de caça por algum

---

3   Kahlil Gibran, *The Prophet*. New York: Alfred A. Knopf, 1923, p. 15. No Brasil, *O profeta*, publicado pela L&PM.

tempo; o problema é sabotá-la. Tudo bem descansar um pouco da perseguição, mas há problema em abandoná-la. Devemos nos permitir perseguir alvos e sonhos independentes e depois voltar a estar juntos para compartilhar nossas experiências.

Christie e eu estamos atentos para criar momentos juntos e também momentos em que estamos separados. Ela sabe que eu preciso de momentos de solidão para recarregar as baterias e também de tempo para escrever. Eu também sei que ela precisa de tempo para ir em busca de seus interesses, tais como leitura, cuidar da casa e zelar pelo relacionamento com os filhos dela.

O tempo que o casal passa separado, é claro, torna o tempo junto mais interessante. Os espaços na intimidade podem fazer o estar juntos ainda mais mágico. Então, há um tempo para lembrar por que seu cônjuge se apaixonou por você e há um tempo para descansar desse lembrar. No descanso, porém, nunca há tempo para esquecer por que ele se apaixonou por você. Cuidado com esse equilíbrio.

Descuidado e Negligente

Infelizmente, muitos casais se tornam descuidados no tratamento que dão um ao outro. Passam a ter uma atitude casual, assumindo que o outro estará sempre ao seu lado, sempre por perto.

O que significa assumir que o outro estará sempre por perto? O que acontece quando nos tornamos negligentes em nossa busca um do outro? Em resumo, agimos indiscriminadamente, com simpatia e carinho num minuto e afastado e indiferente no outro. Buscamos intimidade e depois negligentemente criamos distância. É alguma surpresa que os casais não consigam trazer à tona o que cada um tem de melhor num ambiente tão inseguro?

Fiquei emocionado num momento comovente em uma recente consulta de aconselhamento conjugal com Stan e Cindy, de quem falei um pouco antes neste capítulo. Cindy estava compartilhando sobre a distância que ela sentia de Stan.

"Eu tenho me retraído", ela disse, olhando nos olhos de Stan. "Porque você parece preocupado, não abro mais meu coração com você. Você costumava se importar com cada coisa que eu dizia, cada sofrimento pelo qual eu passava, cada pensamento que eu tinha, mas não sinto mais isso em você."

Por um momento, Stan pareceu sintonizar com Cindy. No exato momento em que achei que ele iria se conectar com ela através de um olhar ou uma palavra, de repente, e quase dramaticamente, ele virou-se e olhou para mim. Percebi o olhar acuado de Cindy pela rejeição do marido. Ela começou a chorar.

"O que foi que eu fiz?", ele perguntou, sinceramente confuso.

"Preciso me sentir segura com você", Cindy disse, chorando mais profusamente. "Preciso saber que quando estou vulnerável, como eu estava há pouco, você vai estar próximo e aberto."

"Sinto muito", Stan Said, envolvendo os ombros dela. "Não quero magoar você e certamente quero garantir esse lugar seguro para você se abrigar. Por favor, me perdoe."

Nós três permanecemos sentados e quietos por algum tempo. "É disso que eu mais sinto falta", Cindy finalmente disse. "Você sempre era tão carinhoso e gentil comigo, e sei que quer ser desse jeito de novo."

"Ainda sou carinhoso e gentil, Cindy", Stan disse amavelmente. "Aquele Stan ainda está vivo e bem e quer que saiba que você pode ficar vulnerável comigo. Quero que você confie em mim e compartilhe seus sentimentos de novo."

Stan não queria ser negligente com os sentimentos de Cindy. Ele não estava intencionalmente os ignorando. Quando se afastou dela em meu consultório, não estava sendo verdadeiro a quem ele queria ser e podia ser. De alguma forma, Stan não estava sendo ele mesmo. Ele tinha se tornado descuidado e insensível nas pequenas coisas. Esse incidente em meu consultório, porém, lembrou-o que cada momento de insensibilidade, cada situação de rejeição, por mínima que fosse, afastavam Cindy dele.

Relacionar-se é coisa séria. Trazer à tona o melhor de cada um significa manter um lugar seguro para os sentimentos do outro e de maneira consistente (não perfeita) ser o melhor que você é capaz de ser.

Passei a conhecer bem Stan. Ele é um homem bom e amável; é inteligente e tem uma risada envolvente. Quando converso com ele sobre maneiras de reacender seu casamento, ele olha para mim atentamente. Sei que ele quer que seu casamento seja tudo que pode ser.

De muitas maneiras, quando Stan lembra as razões por que Cindy se apaixonou por ele, consegue voltar a ser ele mesmo. Quando ele evocar aquelas qualidades generosas que são parte integrante de seu ser, Stan começará a agir com integridade – uma palavra que deriva do termo *inteiro*. Em vez de permitir ficar distraído e separado de seu verdadeiro eu, Stan precisa encontrar-se de novo.

Essa tarefa, entretanto, não é apenas de Stan. Cindy deve aprender a agir com integridade também. Ela precisa ser verdadeira consigo mesma. Em vez de silenciosamente afastar-se de Stan quando se sente rejeitada, ela precisa ter a coragem de dizer-lhe que ela está magoada. Em vez de ocupar-se de outros interesses quando o que realmente deseja é conectar-se com ele, ela deve ser clara a respeito de seus desejos. Deve ter a força de ir em busca do que é mais importante para ela.

Grande parte do trabalho que venho fazendo com Stan e Cindy tem o propósito de estimular sua integridade a fim de que sejam sinceros e ajam com coerência em relação a seus valores pessoais. Eles me dizem que valorizam um ao outro. Pergunto-lhes de que maneira têm sido coerentes com aqueles valores. Eles me dizem que querem lembrar por que se apaixonaram. Eu os oriento a se comportar das maneiras que fez com que se amassem. Confronto-os quando se comportam de maneira inconsistente em relação àquelas qualidades.

Talvez você se lembre das percepções do apóstolo Tiago quanto à integridade e a importância de ser verdadeiro para com os valores que se tem. Ele nos dá seu conselho: "Peça-a, porém, com fé, sem duvidar, pois aquele que duvida é semelhante à onda do mar, levada e agitada pelo vento" (Tg 1.6).

Considere esta verdade: para ter o casamento profundamente prazeroso que almeja, você deve agir de maneira consistente com "o melhor de seu ser". Em minha própria vida, sempre quero ser o homem que se dá o trabalho de polir o carro, abrir a porta do carro e ouvir com atenção, demonstrando assim o desejo de conquistar meu cônjuge. Esse é o verdadeiro David. Posso facilmente me distrair, ficar descuidado e negligente, mas essas falhas não são consistentes com o meu eu verdadeiro. Elas certamente não são coerentes com o David que conquistou o coração de Christie anos atrás.

Saborear

Dizem que para ganhar o jogo da vida você simplesmente tem de estar ali presente. É verdade. Muito do processo de trazer à tona o melhor de seu cônjuge e cultivar um casamento fantástico acontece também estando ali – completa e plenamente, sem distrações. Estar presente para seu cônjuge adiciona vitalidade e qualidade ao relacionamento.

Nós estamos ali quando lembramos por que nosso cônjuge se apaixonou e quando identificamos aquelas qualidades específicas que o levaram a se apaixonar. Depois, passamos a colocá-las em prática. Mantemos nosso cônjuge e as razões pelas quais se importa conosco, no centro e à frente de tudo. Mas podemos ir um passo adiante. Podemos ainda saborear essas qualidades e permitir que se desenvolvam mais.

A técnica de saborear na verdade deriva da noção de deleitar-se num determinado prato ou bebida, pelo sabor, textura ou aroma que tem. Recentemente Christie preparou um belíssimo bife com aspargo. Enquanto eu saboreava a refeição, comentei como o bife estava suculento e macio. Ela havia deixado a carne ao ponto, exatamente como eu gosto, e pude apreciar plenamente o sabor da refeição e o esforço dela em me agradar.

Podemos também saborear uma experiência, lembrando um evento que foi especialmente significativo para nós. Saboreamos um evento lembrando diversos aspectos da ocasião. Podemos nos lembrar da música que estava tocando, das pessoas que estavam no lugar ou do sentimento que a ocasião causou em nós. Rodamos a cena novamente em nossa mente, desfrutando de diferentes aspectos do evento.

Durante uma recente sessão de aconselhamento com Stan e Cindy, apliquei o conceito de saborear, dando a Stan as seguintes instruções: "Quero que você liste cada uma das qualidades que fez Cindy se apaixonar por você. Depois, olhando para essa lista, quero que amplifique cada característica, adornando seus atributos. Quero que você identifique, melhore e depois demonstre aquela qualidade".

ACENTUE O QUE É POSITIVO

Lembrar e saborear o que seu cônjuge adora em você exige um contínuo e intencional cortejar de sua parte. Tem mais a ver com você mudar do que mudar seu cônjuge.

Dei a Stan um exemplo de minha própria vida. "Sei que a Christie se apaixonou por meu cavalheirismo", eu disse. "Ela adora quando abro a porta para ela, espero por ela antes de começar a comer e me ofereço para ajudá-la com as tarefas de casa. Quando saboreio esta qualidade, imagino-me fazendo essas coisas. Imagino uma situação em que sou gentil e galante, esperando por ela e fazendo-a se sentir como uma princesa. Imagino-a sorrindo para mim enquanto eu a sirvo. Isso é saborear as maravilhosas qualidades que temos dentro de nós."

Stan olhou para mim e deu um exemplo da vida dele. "Tudo bem, então, se estou começando a entender esse negócio, vou adicionar um tempero especial à maneira como atraí Cindy quando eu me sentar, olhar nos olhos dela enquanto ela compartilha o que está sentindo. Vou saborear meu jeito de olhar para ela, deixando-a perceber que estou entendendo o que está querendo me dizer. Sei que ela gosta disso. Vou imaginar a sensação de vê-la olhando para mim com carinho e gratidão. É isso?"

"Isso mesmo, você captou a ideia", eu disse. "Acredito em você, Stan. Acredito que pode dar o melhor de si, e sei que se fizer isso, Cindy vai ficar perdidamente apaixonada por você de novo."

Cindy, que estava ouvindo toda essa conversa, sinalizou um alegre "positivo" para Stan.

Por que a Autoconfiança é Importante

Ainda me lembro claramente da noite em que me dirigi à casa de Christie para o nosso primeiro encontro. Lembro-me do cuidado com que me arrumei. Lembro-me da agitação e do entusiasmo. Lembro-me de minha atitude positiva.

Você consegue ver a importância da autoconfiança que senti naquela noite? Você percebe que a autoconfiança, longe de ser uma coisa ruim, é na verdade uma atitude saudável? A autoconfiança é aquela qualidade interior que me permite apreciar o que tenho para dar e depois dar. Se eu estiver sendo sincero, oferecendo o que tenho para dar, isso será aceito, na maioria das vezes.

A autoconfiança antecede o sucesso. Foi por imaginar que eu seria bem sucedido que fui capaz de apresentar minhas melhores qualidades a Christie. Foi como se no meu íntimo eu acreditasse que podia correr riscos, mostrando-me a ela completa e honestamente. Ao ser autoconfiante, não fiquei me escondendo.

Enquanto medita em suas aptidões e habilidades, responda a algumas perguntas:

- Você conhece suas qualidades?
- Você as identifica e as aceita?
- Você se sente confiante em demonstrá-las para os outros?
- Você as compartilha regularmente com seu cônjuge?
- Se não, por quê?

Agora, vamos mudar de marcha um pouco. Você está consciente de alguma área de fraqueza em sua vida? Enquanto pensa nelas, lembre-se de que atrás de toda fraqueza há uma oportunidade de melhorar e crescer.

- Qual é sua maior fraqueza na área dos relacionamentos?
- Qual é o impacto que essa fraqueza tem em seu cônjuge?
- O que você está fazendo atualmente para melhorar nessa área?

Finalmente, vamos dar o próximo passo para conseguir o benefício disso tudo. Seu cônjuge está lhe pedindo que seja mais aberto e disposto a conversas? Faça alguma coisa para melhorar e vencer essa fraqueza. Ele está lhe pedindo que seja mais criativo nas atividades que vocês fazem juntos? Pense em algumas possibilidades que possam apimentar sua vida, como você fazia no início do relacionamento. Pense em como você pode transformar sua fraqueza num ponto forte.

- Qual é a oportunidade escondida em sua fraqueza?
- Quais são algumas coisas práticas que você pode fazer para transformar sua fraqueza em ponto forte?
- Faça um plano concreto agora para colocá-las em prática.

Dá para sentir a importância deste assunto? Você não está fazendo nenhum favor a si mesmo nem a seu cônjuge retendo o melhor que pode dar. Acomodar-se às fraquezas, em vez de transformá-las em qualidades, não faz bem a ninguém. Ser medroso, inseguro ou inconstante não é bom. Tanto você como seu cônjuge necessitam que você dê um passo adiante e ofereça o melhor que você pode ser.

A Melhor Versão de Você

Alguns minutos atrás ofereci a Christie o David "quero-bater-papo-com-você--e-saber-como-está-seu-dia". Numa conversa telefônica de dez minutos, Christie e eu alegremente conversamos um pouco sobre como o dia estava indo até o momento. Quando vi a foto dela aparecer no meu celular, fiquei imediatamente animado e contente por ela estar ligando. Escolhi dar a ela o meu melhor. Foi fácil.

Lembrar e saborear as razões por que seu cônjuge o ama tem a ver com ser a melhor versão de você. Tem a ver com o melhor que você é plenamente capaz de ser, o melhor que Deus planejou que você seja.

É claro, cada um de nós tem inúmeras capitulações de nós mesmos. Sei muito bem que, além de ser gentil e atencioso, também posso ser impaciente e egoísta. Além de ser sensível e carinhoso, posso ser distante e insensível. Para cada característica positiva que tenho, há inúmeros aspectos que são no mínimo incômodos.

Exibir a minha melhor versão nem sempre é fácil, especialmente quando tive um dia difícil e estou irritadiço. Quando estou cansado e quero me afastar de Christie, é tentador exibir uma versão ruim de mim. Quando estou com fome, frustrado e solitário, também sou tentado a escorregar para uma versão ruim de mim. Mas sempre tenho uma escolha. Quando estou no meu limite, posso lembrar que Deus me ama ainda mais do que Christie e pode me capacitar a ser a minha melhor versão.

Por isso, é crucial destacar que posso escolher qual versão de mim quero ser. Sou eu quem decide qual David vou apresentar a Christie quando nos cumprimentamos à noite. Você também pode escolher qual versão de si mesmo irá apresentar a seu cônjuge.

Isso é algo poderoso. Você tem o poder de iniciar uma enxurrada de emoções positivas ou negativas entre vocês dois. A escolha é sua. Você tem o poder de iniciar uma conversa agradável e envolvente ou uma conversa ríspida e hostil. Novamente, a escolha é sua. É simples assim.

Questionário Semanal

Como você está se saindo na tarefa de lembrar e saborear as razões por que seu cônjuge se apaixonou por você? Consegue citar as qualidades que fizeram você parecer irresistível a ele?

Como você lidaria com a situação descrita a seguir?

Seu cônjuge diz que quer mais tempero no casamento. Ele traz à memória todos os encontros divertidos, emocionantes que você planejou antes de se casarem. Além disso, seu cônjuge anda lendo umas revistas e comparando desfavoravelmente o casamento de vocês com o que tem lido. Você:

a) Fica na defensiva e diz que com o tempo todos os casamentos acabam perdendo o brilho. Você insiste em dizer que os sonhos de ter um casamento melhor não são realistas e completa afirmando que seu cônjuge precisa "sonhar mais baixo".

b) Ouve cuidadosamente o que ele tem a dizer, determinado a entender exatamente quais são as qualidades de que seu cônjuge está sentindo falta no casamento. Então você se prepara para restaurá-las e aplicá-las de novo.

COLOCANDO EM PRÁTICA

1. O que atraiu você e seu cônjuge um ao outro? Se seu cônjuge estiver disposto, sentem-se juntos e procurem ver se conseguem lembrar as qualidades que os atraíram um ao outro.
2. Planeje ao menos uma maneira de intencionalmente "perseguir" seu cônjuge esta semana, enquanto procura colocar em prática as qualidades que o atraíram a você no início. (Por exemplo, já que Cindy se sente próxima do marido quando ele fala com ela bem de perto, Stan pode levá-la para jantar fora com o objetivo explícito de perguntar-lhe como foi a semana.)
3. Cônjuges naturalmente experimentam uma tensão interna entre o desejo de intimidade e a necessidade de independência. Você percebe essa dinâmica agindo em seu casamento? Explique.
4. Nesta semana, observe quanto tempo fora do trabalho você e seu cônjuge passam juntos. Se vocês gastam mais tempo envolvidos em interesses individuais, conversem sobre por que isso acontece. Considere a possibilidade de agendar um "encontro fixo" com seu cônjuge, toda semana.

COLOCAÇÃO EM FILA ÚNICA

Ce que Jésus veut est conforme ao que quer o Pai. Se ele quer que nos tornemos pacientes, é porque precisamos ser mais pacientes também. Importa que tudo o que é nosso seja comum a nós.

Nunca devemos ter pressa de nos consolarmos. A pressa em se consolar nos aumenta a responsabilidade e os problemas pela falta de que é importante é sermos mais fiéis àquilo que o Senhor escreveu para nós na hora oportuna. Nada sai como nós queremos, mas pode ser o que Senhor Jesus quer. Só saberemos depois, lendo o sentido oculto.

Com mais paciência, esperamos que a nossa missão seja o que quer o Pai e não o que nós queremos. Nada independente de Deus pode ser digno e durar em qualquer situação. Tudo está.

Deus deseja a caridade, mas nem sempre a escolha que fazemos pela caridade pode ser o que Ele espera. É fácil encontrarmos interesses ali dentro, uma ou outra coisa que nos convence. Cada ideia é possibilidade de ajudar-nos, caminho ou desvio conforme o olhar é honesto.

Semana 5

ABRINDO MÃO DAS DISTRAÇÕES POR CAUSA DO SONHO

Prossigo para o alvo, a fim de ganhar o prêmio do chamado celestial de Deus em Cristo Jesus. – *Filipenses 3.14*

SINAIS DE QUE VOCÊ PRECISA ABRIR MÃO DAS DISTRAÇÕES POR CAUSA DO SONHO

1. A última vez que você e seu cônjuge compartilharam um sonho foi quando ele também apareceu em seu pesadelo recorrente em que você é perseguido por Godzilla pelas ruas de Manhattan.
2. Você se vê procurando prazer e significado fora do casamento.
3. Quando você pensa no futuro a dois, não fica nem um pouco animado com o que está à sua frente.
4. Claro, você quer melhorar seu casamento – assim que você conseguir aquela importante promoção no trabalho que garantirá uma sala só para você.
5. Quando seu cônjuge consegue um grande sucesso ou é inspirado com uma ideia nova, você não é a primeira pessoa a quem ele deseja contar a novidade. Na verdade, você fica em algum lugar entre a tia-avó Matilde e o cachorro.

Antes de se tornar um herói internacional, Sir Edmund Hillary, o primeiro homem a escalar o monte Everest, vivia na obscuridade como um apicultor em Auckland, Nova Zelândia.

Hillary escreveu em seu relato da escalada, *The Ascent of Everest* [A Escalada do Everest], que ele não decidiu simplesmente escalar o maior pico do mundo. Foi somente após uma série de escaladas menores bem-sucedidas que começou a acreditar que poderia estar à altura de tal desafio – um desafio que nunca havia sido terminado com sucesso. Na verdade, inúmeros alpinistas famosos haviam morrido tentando escalar o monte Everest. Entre 1920 e 1952, sete importantes expedições fracassaram na tentativa de chegar ao topo.

Uma coisa fica clara à medida que você lê a respeito da famosa escalada de Hillary: foi preciso uma incrível perspicácia mental para realizar esse feito. Ele não podia se distrair; ele não ousava se distrair, visto que havia uma série de problemas que, caso acontecessem, seriam fatais. Se ele falhasse em vigiar cada passo, uma fenda de geleira poderia rapidamente tirar sua vida. Se falhasse em se concentrar, isso poderia levá-lo à asfixia, à morte por congelamento ou ainda poderia causar a morte de um colega.

Quando lhe perguntaram sobre o que ele pensava enquanto escalava, Hillary disse que se concentrava completamente na tarefa que tinha em mãos. Talvez mais do que qualquer atributo, até mesmo força física e competência, sua clareza mental levou-o ao sucesso. Ele tinha de se concentrar a fim de tomar decisões sábias. Hillary será sempre conhecido como o homem que podia se concentrar, focalizando na tarefa que tinha em mãos e deixando as distrações de lado. Seu prêmio, às 11:30 da manhã do dia 29 de maio de 1953, foi se tornar o primeiro homem a escalar o que outrora fora uma montanha inexpugnável.

A história de Sir Edmund Hillary é uma boa ilustração da tarefa de nossa quinta semana: deixar de lado as distrações para concentrar-se no sonho. Especificamente, aprenderemos a importância de não apenas abrir mão das distrações, mas abraçar o oposto – focalizar, prestar atenção, concentrar o olhar e o coração na mudança de cônjuge a alma gêmea. Você aprenderá, assim como eu aprendi, que para se tornar uma alma gêmea é preciso ter um propósito específico. Você aprenderá, assim como eu aprendi, que vale a pena perseguir esse objetivo específico.

Distrações

Não deveria ser nenhuma surpresa o fato de que a transformação de cônjuge em alma gêmea não acontece da noite para o dia. Embora quase qualquer pessoa possa ser um cônjuge, é preciso uma pessoa especial – na verdade, um casal especial – para serem almas gêmeas.

Assim como Sir Edmund Hillary não acordou num dia e decidiu escalar o Everest, não podemos simplesmente acordar num dia e decidir que vamos viver como almas gêmeas. Assim como Hillary teve de testar e melhorar suas habilidades, devemos fazer o mesmo.

Para encontrar aquele lugar mágico onde você é capaz de antecipar as necessidades de seu cônjuge, valorizar a companhia dele e considerar o amor entre vocês um privilégio, você deve se livrar das distrações. Tornar-se almas gêmeas exige um objetivo específico e o compromisso de fazer certa "faxina" em nós mesmos – identificar e jogar fora qualquer desvio dessa busca.

Vamos pensar um pouco sobre algumas distrações na busca de tornar-se alma gêmea.

Falta de inspiração. Acredite ou não, algumas pessoas simplesmente nem consideram a possibilidade de ser alma gêmea. Por falta de inspiração, acabam caindo num casamento medíocre semelhante a quando uma pessoa se acomoda num emprego sem graça, mas fica ali por longos anos.

FOCO, FOCO, FOCO

Se você não decidir ser alma gêmea, é pouco provável que isso aconteça.

Claro, essas pessoas estão ali todos os dias. Elas perseveram. Mas não há mais aquele friozinho na barriga nem canção em seu coração.

Em seu livro Finding Ever After, Robert Paul explica a importância da inspiração. "Sem inspiração, não crescemos. Quando inicialmente idealizamos nossos sonhos – de vida, de casamento, de tudo – lá no fundo havia um anseio divinamente instalado para sermos dinâmicos (não estáticos), ativos (não passivos), transformadores (não estagnados). Fomos criados com energia e vitalidade. Em resumo, Deus nos criou com desejo, paixão, inspiração."[1]

Infelizmente, muitos casais se contentam com a mediocridade. Perdem a visão do que seja um casamento cheio de vida e entusiasmo. Almas gêmeas, por outro lado, sabem como manter a vitalidade em seu casamento e não aceitam outra coisa, a não ser isso.

Falta de visão. Intimamente relacionada à falta de inspiração está a falta de visão. Espero que a esta altura você tenha entendido que existe uma enorme diferença entre um mero casamento e um casamento entre almas gêmeas. Até que isso aconteça, é provável que você não se esforce por esse "algo mais".

Como desenvolver uma visão que nunca existiu? Como imaginar possibilidades maiores se você se contentou com muito menos há um longo tempo? A resposta, acredito, está dentro de você. Salomão disse: "Também pôs no coração do homem o anseio pela eternidade" (Ec 3.11). Deus colocou em nosso coração o desejo por aquilo que Ele deseja – e Deus deseja que nosso casamento seja lugar de plenitude.

Frances G. Wickes conta a história de quando descobriu a pintura de um templo Ming numa loja de quinquilharias. Ele a comprou e enviou-a para um asiático que restaurava esse tipo de peças valiosas. O homem ficou em pé olhando para ela por um longo tempo, depois finalmente disse: "Tudo bem, eu vou consertá-la. Vou levá-la agora". Ao ser interpelado quanto ao tempo que levaria para restaurá-la, o homem disse que não sabia. Ao ser interpelado quanto ao preço que custaria, ele disse que também não sabia.

Depois de alguns meses, o homem voltou com a pintura restaurada. Impressionado, Wickes disse: "Então foi por isso que levou tanto tempo".

"Não o trabalho", o homem respondeu. "O trabalho foi rápido; o que demorou foi a visão. Eu vou para o campo. Sento-me debaixo de uma árvore. Não consigo enxergar nada dentro de mim. Estou muito longe. Volto lá várias e várias vezes. Um dia, consigo ver. Aí, então, trabalho rapidamente."[2]

---

1 Robert Paul, *Finding Ever After* [*Buscando para sempre*]. Minneapolis: Bethany House Publishers, 2007, p. 26.
2 Frances G. Wickes, *The Inner World of Choices* [*O mundo interior das escolhas*]. New York: Harper & Row, 1963, p. 64-65.

Aparentemente o trabalho foi fácil – ter a visão é que foi mais difícil. É isso que acontece com muitos casais que estão tentando melhorar o casamento. Apesar de você poder distrair-se com a mediocridade e ser tentado a contentar-se com pouco, Deus tem mais para você e seu cônjuge. Vocês devem gastar tempo no desenvolvimento da visão que querem para o seu casamento, e ela dará o ritmo e a direção para que se tornem almas gêmeas. A visão é uma imagem ou uma série de imagens que você mantém em sua mente e gera atitudes e ações positivas.

Você tem a visão de algo para seu relacionamento? Se não tem, como criar uma nova visão? Um jeito fácil de começar é observar outros casais apaixonados e decidir adotar algumas dessas ações e atitudes em seu casamento. Ontem à noite eu e minha esposa passamos por um jovem casal sentado no banco de um parque, de mãos dadas. Lembrei-me de como gosto quando Christie segura minha mão. Poucos passos adiante, vimos outro casal dando risadinhas enquanto conversavam. Isso me lembrou da importância de conversar e rir juntos. Você encontrará exemplos de como criar uma visão para o seu casamento por toda a parte.

Desaparecimento do prazer. A força é incrível. Você consegue senti-la? Há uma força inegável que nos afasta de nosso casamento e de nosso cônjuge. Sempre haverá algo agradável pronto a arrastar você para longe da órbita de serviço e amor ao seu cônjuge. Seja o vício de assistir à TV, seja o prazer de comer, dormir ou até praticar exercícios, qualquer coisa pode parecer mais desejável e afastá-lo do propósito de manter seu cônjuge em primeiro lugar.

Depois que se acostuma a um relacionamento entediante, a tendência é buscar prazer fora do casamento. Seu casamento é funcional ou baseado na amizade? Está voltado para o cumprimento de tarefas ou é um lugar de prazeres e delícias? Se seu casamento for medíocre, você será tentado a encontrar prazer em qualquer outro lugar.

Você ainda encontra prazer em seu cônjuge? Quando pensa nele, consegue sentir uma forte ligação? O prazer que você tem em outras atividades ou coisas pode ser encontrado de novo em seu cônjuge.

Afastamento. É preciso energia para aproximar-se de alguém. Mas é fácil afastar-se, desistir. É necessário pouco esforço, por isso é tão tentador desistir do casamento ou desistir de ter um relacionamento de almas gêmeas. Muitas pessoas são descuidadas. Elas têm poucas ligações significativas, quase não sentem paixão, e parecem ser levadas, arrastadas pela vida. Aproximar-se do cônjuge e gastar energia insistindo em tornar-se alma gêmea é algo que exige esforço. Preste atenção aos momentos em que você começa a se afastar e previna-se contra isso. Coloque para fora, em vez de guardar. Fale, comunique-se, em vez de se fechar.

MERGULHE DE CABEÇA, NÃO SE ARRASTE

É preciso empenho para se tornar almas gêmeas. Assim que você perceber que está se afastando de seu cônjuge – por raiva ou por tédio – faça um esforço consciente de aproximar-se dele.

Apego. Se por um lado o afastamento é fácil, apegar-se a coisas que não exigem nada em troca também não exige muito esforço. Sem pensar, apegamo-nos a coisas que nos hipnotizam e fascinam – a Internet, a televisão, até mesmo o trabalho. Vivemos vidas tumultuadas e depois nos sentimos sufocados debaixo do peso de tudo isso. Parecemos cegos para a quantidade de coisas sob as quais nos enterramos e que nos distraem do propósito de nos tornar almas gêmeas.

Adele Ahlberg Calhoun, autora de *Spiritual Discipline Handbook*, observa que "ficamos cegos para nossos apegos... Ignoramos o apego obsessivo que temos por nossa identidade e o que isso representa em nossa busca por bens, controle, conforto e conquistas. Evitamos qualquer "minimorte", qualquer renúncia que possamos experimentar".[3]

Fico envergonhado com meu apego pelas coisas. Somente depois de voltar de uma visita a um país mais pobre é que percebo quanta coisa tenho acumulado. Tenho a tendência de "viver para trabalhar" para que eu possa ter mais

---

3 Adele Ahlberg Calhoun, *Spiritual Discipline Handbook* [*Manual de disciplina espiritual*], Downers Grove, IL: InterVarsity Press, 2005, p. 97.

coisas, em vez de "trabalhar para viver", a fim de desfrutar das coisas que tenho. Embora eu goste de pensar que posso viver com pouco, o risco de agir assim me faz parar e reconsiderar. A maioria dos meus apegos, infelizmente, me atrapalha de realmente aproximar-me de maneira efetiva das pessoas mais importantes para mim.

Pense em seus apegos. Que atividades são alvo de sua atenção? Que objetos são alvo de sua admiração? Onde você gasta suas energias? Talvez já seja hora de voltar sua atenção novamente ao seu cônjuge e concentrar-se em se tornar alma gêmea.

Procrastinação. Vou fazer isso mais tarde, você tenta se convencer, ainda que, é claro, esse mais tarde nunca chegue. Prometemos a nós mesmos que encontraremos tempo no futuro, só para descobrir que o futuro nunca chega.

Não podemos nos dar ao luxo de esperar até mais tarde para cuidar de nosso casamento, assim como não podemos negligenciar nossa saúde ou nossas finanças. Não podemos nos dar ao luxo de dar ao nosso cônjuge a atenção que ele merece mais tarde, porque mais tarde poderá ser tarde demais. Se esperarmos o nosso casamento melhorar, perderemos a oportunidade de nos transformar em almas gêmeas.

O momento de fazer mudanças em seu casamento naturalmente é agora. Hoje é o dia de dedicar-se em ser o melhor cônjuge que você pode ser, em correr atrás do melhor que seu casamento pode ter.

Meias-medidas. O programa de Doze Passos dos Alcoólicos Anônimos afirma que meias-medidas não ajudam muito. Certamente não podemos esperar que um esforço pela metade nos traga resultados do tipo "alma gêmea".

Esta tendência está presente na minha vida. É muito tentador apelar para meias-medidas, especialmente quando se trata de projetos domésticos de que eu não gosto. Seja para aparar a grama do jardim, seja para podar a cerca viva, seja para limpar o porão, costumo oferecer meias-medidas. Os resultados são evidentes.

Não me orgulho nem um pouco desta tendência e nos últimos anos tenho conseguido aplicar mais de minhas energias a essas tarefas. Por quê? Porque quero que nossa casa seja um lugar de que possamos nos orgulhar. Quero que as pessoas vejam uma casa bem-cuidada quando vierem nos visitar. E mais importante, minha esposa valoriza essas coisas, e meus esforços nesse sentido mostram que eu a valorizo.

Há outra razão para darmos o nosso melhor ao nosso casamento e ao nosso lar: Deus espera a excelência de nós. Em sua carta à igreja de Corinto Paulo fala a respeito de excelência: "Todavia, assim como vocês se destacam em tudo: na fé, na palavra, no conhecimento, na dedicação completa e no amor que vocês têm por nós, destaquem-se também neste privilégio de contribuir" (2Co 8.7). É claro que excelência é o que se espera de nós.

A armadilha do urgente. Há sempre algo que precisa ser feito. Todos nós temos uma enorme lista de coisas por fazer, assuntos pendentes que exigem nossa atenção imediata e pessoas que precisam de nosso cuidado. Essas questões são importantes? Sem dúvida. Mas será que têm o grau de importância que damos a elas? Não exatamente.

Os meus dias são sempre cheios. Minha esposa gosta de dizer que assim que termino uma tarefa (ou antes mesmo de terminar) já acrescentei alguma outra coisa à lista. Eu não saberia o que fazer comigo mesmo se não estivesse fazendo algo que considero urgente.

Mas toda essa agitação, esse senso de estar ocupado que me faz sentir importante, pode ser uma distração das coisas mais importantes da vida. Se eu não tiver muito cuidado, essas questões aparentemente importantes podem excluir do meu coração as coisas realmente importantes. Se eu não vigiar e não for até mesmo precavido, fico preso na tirania do urgente. Sem me dar conta, acabo resolvendo sérios problemas de outras pessoas, mas fico com a minha própria bagunça por resolver.

Desânimo. A última distração para o sonho de uma vida como alma gêmea é a sensação de desânimo. O desânimo, que é o oposto do encorajamento, é um dos principais ladrões da alegria. O desânimo surge quando a pessoa chegou ao seu limite, certa de que a vida não pode melhorar.

O desânimo diz: "Por que tentar ter uma alma gêmea quando você mal consegue manter-se casado?". O desânimo diz: "Por que tentar sonhar alto? Nem os menores sonhos foram concretizados". E assim, em meio a um profundo desânimo e desespero, desistimos de nossos sonhos. O desânimo nos rouba a esperança de ter mais.

Quando nos sentimos desanimados, esquecemos que esse sentimento é apenas temporário. Muitas vezes é até uma distorção da realidade. O desânimo é, em certos aspectos, uma loucura temporária. Afinal, a realidade é que você pode fazer de seu casamento o que deseja que seja. A realidade é que você pode, usando as ferramentas oferecidas neste livro, levar seu casamento da mediocridade para a excelência. Não há limites. Você está preso apenas aos limites da sua imaginação.

JOGUE FORA O DESÂNIMO

Não deixe o desânimo abatê-lo. Lembre-se de que ele não passa de um sentimento – que é temporário e muitas vezes representa uma distorção da realidade.

Concentração

Se as distrações são o inimigo dos casais que querem se tornar almas gêmeas, o remédio está na concentração. Ao deixar as distrações de lado, recusando-nos a sermos desviados por elas, escolhemos nos concentrar na busca pelo melhor casamento possível. Não nos acomodaremos à mediocridade. Nosso alvo não é consertar um casamento ruim – nosso intento é ter um casamento extasiante.

Lembro-me de uma entre as muitas travessuras do início de minha adolescência, quando eu e mais dois amigos vizinhos meus decidimos fazer uma brincadeira com uma lente de aumento e raios de sol. Você provavelmente já imagina o que aconteceu. Um feixe de luz estrategicamente focalizado na lente de aumento produz fogo. De repente, três garotos estavam olhando para a grama em chamas, uma brisa e faíscas que saíam voando em todas as direções.

Felizmente, ao todo eram seis pés para pisotear a grama e apagar o fogo, mas não sem quase termos um ataque do coração. Apesar de termos imaginado que haveria um pouco de calor, não havíamos previsto todo aquele fogo.

Embora tivéssemos evitado o estrago e o perigo de um incêndio, aprendi uma grande lição sobre foco: energia concentrada pode causar um impacto significativo. Certamente essa lição também se aplica ao casamento, especificamente no que diz respeito aos princípios discutidos neste livro.

Outra maneira de explicar toda essa intensidade concentrada é o que eu chamo de concentração do lobo frontal. O lobo frontal do cérebro é responsável em grande parte pelo planejamento e execução de tarefas. Ele nos ajuda a eliminar tudo que é irrelevante, concentrar no assunto em questão, criar um plano e depois executá-lo.

Almas gêmeas usam a concentração do lobo frontal. Almas gêmeas se exercitam em:

- Pensar no cônjuge ao longo do dia
- Descobrir o que agrada o cônjuge
- Ser atencioso com o cônjuge, todos os dias
- Lembrar datas importantes
- Apimentar o casamento com momentos especiais
- Conhecer a linguagem de amor do cônjuge (aquelas coisas especiais que dizem "eu te amo!") e viver de acordo com ela

Já me perguntaram se toda essa concentração do lobo frontal não é um tanto obsessiva. Será que realmente temos de pensar no nosso cônjuge com tanta intensidade? Devemos estar preocupados com nosso cônjuge? E a individualidade, onde fica?

Sim, almas gêmeas exigem muita atenção. Casamentos medíocres podem existir com atenção mínima – casamentos de almas gêmeas não. Casamentos excepcionais exigem atenção, concentração e esforço excepcionais. Mas vale a pena todo o esforço.

Prestando Atenção

Gosto muito de contar uma história de quando recebi um importante telefonema enquanto dirigia pela rodovia. Sem pensar, freneticamente encaixei meu celular no ouvido apoiado no ombro e tentei rabiscar algumas coisas enquanto segurava a direção com os joelhos. Dentro de poucos segundos, percebi que precisava encostar o carro no acostamento.

Eu mal tinha acabado de parar no acostamento quando vi luzes piscando pelo espelho retrovisor.

"Estou encrencado agora", disse baixinho à minha esposa.

Abaixei o vidro para falar com o policial.

"Está tudo bem?", o policial perguntou.

"Sim", disse, ainda com um pouco de medo. "Só parei porque recebi uma chamada no meu celular e percebi que não conseguia dirigir e me concentrar na chamada ao mesmo tempo."

"Quem dera mais pessoas fossem tão cuidadosas como o senhor", ele disse animadamente. "Tenha um bom dia."

E assim, olhei para minha esposa, pasmo, aliviado e ao mesmo tempo contente por ter não apenas evitado um acidente, mas também uma pesada multa.

"Você se livrou de uma, hein?", minha esposa brincou.

"Com certeza!"

Quando se está dirigindo, assim como no casamento, a situação não é estática. Apesar dos longos trechos planos da rodovia em Montana ser bastante monótonos, há poucos "longos trechos planos de estrada" no casamento, onde podemos relaxar e dar menos do que nossa total atenção. Deixar o cérebro em "ponto morto" nunca vai nos proporcionar um casamento maravilhoso. Um casamento tem o potencial de ser tão dinâmico que devemos estar alertas o tempo todo para as alterações nas condições, inclusive para insistentes chamadas de celular.

Há um trecho na autoestrada de Washington conhecido pelo número de acidentes que acontecem ali. Atravessar as montanhas Cascade no inverno, tanto na Rodovia 2 como na Rodovia 90, pode ser muito perigoso. O problema não é tanto o gelo e a neve que se acumulam nas rodovias – embora esses elementos aumentem o perigo –, mas sim os motoristas despreparados. Aqueles que se acham capazes de atravessar essa cadeia de montanhas sem pneus para neve ou dispositivos de tração e ainda conversando ao celular representam enorme perigo, colocando a vida de todos em risco. O motorista inteligente se prepara com correntes, dirige com pneus apropriados para a neve, deixa o celular guardado e presta atenção a cada alteração na estrada.

O casamento é bastante parecido com a passagem por um desfiladeiro traiçoeiro: cheio de belas paisagens para os que são cuidadosos, mas também recheado de perigos. Quem acha que o casamento está garantido como algo certo, supondo que pode navegar com segurança, não importando as alterações ao longo do percurso, encontrará o perigo espreitando por toda a parte.

"Quero que você me dê mais atenção", Gail disse enfaticamente ao marido, Kyle, numa sessão recente comigo. "Você gasta tempo consertando seu carro de corrida e comprando os lançamentos de equipamentos de som, mas não consegue perceber o que está acontecendo com o nosso casamento."

"E o que está acontecendo?", Kyle perguntou inocentemente. Ele olhou para ela esperando a resposta.

"Você não percebe", Gail disse. "Você não consegue enxergar que eu tenho ficado cada vez mais chateada nos últimos meses. Estou querendo tirar férias para passarmos um tempo juntos, sem interrupções, mas cada vez que eu trago o assunto você dá algum motivo por que não podemos tirar férias."

AJA AGORA, NÃO ESPERE

Os comerciais de TV acertam em uma coisa – às vezes você não pode se dar ao luxo de esperar. Isso certamente se aplica ao seu casamento: se você não estiver fazendo nada para fortalecê-lo, ele vai se enfraquecer cada vez mais.

Uma mulher atraente com penetrantes olhos castanhos, Gail já havia trazido esse assunto em sessões anteriores de aconselhamento. Ela não se contentava mais em ter um "casamento mediano". Ela queria mais, mas sentia que não estava conseguindo ganhar a atenção de Kyle. Ela se sentia mal compreendida e percebia a falta de interesse do marido. Ele parecia não entender que o casamento deles estava mudando. As energias que ele havia dedicado ao casamento anteriormente não eram mais suficientes agora.

"Você não pode simplesmente colocar no piloto automático", Gail disse, obviamente aborrecida. "Quero sentir que você está sempre interessado em mim. Quero sentir que você está prestando atenção em nós."

"Eu presto atenção, querida", Kyle disse sinceramente. "Estou interessado. Você não percebe como eu sempre ouço você?"

"Não é suficiente", Gail disse, fazendo uma pausa e olhando para mim. "Será que só as mulheres querem que seus maridos não sejam distraídos? Será que só as mulheres querem que seus maridos estejam sintonizados com elas, o tempo todo? Eu me sinto tão egoísta por pedir tanto, mas é isso que quero. Preciso do Kyle mais em alguns momentos do que em outros, *e quero que ele perceba quando estou precisando mais dele!*"

"O que você acha, Kyle?", perguntei.

"Ela tem razão, e eu não acho que é pedir demais. Vai exigir muito empenho. Vou precisar de muita concentração e de aprender a interpretá-la. Eu gostaria de tentar, mas ela vai ter de ser paciente comigo."

"Eu consigo ser paciente", Gail disse suavemente. "Só o fato de você dizer que vai tentar, que vai ficar atento às mudanças em mim, já faz muita diferença. Se você tentar, vai me mostrar realmente o quanto me ama. Não dá para dizer que me ama e depois me colocar no canto."

"O que mais eu posso fazer?", Kyle perguntou.

"Tenho falado que quero reservar dinheiro para viajar", Gail disse. "Acho que seria bom para o nosso relacionamento. É importante para mim porque acho que ajudaria a criar uma relação 'nós'."

Kyle pareceu entender a importância do problema, repetindo que ele realmente amava Gail e queria que ela fosse feliz. Entretanto, era um desafio aprender a observar e a prestar atenção às alterações de humor dela, às suas necessidades e expectativas, que nem sempre eram as mesmas. O piloto automático nunca funciona num relacionamento, especialmente entre almas gêmeas.

Sintonizando

O oposto das distrações pode ser a sintonia ou a atenção. As distrações no casamento podem provocar um tipo de sonambulismo. Fazemos as coisas, nos movemos, mas não estamos de fato ligados ou sintonizados com nosso cônjuge. Damos alguma atenção, como Kyle fazia com Gail, mas não há sintonia emocional – nenhuma sensibilidade contínua em relação ao que está acontecendo com a pessoa e com o relacionamento.

Quando ficamos atentos e sintonizamos com nosso cônjuge, paramos de falar ao celular, deixamos de fazer mil coisas, abrimos mão das distrações e usamos a concentração do lobo frontal, prestando atenção a tudo que está acontecendo com nosso cônjuge e casamento *naquele exato momento*.

Empacar em padrões antigos de comportamento faz a gente dormir. Apesar de saber que em certo nível nosso casamento não está tão satisfatório como poderia, paramos de dar atenção. Não paramos para realmente sintonizar com a situação de nosso casamento a cada momento. Estamos funcionando num nível inconsciente de negligência.

Em seu livro *Love's Journey*, Michael Gurian conta histórias de muitos indivíduos e casais que se despertaram e aprenderam a sintonizar uns com os outros. Ele diz que antes de alguém conseguir conectar-se efetivamente com outro indivíduo, precisa aprender a sintonizar consigo mesmo. Se um indivíduo está sonâmbulo em relação à sua própria vida, ele nunca será capaz de verdadeiramente sintonizar com seu cônjuge.[4]

Não muito tempo atrás, trabalhei com Kyle individualmente. Foi pouco tempo depois de ter esquecido o aniversário de casamento deles. Gail ficou particularmente frustrada e magoada, visto que Kyle já havia gasto tanto tempo no aconselhamento aprendendo a importância de sintonizar com as necessidades um do outro.

"Não entendo como pude esquecer nosso aniversário de casamento", Kyle disse frustrado. "Eu sei o que devo fazer. Quero impressionar Gail e acabo fazendo algo estúpido assim."

"Por que você acha que isso aconteceu?", perguntei.

"Esqueci de anotar na minha agenda. Achei que simplesmente ia lembrar, e obviamente isso não funcionou."

Um pouco surpreso, fui adiante.

"Você não fez nenhum tipo de anotação nem planejou nada?"

"Não. Bastante estúpido, eu sei. Acho que isso é um padrão na minha vida. Fico tão distraído fazendo as coisas que faço todos os dias e Gail fica com as sobras. Isso tem de mudar."

---

4 Michael Gurian, *Love's Journey* [*Jornada do amor*]. Boston: Shambhala, 1995.

"Como Gail está se sentindo?", perguntei.

"Está magoada, mas ela sabe que estou aqui conversando com você. Ela entende que estou tentando melhorar ficando mais atento e cuidando das coisas. Eu realmente estou levando a sério esta questão de melhorar o nosso casamento."

Para Kyle não era suficiente prometer que ia melhorar. Ele já havia feito isso antes. Ele realmente era um "bom homem", mas precisava sintonizar com Gail. Ele também precisava sintonizar consigo mesmo. Ele precisava prestar atenção a seus próprios sentimentos e pensamentos ao longo do dia. Ele precisava treinar-se a ouvir regularmente seus próprios sentimentos de frustração, tristeza e medo. À medida que se familiarizasse com seus próprios sentimentos, seria mais fácil para ele observar os sentimentos de sua esposa.

Ouvir a si mesmo era tão difícil para Kyle quanto ouvir sua esposa. Isso não me surpreendeu. Já que não sabia identificar as nuances de seus próprios sentimentos, ele não conseguia identificá-las em sua esposa. Assim que aprendesse a sentir as sutis mudanças dentro de si, ele precisaria prestar atenção diariamente às sutilezas das emoções de Gail e do que estava acontecendo em seu casamento. Quando ele estivesse sintonizado com as mínimas alterações em sua esposa e em seu casamento, não esqueceria mais as coisas maiores, do tipo 'aniversário de casamento'.

Talvez o exemplo perfeito de sintonia seja o relacionamento de uma mãe com seu bebê recém-nascido. Minha nora, Jacqueline, nunca está longe da vista de seu bebê Caleb. Ela está tão sintonizada às queixas e aos choros dele que é capaz de distinguir entre "estou com fome" e "preciso de atenção". Ela sabe quando Caleb está dormindo e quando está acordado. Ela ouve com *receptividade*.

O que aconteceria se ouvíssemos nosso cônjuge com receptividade? Ouviríamos dispostos a suprir uma necessidade. Ouviríamos esperando descobrir algo novo. Estaríamos prontos a ser influenciados por nosso cônjuge. Estaríamos abertos a mudanças, dispostos a colocar em prática novas habilidades necessárias para nos tornar almas gêmeas.

Você consegue entender a importância de estar sintonizado? Percebe como a sintonia nos tira de nossa órbita solitária e nos coloca na órbita de nosso cônjuge?

Amar e Valorizar

Comprometer-se a ficar em sintonia com nosso cônjuge demonstra não apenas que estamos afinados um com o outro, mas que o valorizamos. Em *The Road Less Traveled*, Scott Peck diz que amar verdadeiramente alguém significa doar-se pelo bem-estar do outro.[5] O apóstolo Paulo afirma que o amor é generoso, não busca os próprios interesses nem é egoísta. Em 1 Coríntios 13 aprendemos sobre a importância de valorizar nosso cônjuge.

Mas o que realmente significa valorizar alguém? Em 1Coríntios 13.7 lemos quatro verdades importantes necessárias para amar e valorizar nosso cônjuge: *o amor protege, confia, espera e persevera*. Durante meses de aconselhamento, Gail e Kyle se exercitaram em aplicar essas verdades ao casamento deles.

Quem valoriza protege. Kyle aprendeu a importância de proteger os sentimentos de Gail. Aprendeu o valor de deixar Gail saber que ele estava ouvindo e que ela podia contar com ele porque estaria atento às necessidades dela. Ela queria que ele percebesse quando estava de mau humor e se oferecesse para conversar, sem que precisasse sempre pedir a atenção dele. Ela queria saber que ele se importava o bastante com o casamento deles a ponto de estar alerta quanto a se interessar por outras mulheres e fazê-la saber que ele queria o amor dela exclusivamente para si mesmo.

Quem valoriza confia. Tanto Gail como Kyle queriam um casamento em que ambos pudessem confiar um no outro. Eles queriam saber que seriam fiéis e podiam contar um com o outro estando sempre disponíveis emocional, espiritual e fisicamente. Eles se aplicaram para criar um relacionamento em que se sentissem seguros para compartilhar qualquer problema um com o outro, inclusive questões relativas a eles mesmos.

Quem valoriza espera. Gail e Kyle queriam um casamento cheio de esperança e possibilidades. Eles se empenharam para criar um relacionamento positivo, encorajador e divertido. Enquanto resolviam o passado, sonhavam com o futuro. Kyle intencionalmente motivou Gail quanto aos seus desejos de viajar e aprender espanhol. Ela intencionalmente encorajou o desejo que Kyle tinha de

---

5 Scott Peck, *The Road Less Traveled* [A estrada menos usada]. New York: Touchstone, 1978.

se tornar um empreendedor, expressando sua disposição em assumir mais riscos em sua vida em comum.

Quem valoriza persevera. Gail e Kyle deixaram claro um ao outro que estariam sempre juntos, quando as coisas estivessem indo bem e nos tempos difíceis também. Eles concordaram que nada os tiraria daquele casamento, e isso permitiu que se sentissem seguros. Eles prometeram ouvir os sonhos um do outro e ajudar a torná-los realidade. Eles haviam criado muitas lembranças maravilhosas no passado e se dedicaram a criar muitas outras no futuro.

Pense no quanto você valoriza seu cônjuge. Considere o quanto ele significa para você. Valorizamos as pessoas que significam muito para nós, dedicamo-nos a elas, suprimos suas necessidades. Sabemos o que as faz sentir bem e nos decidimos a criar um ambiente em que possam crescer e se desenvolver. Essa é a essência de valorizar o outro.

De Olho no Prêmio

Qual é seu alvo número um na vida? Talvez seja mandar seus filhos para a universidade ou ter uma aposentadoria gorda. Talvez esteja determinado a criar filhos tementes a Deus. Talvez queira escalar a montanha do sucesso no mundo dos negócios.

Ter alvos é algo bom, porque sem alvos você fica sem foco – e já mostramos que o foco é crucial para se tornar almas gêmeas. Porém, concentrar-se em coisas que não são realmente importantes para você nem estão em coerência com seus valores pode fazê-lo desviar-se.

Jesus é o nosso exemplo supremo de como alcançar nossos alvos. Lemos o seguinte no evangelho de Lucas: "Aproximando-se o tempo em que seria elevado ao céu, Jesus partiu resolutamente em direção a Jerusalém" (Lc 9.51).

Jerusalém era o lugar onde a vida e o ministério de Jesus se cumpririam. Seu propósito na terra era salvar vidas através de sua vida e morte. A cruz lhe foi apresentada, e Ele sabia que seu tempo na terra estava chegando ao fim. Com os olhos apaixonadamente fixos no prêmio, Ele não permitiria que nada o distraísse de seu propósito e missão.

O desafio desta semana foi abrir mão das distrações por causa do seu sonho. Sua tarefa é livrar-se de qualquer coisa que distraia você e o afaste desse prêmio. Clareza de propósito sempre foi o caminho para obter a visão. Concentração, intencionalidade e determinação são o segredo da vitória. Quando você mantiver seus olhos apaixonadamente fixos no prêmio – tornar-se alma gêmea com seu cônjuge –, não ficará desapontado.

Desafio Semanal

Um relacionamento de almas gêmeas exige que você se concentre e abra mão das distrações. Para desenvolver esse tipo de relacionamento vibrante e empolgante, você deve deixar de lado outras questões que parecem exigir sua atenção para poder dar ao seu casamento o lugar central em sua vida.

Considere a seguinte situação:

Você teve uma semana difícil e está ansioso pelo fim de semana para relaxar um pouco. Seu cônjuge, porém, quer "sair" e fazer algo diferente e emocionante. Você:

a) Reclama e diz que está cansado e desencoraja qualquer atividade, envolvendo-se com outras coisas que gosta de fazer no fim de semana.
b) Percebe a importância de suprir as necessidades de seu cônjuge e analisa as possibilidades. Vocês conversam e concordam em descansar numa parte do fim de semana e tentar fazer algo diferente numa das noites do fim de semana (no sábado, talvez).

COLOCANDO EM PRÁTICA

1. Existem distrações que roubam a vitalidade e o significado de seu casamento? Se a resposta for afirmativa, quais são elas?
2. Conversem sobre qualquer "faxina" que precisam fazer em vocês mesmos. Identifiquem as distrações que precisam varrer para longe a fim de voltar-se para o projeto de edificar seu casamento.
3. Com toda a agitação da vida, pode ser difícil dar a prioridade ao seu cônjuge e pensar nele positivamente. Qual das seguintes atitudes você adotará a fim de fazer com que isso aconteça? Enquanto pensa e decide, avalie qual delas significa mais para seu cônjuge.

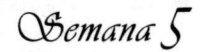

- Telefonar para o cônjuge na hora do almoço para dizer que está pensando nele.
- Decidir agradecer a Deus todos os dias por seu cônjuge e pedir a Ele que abençoe o seu dia.
- Antes de aceitar qualquer convite, gastar um minutinho para conversar com o cônjuge e decidir juntos.
- Surpreender seu cônjuge com um buquê de flores ou um bilhete de encorajamento.
- Planejar uma noite especial no aniversário de casamento ou no aniversário do cônjuge.

Semana 6

ADOTANDO O EFEITO DOMINÓ

Se você for pensar, que tal pensar grande? – *Donald Trump*

SINAIS DE QUE VOCÊ PRECISA ADOTAR O EFEITO DOMINÓ

1. Você concorda que um pouquinho de esforço faria muita diferença em seu casamento – e se pergunta por que seu cônjuge não está fazendo esse esforço.
2. A última vez que você comentou alguma coisa a respeito de seu cônjuge foi para reclamar com os amigos sobre o último hábito irritante dele.
3. Você quase sempre fica na defensiva quando conversa com seu cônjuge.
4. O único deleite que sobrou em sua casa foi o sabonete líquido do banheiro.
5. Você prefere sintonizar o episódio de *CSI* hoje à noite do que sintonizar com seu cônjuge.

No mundo dos negócios, ideias estimulantes são chamadas de "buzz" (zunido) e as pessoas que as espalham são chamadas "*sneezers*" (aquele que espirra). De acordo com Seth Godin, o manda-chuva dos *"buzzes"*, autor do livro *Purple Cow*, *"sneezers* são os agentes propagadores de uma ideia-vírus. Eles são especialistas que contam para os colegas ou amigos ou fãs sobre um produto ou serviço novo sobre o qual têm autoridade reconhecida para falar... E o melhor... alguns poucos sneezers podem alcançar aquela multidão de que você precisa para criar uma ideia-vírus".[1]

Talvez você não esteja familiarizado com esses conceitos e termos e esteja se perguntando: *O que é uma ideia-vírus e o que isso tem a ver com ser alma gêmea?*

Que bom que você perguntou.

De acordo com Godin e outros dissidentes do *marketing*, uma ideia-vírus é aquela que gera empolgação, ou zunzum, e depois se multiplica, à medida que se espalha. É transmitida por sneezers que se apaixonam tanto por uma ideia que a espalham sem cobrar nada. Se, a esta altura, você está pensando sobre a divulgação do evangelho, sim, essa seria uma ideia-vírus que surgiu durante o ministério de Jesus e cujos mensageiros não conseguiram manter a boca fechada.

Já que eu me interesso por marketing, assim como por ajudar casais a se tornarem almas gêmeas, ocorreu-me que o mesmo zunzum usado para criar ideias-vírus poderia ser usado para trazer à tona o melhor de seu cônjuge. Por que não? Se podemos criar uma sensação a respeito de café Starbucks, canetas Mont Blanc, chocolate Kopenhagen e BMW's, será que não podemos criar um pouco de entusiasmo e inspiração em nosso cônjuge e a respeito dele? E se podemos fazer isso, será que conseguimos criar algum entusiasmo em nós e sobre nós também? Claro que conseguimos!

Podemos propagar a palavra, repetidas vezes, tornando-a tão "contagiosa" quanto um vírus, de modo que ela circule, ressoe, estimule e continue a propagação positiva. Podemos pegar o que já aprendemos nos capítulos anteriores sobre concentração e intencionalidade e, ao acrescentar energia positiva, gerar e manter sentimentos positivos.

---

[1] Seth Godin, *Purple Cow*. New York: Penguin Group, 2002, p. 31-32. No Brasil, *A vaca roxa*, publicada pela Ed. Elsevier-Campus.

Isso nos leva à nossa sexta tarefa na transformação de meros cônjuges em almas gêmeas: adotar o efeito de propagação ou efeito dominó. Em resumo, o efeito dominó tem a ver com você falar bem de seu cônjuge ao mesmo tempo em que ele fala bem de você. Você observa as qualidades de seu cônjuge, e ele as suas. Se for colocada em prática repetidas vezes, essa propagação positiva transformará o seu casamento.

O Ponto da Virada

Estou praticamente zonzo enquanto escrevo este capítulo. Por quê? Porque acredito que descobri algo poderoso, uma ideia digna de ser classificada como ideia-vírus. Acredito que se eu conseguir fazer com que bastantes pessoas comecem a notar as qualidades de seus cônjuges e a falar bem deles, poderemos até iniciar um movimento. Você não só receberá o efeito de trazer à tona o melhor de seu cônjuge, mas também se tornará um *sneezer*, espalhando esses comentários positivos, disseminando um "vírus" (uma abundância de sentimentos positivos), chegando ao ponto da virada, em que falar bem de seu cônjuge passa a ser algo natural – e ele estará fazendo o mesmo a respeito de você.

Tudo bem, estou indo um pouco rápido. Vou desacelerar.

Alguns anos atrás Malcolm Gladwell escreveu um livro que causou bastante agitação (zunzum!), intitulado *The Tipping Point*. A tese de seu livro é que as pequenas coisas podem fazer uma enorme diferença. Em algum momento, talvez quando menos se espera, pequenas mudanças podem começar a se propagar até atingir um ponto crítico de ruptura ou desequilíbrio, o "ponto da virada".

Gladwell começa o livro contando a história da Hush Puppies, uma marca de calçados praticamente falida já havia alguns anos. As vendas tinham caído quase para zero. Então, algo estranho aconteceu.

Dois executivos se encontraram por acaso com um estilista em Nova Iorque que comentou que os clássicos Hush Puppies tinham de repente virado moda nos clubes do centro de Manhattan. As pessoas estavam indo a lojas de usados e comprando os sapatos. Então aconteceu: entre 1994 e 1995 o mercado de Hush Puppies explodiu. Estilistas começaram a telefonar para a fábrica encomendando sapatos. Em 1995, a empresa vendeu 430 mil pares, bem acima dos 30 mil pares do ano anterior.

Como isso aconteceu? "Os sapatos foram um sucesso acidental. Ninguém estava tentando transformar a Hush Puppies numa tendência da moda. No entanto, de alguma forma, foi exatamente isso que aconteceu. Os sapatos ultrapassaram certo ponto na popularidade e deslancharam."[2]

Gladwell continua a dar exemplos de sua teoria – como pequenas coisas podem fazer diferença. Como uma ação, que desencadeia outra ação, pode gerar energia e entusiasmo. Ele nos lembra do Princípio 80/20, o conceito de que, em qualquer situação, praticamente 80% do trabalho será feito por 20% das pessoas. Considerando o tema de nossa conversa, podemos afirmar que não é necessário muito esforço para criar um "zunzum". Um pouco de empenho vai longe. Poucas pessoas podem realmente provocar uma mudança dramática – ou, aplicando o princípio ao seu casamento, um pouco de esforço positivo pode causar um profundo impacto.

Efeito dominó

Influenciado pelas ideias de "zunzum", *sneezers* e ideia-vírus, bem como pelo conceito de "ponto da virada", de repente comecei a pensar se essas ideias também não poderiam ser aplicadas a casais, especialmente aqueles que pretendem aumentar a vitalidade e o entusiasmo em seu casamento. Esses princípios, eu decidi, eram perfeitos para quem queria deixar de ser um simples cônjuge e passar a ser alma gêmea, por meio do efeito dominó. Mas o que é exatamente o efeito dominó ou efeito de propagação?

O efeito dominó é simplesmente isto: quando você observa e comenta as características maravilhosas de seu cônjuge, e ele observa e comenta as características maravilhosas em você, qualidades e emoções positivas são propagadas em seu relacionamento. Quando a mulher se sente valorizada e admirada, segura do amor de seu marido, ela quer encorajá-lo. Quando o marido se sente apreciado e encorajado, ele quer satisfazer às necessidades emocionais, espirituais e físicas da esposa. E a propagação positiva continua, quase sem nenhum esforço.

---

[2] Malcolm Gladwell, *The Tipping Point*. New York: Little, Brown & Co., 2000, p. 5. No Brasil, *O ponto da virada*, publicado pela Ed. Sextante.

ADOTANDO O EFEITO DOMINÓ *Semana 6*

Agora lembre o que aprendemos sobre ideias-vírus. Essas vibrações positivas não param. O combustível delas nunca acaba. Almas gêmeas se aquecem ao calor da energia positiva que permeia seu relacionamento. Ninguém sofre de falta de encorajamento. Ninguém fica asfixiado por falta de oxigênio emocional. Há plenitude de prazer e surpresas para seguir em frente. O encorajamento e a animação continuam.

REAÇÃO EM CADEIA
Uma pequena ação positiva em seu relacionamento, seguida por outra, e outra, irá melhorar dramaticamente os sentimentos de um para com o outro.

Estou sentado numa livraria da cidade enquanto escrevo este capítulo. Christie está sentada à minha frente, revisando os três últimos capítulos. De vez em quando estico o braço e seguro a mão dela, agradecendo por todo o trabalho cansativo que ela está tendo. Ela sorri para mim e me manda um beijo, que me faz pular da cadeira e ir até ela para abraçá-la. Ela fica um pouco constrangida, mas muito feliz, com minha atitude espontânea. Isso é o efeito dominó em ação.

Segurar a mão dela é uma ação tão pequena. Até mesmo insignificante. Mas sei que esses pequenos gestos são as coisas que aquecem seu coração. Quando o coração dela está aquecido em relação a mim – o que, graças a Deus, acontece a maior parte do tempo –, ela também tem pequenos gestos importantes para comigo. Um pequeno gesto desencadeia outro, se propaga e cria o ponto da virada em nosso casamento. Lentamente, quase despercebidamente, Christie e eu vamos nos transformando em almas gêmeas. Sentimos as emoções um do outro, percebemos as alterações de humor do outro, olhamos no olho um do outro. Até terminamos frases em uníssono. Juntos criamos um efeito dominó de carinho, afeição e generosidade que continua indefinidamente.

Espero que você me ajude a divulgar essa ideia: cada um de nós tem o poder de influenciar positivamente nosso cônjuge, trazendo à tona o melhor que ele tem e reacendendo a chama de nosso casamento. Um pequeno fósforo é aceso, e surge uma labareda.

Acender um fósforo, é claro, resulta numa explosão de energia que produz mais energia na forma de fogo. O fogo pode ser positivo ou negativo, assim como o poder e a influência. Apesar de muitas vezes pensarmos no poder e na influência em termos negativos, com medo de que alguém faça uso deles para manipular, não é disso que estou falando aqui.

Estou falando sobre a capacidade de usar seu poder positivo e pessoal de influenciar seu cônjuge e seu casamento para o bem. Quero que você pegue sua energia e a use para mudar seu casamento, de medíocre a excepcional.

A Dra. Laura Schlessinger, em seu livro *The Proper Care and Feeding of Marriage*, enfatiza esse aspecto, destacando que aquilo que pensamos todos os dias sobre o nosso casamento é o que acaba saindo de nossa boca. Se quisermos espalhar um vírus positivo, devemos pensar nas qualidades de nosso cônjuge.

Schlessinger afirma que o interesse pelos aspectos negativos se torna virulento no casamento: "É um fato que o que sai pela nossa boca é o que está armazenado em nosso cérebro. Quanto mais você falar com seu cônjuge (ou sobre ele) com raiva, irritação, desprezo, maior o sentimento de raiva e desprezo para com ele".[3]

Você tem a capacidade de escolher não apenas como enxergará seu cônjuge, mas também como irá tratá-lo. Você controla o que pensa sobre seu cônjuge e em que vai se concentrar. E ainda, você escolhe que tipo de comentários vai fazer. Em resumo, você tem o poder e a influência de produzir e disseminar um vírus positivo ou negativo.

Um Casamento Razoável

É provável que você já tenha percebido que a propagação de um bom sentimento pode acabar rapidamente. Já as vibrações negativas são iniciadas facilmente e talvez até mais rápido do que as positivas. Uma atitude negativa pode estragar o dia, interrompendo todo um movimento de sentimentos positivos que esteja em andamento.

---

3 Laura Schlessinger, *The Proper Care and Feeding of Marriage* [*Cuidando bem do casamento*]. New York: Harper, 2007, p. 191.

ADOTANDO O EFEITO DOMINÓ — Semana 6

Atendi a um homem recentemente que era um verdadeiro ás do efeito de propagação – o único problema é que ela era um propagador *negativo*! Não que Damon tentasse ser negativo ou quisesse continuar sendo negativo. Ele simplesmente não sabia disseminar sentimentos positivos. Ele não sabia nada sobre "zunzum", boas vibrações, ideias-vírus ou sneezers. No entanto, ele conseguia fazer sua esposa se sentir mal quinze segundos depois de ter passado pela porta de casa.

Damon era um eletricista de trinta anos que veio em busca de aconselhamento com sua esposa Marta. Vestindo o uniforme de trabalho e um boné, Damon afundou numa das poltronas de meu consultório, denunciando sua atitude descuidada. Senti uma rápida carga de energia saindo da sala.

Marta também não parecia muito animada por estar ali. Ela me deu um sorriso forçado e disse que começar o aconselhamento era um passo positivo no relacionamento deles.

"Diga-me o que os trouxe aqui", eu disse.

"Pergunte a ela", Damon respondeu, apontando com a cabeça em direção à sua esposa.

"Tudo bem", eu disse animadamente, tentando gerar alguma energia positiva. Olhei para Marta. "O que acha de me contar por que vocês vieram me consultar?", perguntei.

"Temos um bom casamento", ela me garantiu. "Não sei se precisamos de aconselhamento. Mas também não tenho certeza de que não precisamos."

"Então por que agendaram esta consulta?"

"É o que todo casal faz", ela disse. "Estamos casados há sete anos e parece que demos uma decaída. Acabou a lua de mel e tudo o mais."

"Parece que o brilho desapareceu?", perguntei. "O que você acha, Damon?"

Damon continuava quieto, então, depois de alguns segundos, falou. "Estou disposto a vir aqui", ele disse. "Mas tenho de dizer a verdade. Não vejo nada de errado em nosso relacionamento. Eu amo Marta e sei que ela me ama. Acho que as expectativas dela são altas demais. Ela fala sobre coisas do tipo 'almas gêmeas' e não tenho certeza de que isso existe realmente."

"Então vocês têm um bom relacionamento e isso é suficiente para você?"

"Sim. Acho que isso diz tudo. Sabe, acho que em todo casamento a mulher sempre considera que as coisas estão piores do que para o homem."

"Provavelmente é verdade", Marta disse, sorrindo e segurando a mão de Damon. Ele sorriu para ela.

"Então, expectativas diferentes", eu disse. "O casamento é bom o bastante para você, mas não para ela."

Olhando para Damon, continuei. "Estou supondo que Marta quer mais e você resiste a ela quando ela faz isso. Certo?"

"Deve ser isso mesmo", ele disse. "Eu não diria que resisto a ela ativamente. Simplesmente não a acompanho em todas as coisas que ela quer. Imagino que essa não seja a melhor coisa a fazer..."

"Tudo bem, vamos ser mais específicos", eu disse. "Que coisas especificamente Marta pede e você resiste?"

De novo, Damon parou alguns momentos para pensar no casamento. "Ela quer essas coisas piegas que as mulheres falam", ele disse. "Ela quer andar de mãos dadas, jantares à luz de velas, que eu abra a porta para ela. Parece bastante trabalho para nada."

"Oooh", eu disse. "Não sei se eu diria que é trabalho para nada."

"Com certeza eu não diria", Marta disse com firmeza. "É exatamente disso que estou falando. Tento trazer um pouco de excitação para o nosso casamento, mas Damon age como se fosse uma perda de tempo. Sei que ele gosta de jantares e romantismo, mas nunca toma a iniciativa."

"Verdade?", perguntei a Damon.

"É bem verdade", ele disse. "Então, doutor, o senhor acha que todas essas coisas que as mulheres querem são mesmo necessárias? As pessoas realmente precisam disso tudo para ter um bom casamento?"

"Imagino que vocês tenham muitos dos tijolos que edificam um casamento: interesse, segurança, respeito, estabilidade e algumas outras coisas. Mas sem um pouco mais, vocês não serão almas gêmeas, que é o que Marta quer. Como muitas mulheres, Marta está dizendo que a vida é curta demais para se contentar com pouco."

Pedi a Marta que compartilhasse o impacto causado pela resistência de Damon aos esforços dela em se tornarem almas gêmeas. De início temerosa, aos poucos começou a se abrir mais.

"Eu o amo, Damon. Você é um bom marido. Gosto de muitas coisas em você. Temos dois filhos maravilhosos. Você trabalha duro para sustentar nossa família. Você é um ótimo pai. Mas eu quero muitas outras coisas positivas em nosso casamento. Quero um pouco de aventura, excitação, paixão. Você sabe que já tivemos isso uma vez e podemos ter de novo. Mas eu preciso de sua ajuda; não consigo fazer isso sozinha."

"Já tivemos isso?", ele disse, quase surpreso.

"Você sabe se arrumar e planejar uma noite especial quando quer", Marta replicou.

"Não tenho tanta certeza", Damon disse.

"Não tem certeza de quê?", perguntei.

"Só acho que muitas mulheres querem demais e não estou certo de que os homens tenham para dar. É isso sinceramente o que sinto."

Marta ficou visivelmente zangada.

"Mas dá para perceber que isso é realmente importante para ela. Então acho que o melhor seria continuar caminhando nessa direção", Damon disse. "Já estou meio desacostumado com isso, então você vai ter de me ajudar a atravessar a ponte. Parece que fiquei meio empacado do lado de cá por um bom tempo."

A partir daí conversamos sobre a história deles e o entusiasmo – zunzum – que eles haviam tido quando namoraram e nos primeiros anos do casamento. Exploramos como Damon havia criado bastante excitação quando ele estava namorando Marta. Eu o estimulei a lembrar de ações ousadas que ele havia feito para ganhar a afeição de Marta. Um pouco encabulado, Damon lembrou-se de ter se vestido como um toureiro e cumprimentado Marta na porta do apartamento dela com uma rosa presa nos dentes. Ele estava disposto a correr riscos a fim de conquistá-la – e precisava assumir outros riscos de novo para reconquistá-la.

Nas sessões seguintes, Damon pareceu amolecer, e seu entusiasmo aumentava à medida que se lembrava de como o namoro com Marta fora divertido e gostoso. Ele a cobria de muitos elogios e palavras amáveis, demonstrando carinho e atenção. Exploramos como ele poderia reacender aquelas emoções novamente e produzir assim o efeito dominó.

Produzindo o Efeito Dominó

Damon não estava tão resistente quanto pareceu no início. Ele queria um casamento emocionante e desfrutava completamente dos momentos em que ambos passavam um fim de semana fora, numa pousada, e deixavam os filhos com os pais de Marta. Ele começou a entender e a aceitar a ideia de criar e manter uma energia positiva no casamento.

Por mais durão que Damon fosse, ele tinha um coração mole. Ele adorava a atenção que Marta lhe dispensava quando estavam fora, só os dois. Ele lhe contou que secretamente esperava que ela fosse mais carinhosa, mas não sabia como pedir. Eu o encorajei a ser sincero, explicando que a comunicação, especialmente sobre o desejo que os cônjuges têm de mais intimidade e proximidade, é difícil para a maioria dos casais.

Marta estava animada ao ouvir Damon abrindo o coração. Ela se sentia motivada em saber que ele na verdade queria muitas das mesmas coisas que ela queria. Por baixo de sua aparente indiferença, ele queria afeto, carinho e intimidade.

Marta e Damon são como a maioria dos casais. Não têm o hábito de conversar sobre a intimidade. Nunca consideraram a ideia de que uma pessoa pode dar início a um vírus positivo de afeto e admiração que poderia perdurar até se tornar um hábito. Eles não percebiam que, com prática e reforço, esses padrões poderiam continuar quase sem esforço.

PRODUZA ONDAS

Quando você comenta sobre as qualidades de seu cônjuge e ele fala bem de você, sentimentos positivos se propagam em seu relacionamento.

Talvez você seja como Damon e Marta, sem o hábito de conversar honestamente sobre a intimidade. Como já disse anteriormente, a intimidade é um convite franco a olhar como o outro é no seu interior. Comece dando um passo de cada vez, compartilhando mais e com sinceridade. Comece revelando seus sentimentos, falando o que você quer e de que precisa. Pergunte ao seu cônjuge o que ele sonha para o casamento de vocês. Crie o hábito de compartilhar com honestidade.

Propagadores Negativos

Às vezes espalhar um vírus positivo não é tão fácil como pareceu no caso de Damon e Marta. Cônjuges que estão um pouco menos dispostos do que Damon podem apagar uma intensa chama com um assopro – um assopro negativo. Certas pessoas, por diversas razões, perderam a paixão. Estão exauridas e cansadas, perderam o interesse pelo cônjuge. Infelizmente, esses propagadores negativos infectam o cônjuge, produzindo uma negatividade contagiante.

Há muita gente assim por aí. Há pessimistas em cada esquina e em muitos casamentos. Se formos adotar o efeito dominó e provocar alguma agitação positiva em nosso casamento, teremos algum trabalho pela frente. Devemos entender os *sneezers* negativos, identificar o que eles fazem para apagar o entusiasmo e a animação e lidar com eles de maneira efetiva. Os propagadores negativistas têm as seguintes características em comum:

Espalham informações negativas. Além de usar óculos de lente cinza, eles falam negativamente. "Enxergam" tudo que está errado no relacionamento e falam sobre isso sem parar. Eles se queixam sobre o que aconteceu no passado e se recusam a seguir em frente.

Eles remoem os problemas, então a única coisa que têm na mente são problemas. Os propagadores negativos continuam a repetir e a repassar notícias antigas. Eles não deixam o passado para trás a fim de ter novas experiências. Convencidos de que nada irá mudar, são peritos em fazer os outros se sentir tão desanimados quanto eles.

Eles se recusam a tentar e aceitar novas experiências. Propagadores negativos não tentam nada de novo porque escolhem viver do passado. Estão empacados na mesmice, resistem às experiências novas, intrépidas. Em vez de se abrir para novas possibilidades, escolhem reviver antigas experiências ou simplesmente aceitar as coisas como são.

Tentam convencer você de que as coisas são tão ruins quanto eles acreditam. Embora você possa sentir-se otimista e enxergar possibilidades, se ouvir o propagador negativo por algum tempo, acabará infectado por seu negativismo. Você ouvirá más notícias, verá e sentirá negativismo e não vai demorar muito para começar a falar e a sentir como um deles.

Os propagadores negativos estão empacados na mesmice e querem que você também fique empacado com eles. Assim como você tem o poder de influenciar seu cônjuge de maneiras positivas, também tem a capacidade de influenciá-lo negativamente. Você tem o poder de iniciar um vírus positivo ou negativo. É crucial manter seu otimismo, entendendo que você é o único responsável por escolher sua disposição de ânimo e sua condição emocional.

Cure a Infecção

Então, como você se protege contra o vírus da negatividade? Para ficar saudável e adotar o efeito dominó, você deve acreditar que tem em suas mãos o poder e a influência de iniciar uma revolução em seu casamento. É bom ser o primeiro a começar o fluxo de energia positiva com seu otimismo, elogios, visual radiante e animação.

Mas não seria muito mais fácil se ambos estivessem dispostos a adotar o efeito dominó? Claro que seria. Isso, porém, pode não ser a realidade. Muitas vezes um dos cônjuges está mais disposto do que o outro a tentar coisas novas, experimentar novas possibilidades e espalhar a ideia-vírus do afeto e do amor. Visto que você é quem está lendo este livro, indico-o como a pessoa a lançar o vírus. Você está disposto a adotar o efeito dominó e iniciar o processo?

Supondo que sua resposta tenha sido afirmativa, quero encorajá-lo. Não há nada mais contagiante do que o otimismo. Não há nada mais sedutor do que uma pessoa com um aspecto alegre, pronta a enxergar novas possibilidades e disposta a começar de novo mesmo diante da frustração.

Christie é a garota-propaganda do efeito dominó. Ela tem um invencível espírito positivo. E é contagiante. É como um vírus que me infecta nos momentos mais surpreendentes.

ADOTANDO O EFEITO DOMINÓ *Semana 6*

Algumas semanas atrás eu estava de péssimo humor, lutando contra um resfriado e me sentindo esgotado e melancólico. Fiquei resmungando pela casa uma noite, deixando Christie saber que eu não me sentia bem. Vi como ela lidou com minha propagação negativa com firmeza. Em vez de ser infectada por minha energia negativa, ela iniciou um efeito dominó positivo.

"Querido", ela disse suavemente. "Sei que você não está se sentindo bem. Você teve um dia difícil. Em vez de ficar acordado e se sentir ainda mais exausto, o que acha de ir para cama mais cedo, ler uma revista e parar com isso pelo resto da noite? Vou massagear seus pés um pouco e você pode tomar algum remédio para gripe. Assim, você vai se sentir bem melhor. Eu passo algum tempo com você, e nós dois conseguimos ter uma boa noite de sono."

Agora, diga-me: como eu poderia continuar mal-humorado diante de uma proposta dessas? Ainda que eu tivesse tentado, não consegui arrastá-la para baixo comigo. Ao contrário, ela conseguiu resolver a questão, pegando uma noite desafiadora e transformando-a numa situação mais agradável.

Será que todas as nossas interações se resolvem assim tão suavemente? Claro que não. Mas Christie se recusa a ser contaminada pela propagação negativa. Visto que ela mantém o sistema de imunidade de suas atitudes em boas condições, raramente sucumbe ao negativismo.

Aberto a Novas Ideias

Um dos antídotos mais fortes contra o negativismo é estar aberto a novas ideias e possibilidades. A capacidade de enxergar uma oportunidade nas situações mais improváveis é uma dádiva incrível, mas é também uma habilidade que pode ser aprendida.

Felizmente, Damon estava aberto a novas experiências em seu mundo. Ele estava disposto a pensar de maneira diferente, explorar possibilidades e tentar coisas novas. Eu realmente apreciei sua disposição, apesar de não ficar inteiramente surpreso. Afinal, o que ele iria perder com isso? Não muito. O que ele ganharia com isso? Muito.

ESTÁ TUDO NA SUA CABEÇA

Decida pensar nas qualidades de seu cônjuge. Quando fizer isso, é mais provável que as palavras que você diz sem pensar o motivem em vez de desencorajá-lo.

Para que o efeito dominó decole, você deve estar aberto a novas possibilidades. Deve estar disposto a abrir seus olhos a novas experiências e a adicioná-las à sua vida amorosa. As oportunidades estão em toda parte. Toda amizade, oportunidade de viagem, saída com o cônjuge à noite oferece novas possibilidades para o seu relacionamento. Estar aberto e flexível é o segredo! É claro que não é difícil imaginar essas possibilidades e o benefício delas é óbvio. Ainda assim, os propagadores negativos vão achar algo de errado em qualquer ideia.

Recentemente, eu e minha esposa voltamos de um período de férias que passamos numa pousada. Na mesa do café da manhã conversamos com três casais, cada um de um lugar diferente dos Estados Unidos, com diferentes formações e experiências de vida. Cada um tinha planejado uma coisa diferente para o dia. Ouvimos atentamente o que cada casal já tinha feito no dia anterior, o que iam fazer naquele dia e aonde iam. Algumas ideias pareciam chatas para nós, ao passo que outras pareciam muito interessantes. Christie e eu anotamos algumas coisas na cabeça e mudamos nossos planos para aquele dia em parte com base naquela animada conversa que tivemos no café da manhã.

Pense no quanto você está aberto a novas ideias. Você é uma pessoa que acredita ou duvida? Já eliminou a palavra impossível de seu vocabulário? De acordo com o Dr. David Schwartz, autor do *best-seller The Magic of Thinking Big*, "as pessoas comuns sempre se opuseram ao progresso. Muitos protestaram contra o automóvel afirmando que era contra a natureza, pois fomos feitos para caminhar ou andar a cavalo. O avião pareceu muito drástico para muitos. O homem não tinha o 'direito' de invadir o território reservado aos pássaros. Muitos defensores do status quo ainda insistem que o homem não tem nada que fazer no espaço".[4]

---

[4] David Schwartz, *The Magic of Thinking Big*. New York: Simon & Schuster, 1959, p. 106. No Brasil, *A mágica de pensar grande*, publicada pela Ed. Record.

ADOTANDO O EFEITO DOMINÓ *Semana 6*

Ser flexível e permanecer aberto a novas ideias e perspectivas é obrigatório para quem quer adotar o efeito de propagação. Para que o vírus continue a se alastrar, ele precisa de um ambiente aberto e vulnerável. Ele precisa de receptividade a novas possibilidades.

Veja este desafio:

1. Estou aberto a enxergar as coisas sob uma nova perspectiva?
2. Estou disposto a tentar novas experiências em meu casamento?
3. Estou disposto a tomar a iniciativa para novas experiências?
4. Estou flexível o bastante para enxergar meu cônjuge de novas maneiras?
5. Estou flexível o bastante para me comportar de novas maneiras?
6. Estou aberto à propagação de ações positivas em meu casamento?

Bem, como você se saiu? Espero que tenha descoberto que está disposto a dar uma reviravolta em seu casamento adotando o efeito dominó. Você também percebeu, espero, que se estiver disposto a ser aquele a iniciar as experiências positivas, seu cônjuge provavelmente ficará infectado por esse vírus positivo e tão resistente.

Revertendo Situações Complicadas

Como já disse, minha esposa é perita em tirar proveito das situações mais complicadas. Isso significa que ela consegue infectar com positividade qualquer situação negativa. Ela consegue encontrar maneiras de transformar limões em limonada. Todos nós realmente precisamos aprender essa habilidade.

Hoje mesmo ela me contou que foi a uma loja e enfrentou uma situação delicada. Ela relatou a seguinte conversa que teve com a proprietária da loja:

Proprietária: "Posso ajudar?".

Christie: "Não, só estou matando o tempo, olhando as coisas enquanto espero meu marido".

Proprietária: "Sabe, acho que você está sendo grosseira ao dizer que só está matando o tempo na minha loja. Nenhum dono de loja gosta de ouvir isso".

Christie parou um momento para pensar em como deveria responder – sem reagir!

Christie: "Você tem razão e peço desculpas. Entendo por que nenhum dono de loja quer ouvir isso".

E com isso, Christie saiu da loja, certo? Errado. Ela puxou conversa com a mulher e perguntou com interesse e animação sobre a loja, a história de como havia começado. Pediu para ver alguns dos produtos e acabou saindo de lá com um presentinho para nossa família.

Não fique alarmado se você não consegue se sair tão bem de situações assim como Christie. Eu também não conseguia, mas já estou aprendendo. Será que a dona da loja estava certa em ser tão áspera com Christie? Talvez não. Mas Christie transformou uma situação negativa em algo positivo. Ela se recusou a ser infectada pelo vírus negativo; ao contrário, decidiu espalhar um pouco de sua alegria.

Agora, vamos ver como isso funciona no casamento.

Seu marido entra em casa e vai direto para a televisão sem dizer uma palavra. Você se sente tentada a dizer algo sarcástico, que o levaria a dizer algo ríspido em troca antes de retirar-se. Vocês dois sairiam perdendo.

FALE SOBRE O ASSUNTO
A maioria dos casais não tem o hábito de falar sobre a intimidade. Mas estar aberto ao seu cônjuge a respeito do que cada um necessita do outro os aproximará.

As pessoas que adotam o efeito dominó enxergam todas as situações como possibilidades para espalhar o vírus positivo. É preciso apenas um pouco de energia positiva para acender uma chama. Você sabe que atingiu o ponto da virada quando a outra pessoa – seu cônjuge – começa a responder na mesma moeda.

Então, em vez de ser ríspido, sarcástico ou grosseiro, tente a técnica de reverter a situação. O que você vai fazer nessa situação? Que tal a seguinte reação?

Você se dirige ao seu marido, se aconchega ao lado dele e diz: "Eu adoraria passar alguns minutos com você antes de ficar absorto na televisão. O que acha de conversarmos um pouco sobre como foi nosso dia?".

Talvez você esteja mais à vontade com uma abordagem mais direta.

"Querido, eu realmente agradeceria se você passasse algum tempo comigo antes de começar a assistir à televisão. Será que daria para deixar a TV desligada por uma hora, ou pelo menos até terminarmos o jantar?".

Talvez você queira ser ainda mais ousada.

"Você sabe o que me faria me sentir muito bem e aposto que você também ia gostar? Sei que você está exausto, mas adoraria se a televisão ficasse de lado até termos passado algum tempo juntos. Quero ficar um pouco com você e espero que você também queira ficar um pouco comigo."

Em cada exemplo você foi clara sobre o que quer. Você reconheceu a necessidade que ele tem de relaxar e demonstrou sua disposição em negociar com ele. Você não o criticou por ter ligado a TV. Viu? Até uma situação potencialmente tensa tem a possibilidade de iniciar o efeito dominó.

A Dádiva de Tornar-se Um

O efeito de propagação da positividade, quando uma pessoa encoraja outra, é mais do que se sentir bem. Não estou divulgando uma ideia-vírus e o conceito de ponto da virada só porque é gostoso trazer à tona o melhor de seu cônjuge – mesmo que realmente seja bom!

Estou divulgando essa ideia porque Deus diz que é nossa responsabilidade agir assim. O apóstolo Paulo deixa claro nossa responsabilidade: "Não devam nada a ninguém, a não ser o amor de uns pelos outros, pois aquele que ama seu próximo tem cumprido a lei" (Rm 13.8). Puxa! O tempo todo temos uma *dívida* de amor a ser paga. Por isso, amar um ao outro não é apenas uma oportunidade, mas também nosso dever. Não temos opção, a não ser dar a mão ao outro em amor. Isso significa que não paramos de amar quando as coisas ficam difíceis, mas pela graça de Deus permanecemos encorajados e seguimos em frente.

Damon e Marta entenderam a ideia. Embora estejam apenas começando, já conseguem ver novas possibilidades. Até mesmo Damon, preso há muito tempo à sua antiga maneira de pensar e ser, estava disposto a adotá-las. Ele prometeu reservar uma noite todo fim de semana para uma aventura com Marta. Ele também concordou que planejaria aquela noite durante a semana para que fosse uma experiência agradável para ambos. Marta estava muito contente, é claro, e respondia positivamente às ideias dele. Se Damon consegue, você também consegue.

Estou divulgando uma nova maneira de pensar e ações radicais porque acredito que fomos chamados para ser um. Deus determinou que o casamento seja o lugar onde duas pessoas se tornam uma só carne e vivam felizes nessa unidade física, emocional e espiritual. O relato de Gênesis reflete esse desejo de Deus – que devemos ser perfeitamente unidos com o nosso cônjuge.

O efeito da propagação oferece a você e a seu cônjuge a possibilidade de se tornarem almas gêmeas. Essa é uma dádiva maravilhosa. Em vez de simplesmente estarem juntos num casamento medíocre, creio que você e seu cônjuge podem ser almas gêmeas, vivendo felizes juntos.

Talvez você duvide da disposição de seu cônjuge ou da capacidade dele em responder positivamente às suas mudanças. Por favor, tenha em mente que a positividade é contagiosa – funciona. Até mesmo o cônjuge mais teimoso ou distante acabará respondendo, no mínimo parcialmente. Embora possa não haver uma transformação radical, todos apreciam e respondem à amabilidade, e no processo você será transformado!

Você já tem seis poderosas estratégias para deixar de ser um simples cônjuge e se transformar em alma gêmea. No próximo capítulo você aprenderá a alimentar o sonho de seu cônjuge, descobrindo o poder que essa estratégia tem para transformar seu casamento.

Questionário Semanal

Você está aprendendo sobre o poder do efeito dominó. A positividade se espalha rapidamente e cria uma reação parecida nos outros. Você deve decidir, porém, espalhar as boas notícias.

Pense na seguinte situação:

Seu casamento ficou sem graça e você anseia por uma injeção de ânimo e alegria. Você:

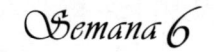

a) Senta e espera seu cônjuge se tornar mais excitante, só para se frustrar de novo.
b) Decide investir em seu casamento, dando um passo de cada vez, tomando iniciativas de atitudes simples, não ameaçadoras, de que vocês dois vão gostar.

COLOCANDO EM PRÁTICA

1. Decida motivar ou elogiar seu cônjuge pelo menos uma vez por dia nesta semana. Anote a reação dele. Dá para ver o efeito dominó em ação?
2. Até que ponto você está aberto a novas experiências e novas maneiras de ver as coisas? Se você ainda não fez, responda às perguntas da página 131 para descobrir.
3. Se você está acostumado a falar com tom de crítica ou sarcasmo, medite em Efésios 4.29 e Filipenses 4.8. Peça ao Espírito Santo que o ajude a aplicar as orientações que Paulo dá nesses versículos.
4. Em vez de reagir quando você ou seu cônjuge estiver de mau humor nesta semana, gaste algum tempo pensando e converse sobre a habilidade de "reverter situações complicadas".

Semana 7

ALIMENTANDO OS SONHOS DE SEU CÔNJUGE

> Sonhe alto, pois enquanto sonha, nisso você se tornará.
> Sua visão é a promessa daquilo que você será um dia;
> seu ideal é a profecia do que por fim você descortinará.
> – *James Lane Allen*

SINAIS DE QUE VOCÊ PRECISA ALIMENTAR OS SONHOS DE SEU CÔNJUGE

1. Seu sonho de adquirir um Nintendo Wii é fantástico e – encare – provavelmente se tornará realidade no seu próximo aniversário. Mas o sonho de seu cônjuge de comprar um barco é ridículo e impraticável.
2. Você gostaria de conectar-se com seu cônjuge, mas parece que vocês já não têm mais nada em comum.
3. O único sonho que você se lembra de seu cônjuge ter lhe contado é de quando ele tinha três anos e queria ser um cavalo. Você acha que seu cônjuge devia estar brincando, mas não tem certeza se quer voltar àquele assunto de novo.
4. Você sabe qual é o sonho de seu cônjuge, mas *reeeeeeeeealmente* espera que ele simplesmente esqueça ou deixe para lá.
5. Sua reação quando seu cônjuge apresenta uma ideia geralmente é "Isso nunca vai dar certo".

Era um dia quente e úmido na capital de nossa nação, o dia 28 de agosto de 1963. Nosso país experimentava grande inquietação e desassossego. Do meio desse opressivo caldeirão de misturas e etnias surgiu Martin Luther King.

King não era apenas um líder. Era o porta-voz daqueles que sentiam que estava demorando demais para serem colocados em andamento os princípios da igualdade defendidos por Abraham Lincoln; não foi por acaso que o memorável discurso de King, "*I have a dream*" [Eu tenho um sonho], foi proferido na escadaria do Memorial de Lincoln. King falou tendo por base a plataforma de Lincoln, figurada e literalmente.

Em seu discurso profundamente tocante naquele dia de agosto, a paixão de King por sua causa ficou evidente – de que haveria um dia quando todas as pessoas, a despeito de raça ou credo, seriam tratadas da mesma maneira. Quem ouve o discurso histórico de King tem a nítida percepção de sua missão bem como de seu caráter. "Eu tenho um sonho de que um dia meus quatro filhos pequenos vivam numa nação onde não serão julgados pela cor de sua pele, mas sim pelo seu caráter." King estava impulsionado a transmitir uma mensagem não apenas para seus dias, mas para as gerações futuras.

Martin Luther King sempre foi um herói para mim, não só pela coragem de falar uma mensagem impopular, mas por sua fibra e persistência. Numa visita recente a Atlanta, eu e minha esposa passeamos calmamente pelas ruas onde ele e sua família viveram, espiando pelas janelas da casa simples que ele chamava de lar. Dali, seguimos para a Igreja Batista Ebenezer, onde começou seu ministério de pregador.

Ouvindo um de seus discursos e andando pela igreja de Atlanta onde ele e seu pai pregaram, senti que eu havia conseguido captar melhor suas paixões, sonhos e caráter. Senti como se, de alguma maneira, eu o conhecesse. Ao conhecer aquilo com que ele se importava, aquilo por que ele havia morrido, eu o conheci.

Podemos encontrar uma conexão semelhante com nosso cônjuge ao explorar e alimentar seus sonhos. Ainda que as esperanças de seu cônjuge não estejam numa escala tão elevada quanto as de King, conhecer os sonhos de nosso cônjuge nos ajuda a entender o que é importante para ele. Talvez

ALIMENTANDO OS SONHOS DE SEU CÔNJUGE — *Semana 7*

a ideia de alimentar os sonhos de seu cônjuge seja totalmente estranha para você. Quero lhe garantir que esta tarefa é crucial para conectar-se profundamente com seu cônjuge. À medida que passar a conhecer e alimentar o que é vital para ele, você o ajudará a ser a pessoa que Deus deseja que ele seja. Sua sétima tarefa, então, no processo de tornar-se alma gêmea, é alimentar os sonhos de seu cônjuge.

Conheço muitas pessoas que conseguem se conectar com o cônjuge num nível intelectual. É evidente que elas gostam um do outro e se respeitam. São dedicadas e comprometidas com os votos de fidelidade mútua. São íntimas, compartilham risos e experiências e são felizes na educação dos filhos e na construção de um adorável lar juntas. No entanto, ainda falta alguma coisa.

PURA PAIXÃO

Descobrir e encorajar o sonho do cônjuge é uma maneira infalível de restaurar o entusiasmo em seu casamento.

Uma das principais diferenças entre cônjuges e almas gêmeas é a *paixão* – paixão pura, mágica, mística. Almas gêmeas querem saber o que faz o coração do cônjuge bater mais forte. Querem saber a razão da vida do cônjuge e o ideal pelo qual ele talvez esteja disposto até a morrer. Querem saber o que faz o coração dele se alegrar. Sherry Suib Cohen resume os benefícios de entender os sonhos de seu cônjuge: "Paixão é capacitar o outro – e depois sentir-se mais forte".[1]

Fica muito claro que os sonhos têm poder. Eles não só revelam o nosso caráter; eles nos movem. São os sonhos que nos fazem sair da cama de manhã. Eles são o combustível que nos propulsiona para frente mesmo quando nosso

---

1 Sherry Suib Cohen, *Secrets of a Very Good Marriage [Segredos de um casamento muito bom]*. New York: Carol Southern Books, 1993, p. 132.

corpo pode estar lento e enrijecido. Os sonhos são a paixão que nos faz nos importarmos com alguém, algo ou algum propósito.

Qualquer tipo de sonho (os que sonhamos "acordados" e os sonhos noturnos) traz em si alguma importância. Cada um tem uma mensagem e é um arauto de mudanças.

Um sonho revela muito sobre o sonhador, sobre as circunstâncias que está vivendo e até sobre eventos futuros. Embora possamos estar "perdidos em nossos pensamentos", a verdade é que muitas vezes não estamos nem um pouco perdidos; de certa forma, nesses belos pensamentos é que fomos "achados". Afinal, pensamos e sonhamos com o que é importante para nós.

O Segredo para Alimentar o Sonho de seu Cônjuge

Ouvir

Não faz muito tempo, certa noite fiquei sozinho em casa. Já que não temos televisão e eu não tinha colocado nenhuma música para tocar, a casa estava sinistramente silenciosa. Assim que me acomodei em minha poltrona, comecei a ouvir muitos rangidos e estalos, parecia até que a casa estava tentando falar comigo.

Seria um pássaro no telhado?, *pensei*. Não, já é muito tarde para ser um passarinho.

Seria um *racoon*[2] roçando na árvore em frente de casa?

É o vento ou está começando a chover?

Ouvir os sons da noite despertou meus ouvidos. No silêncio consegui até ouvir meus próprios pensamentos. Sem o tumulto das exigências, pude prestar atenção neles.

Pude também pensar em Christie:

O que será que ela está fazendo agora?

---

[2] Animal carnívoro noturno americano, da família do urso, semelhante ao guaxinim, com cauda longa e espessa.

Quando ela vai voltar para casa?

Será que está se divertindo?

Será que está segura?

Ouvir os sonhos de seu cônjuge é como ouvir os sons da noite: de início você não ouve nada, mas depois, assim que se aquieta, começa a ouvir *tudo*. E visto que muitas vezes somos distraídos por outras coisas que exigem nosso tempo e atenção, ouvir os sonhos de seu cônjuge não é algo que acontecerá naturalmente ou facilmente.

Ainda assim, não é algo tão complicado, desde que você saiba o que está ouvindo. Essas são as perguntas que fiz a mim mesmo e a Christie quando estava tentando ouvir os sonhos dela – sonhos que criam uma ligação especial entre nós quando eu passo a entender e alimentar o que é crucialmente importante para ela:

- De que você precisa?
- O que é importante para você?
- O que você mais quer na sua vida?
- O que precisa acontecer para que você consiga isso?
- Como posso ser útil em alimentar os seus sonhos?

Demonstrar empatia

Tomar a decisão de perguntar e depois ouvir os sonhos de nosso cônjuge é um importante primeiro passo a dar. Há algo muito poderoso em compartilhar nossos sonhos um com o outro. Porém, há outro passo a ser dado. O poder e a intensidade que podem surgir quando o nosso cônjuge compartilha conosco se perderão, a menos que nos deixemos ser tocados, até mesmo transformados, por esses sonhos.

O processo pelo qual somos tocados pelos sonhos de nosso cônjuge é chamado de *empatia*, que acontece quando sentimos com alguém – não deve ser confundido com simpatia, que é o que sentimos por alguém.

ENTRE NA CABEÇA DELE

Cônjuges que fazem perguntas e são empáticos com o sonho do outro estão muito mais sintonizados um com o outro do que aqueles que não agem assim.

Daniel Pink, em seu fascinante livro *A Whole New Mind: Moving from the Information Age to the Conceptual Age*, define empatia desta maneira: "Empatia é a habilidade de imaginar-se na posição de outra pessoa e intuir o que ela está sentindo. É a habilidade de 'ficar na pele do outro', enxergar com os olhos do outro, sentir com o coração do outro... Empatia é um ato surpreendente de ousadia imaginativa, a suprema realidade virtual – entrar na mente de outra pessoa para vivenciar o mundo a partir da perspectiva do outro".[3]

O que torna a empatia uma atitude tão crucial no processo de se tornar almas gêmeas? A empatia é o ato supremo da harmonização, quando nos concentramos completamente em entender o nosso cônjuge. Percebemos a animação dele, sentimos sua alegria, esforçamo-nos para entender suas vulnerabilidades. É a forte ligação à qual o apóstolo Paulo se referiu quando disse: "Alegrem-se com os que se alegram; chorem com os que choram" (Rm 12.15).

Pratiquei esse tipo de empatia com a Christie recentemente. Estávamos envolvidos nos preparativos para a venda de um imóvel nosso que estivera alugado. Decidimos voltar para aquela casa para fazer alguns reparos e a pintura antes de colocá-la à venda. Christie assumiu a parte mais difícil da tarefa, encaixotando nossas coisas, contratando a transportadora que faria a mudança e levando tudo para a casa. Ela trabalhou incansavelmente durante vários dias, separou coisas para doar no Exército de Salvação, etiquetou caixas e preparou tudo.

Uma noite cheguei em casa e a encontrei bastante abatida. Perguntei como ela estava. Ela franziu as sobrancelhas e começou a chorar. Comecei a lhe

---

3 Daniel Pink, *A Whole New Mind: Moving from the Information Age to the Conceptual Age*. New York: Riverhead Books, 2005, p. 159. No Brasil, *O cérebro do futuro:* a revolução do lado direito do cérebro, publicado pela Ed. Campus-Elsevier.

fazer perguntas, aquele tipo de perguntas da página 131. Suas respostas foram diretas, simples e tratavam de um tema que eu ouvira muito tempo antes dessa mudança.

"Quero me fixar", ela disse tristemente. "Não quero mais me mudar. Quero um lugar nosso, onde possamos fincar raízes. Não quero partir em busca de algo maior ou melhor. Na verdade, quanto mais simples, melhor. Depois que tivermos nos estabelecido, então poderei decidir o que mais fazer com a minha vida. Mas não enquanto isso não acontecer."

De início, achei que as lágrimas e a tristeza de Christie eram simplesmente resultado do estresse. Talvez ela estivesse tendo um minicolapso nervoso, do tipo que todos podemos ter quando estamos sobrecarregados ou exaustos. Certamente ela estava sobrecarregada e estressada. Mas atribuir tudo a uma "emoção" seria não entender o que estava acontecendo. Ao ouvir com empatia suas frustrações, entendi que a sobrecarga de trabalho dela havia simplesmente trazido à superfície um sonho que ela tinha por estabilidade.

Por eu ter sido empático de uma forma precisa com Christie naquela noite, ela experimentou cura e alívio. Além de dar espaço para que se abrisse e falasse sobre seus sentimentos, o fato de Christie compartilhar suas frustrações nos aproximou. A empatia faz mais do que criar vínculos entre os cônjuges: a *empatia exata* – perceber precisamente os sentimentos de seu cônjuge – é uma experiência terapêutica. Quando entendemos plenamente os sentimentos de nosso cônjuge e ele entende os nossos, há cura e restauração. Isso gera uma *experiência emocional corretiva* e cria um laço quase inquebrável entre nós.

Atento aos sonhos e temas

À medida que eu ouvia Christie naquele dia, sabia que ela não estava tendo um minicolapso. Ela *não* estava tendo um ataque de pânico ou passando por um período de depressão. Ela *não* tinha perdido a cabeça – tinha encontrado. Eu sabia que tinha a ver com o terceiro segredo para encorajar nossos cônjuges a compartilhar seus sonhos porque era um tema ou assunto que sempre era abordado. Christie estava falando de um desejo que eu já havia ouvido muitas vezes antes: seu anseio por estabilidade.

Um dos aspectos mais valiosos de nossos devaneios e dos sonhos que temos acordados é que eles refletem desejos que muitas vezes se concentram no mesmo tema. Por serem de muita importância para nós, certas esperanças afloram em nossas mentes muitas e muitas vezes. Quando ouvimos bem de perto – e às vezes não tão de perto –, reconhecemos os mesmos temas.

Enquanto eu ouvia Christie naquela noite, ocorreu-me que durante meses ela havia falado sobre sua necessidade de estabilidade. Não adiantaria tentar oferecer-lhe soluções simples, visto que não havia. Não faria sentido tentar dissuadi-la de suas convicções, uma vez que ela estava falando de algo crucial. Suas necessidades e desejos não iriam simplesmente desaparecer, e minha tarefa era aceitá-los e demonstrar empatia.

Outra maneira de pensar sobre como atentar para os temas recorrentes nos sonhos do nosso cônjuge é lembrar uma brincadeira infantil de *ligar os pontos*. O objetivo é ligar uma série de pontos até que a forma de algum objeto misterioso seja revelada. O mesmo exercício pode ser feito com o nosso cônjuge, exceto que, neste caso, ligamos palavras faladas ao longo do tempo e vemos que formato elas assumem.

Num momento de vulnerabilidade, Christie compartilhou seu desejo de estabilidade. Se ela estivesse descansada e relaxada, talvez não tivesse chorado ou expressado aquele desejo da maneira como expressou. Ainda assim, o tema aflorou. O sonho estava lá, dentro dela, pronto e esperando para ser expresso.

Minha tarefa, como alma gêmea, é atentar para temas como esse na vida de Christie. Quero ouvir o que ela diz e o que não diz. Quero ouvir o que ela diz, muitas e muitas vezes, de maneiras diferentes.

LIGUE OS PONTOS

Quer descobrir o sonho de seu cônjuge? Comece a prestar atenção aos temas e assuntos que ele traz à tona com frequência.

Quero ouvir que palavras, que expressões são as mais recorrentes. Elas refletem o que está no coração e na mente dela. Minha capacidade de ouvir os sonhos de Christie e aceitá-los pode criar um forte vínculo entre nós.

Mas e se o sonho de seu cônjuge não tocar você ou, pior, você achar que é insignificante? A resposta: trate dele com cuidado. Ofereça um ouvido amigo e uma grande dose de encorajamento. Depois atente em como aquele sonho pode ser realizado e ofereça toda ajuda possível para sua concretização. Os sonhos são especiais. Cada sonho é como um bebê recém-nascido, que precisa ser cuidado com carinho, atenção e delicadeza. Quando seu cônjuge compartilha um sonho, está abrindo o coração e se tornando vulnerável. Essa não é a hora de ser "curto e grosso", ainda que ser muito direto seja a sua vontade. Não é hora de apagar esperanças, esmagar desejos ou bloquear a ação. Essa atitude só promove tensão e distanciamento no casamento, como Brian e Darlene descobriram.

Antes que eles chegassem ao meu consultório, pela primeira vez, fiquei me perguntando por que Brian e Darlene queriam ser atendidos. Enquanto revisava a ficha de cadastro deles, observei que estavam casados havia quarenta anos. Imaginei o que um casal casado há tanto tempo teria para conversar.

Brian e Darlene tinham um casamento que havia passado no teste do tempo. Fazia pouco tempo tinham se mudado para o Estado de Washington, mas haviam passado a maior parte da vida em Chicago, e achei que o estilo franco e direto de falar refletia sua forte ligação com a cidade da ventania[4]. Ambos com mais de sessenta anos de idade, eles gostavam muito um do outro, mas demonstravam evidentemente uma independência impetuosa.

"Estamos aqui porque nossa vida mudou, mas ele não mudou", Darlene disse abruptamente.

Brian não se assustou com o tom da esposa, embora eu tenha estremecido. Eu precisava respeitar a maneira como eles haviam se comunicado durante todo o tempo em que estavam casados.

"O que você quer dizer?", perguntei. "Qual é exatamente o problema?"

"É muito difícil colocar em palavras", ela continuou. "Nossos filhos já são adultos e tenho andado inquieta ultimamente."

---

4   *Windy City*. Esse é um dos apelidos da cidade de Chicago, talvez atribuído devido à constante brisa que sopra, por estar situada nas margens do Lago Michigan (N. do T.).

"Tudo bem", eu disse, ainda tentando entender exatamente qual era o problema deles.

"O que ela está tentando dizer", Brian disse, parecendo aborrecido, "é que, nos últimos cinco anos, ela quer se mudar para a Flórida, mas eu não quero."

"Então parece que você não está doido para ir morar na Flórida?", perguntei ao Brian.

"Não. Nem Flórida, nem México, nem Texas. Não sei por que alguém iria querer viver lá."

"Eu quero viver lá", Darlene disse com firmeza. "Estou falando que gostaria de morar num lugar quente já faz cinco anos, talvez dez anos. Ele simplesmente me ignora."

"Achei que se eu a ignorasse, talvez ela abandonasse essa ideia maluca. Mas dá para você ver aonde isso me levou."

"Por que você acha que ela quer ir para a Flórida, Brian?", perguntei.

"Bem, minha primeira resposta seria que não tenho a mínima ideia, mas eu não estaria sendo honesto porque na verdade eu tenho ideia. Só que não quero ter ideia. Bastante teimoso de minha parte, não é?"

Brian sorriu, obviamente sabendo que Darlene sonhava em morar num lugar de clima mais quente e ele não. Ele esperava que os sonhos dela morressem, mas isso não estava acontecendo. Negar o sonho dela estava começando a prejudicar o casamento deles.

"Meu desejo de ir para um lugar mais quente não está desaparecendo, Brian", ela disse. "Você pode me ignorar, mas eu não vou parar de falar nisso. E estou começando a ficar magoada com você por me ignorar. E nenhum de nós quer que isso aconteça."

Brian olhou para sua esposa de tantos anos e ofereceu um sorriso amarelo.

Passamos as sessões seguintes conversando sobre os sonhos que eles tinham para o futuro. Conversamos sobre o poder e a importância dos sonhos e como eles raramente morrem, pelo menos não facilmente. Conversamos sobre como você pode até ignorar o anseio de alguém por algum tempo, mas isso acaba vindo à tona, de uma forma ou de outra. Também conversamos sobre a oportunidade perdida quando falhamos em honrar e respeitar os sonhos um do outro, por mais diferentes que sejam dos nossos.

Seja a Parteira do Sonho de seu Cônjuge

Embora alguns homens possam reagir negativamente a essa imagem, espero que vejam esse exemplo simplesmente como outra maneira de ajudar seu cônjuge a realizar seus sonhos. A história de Brian e Darlene ilustra que não basta ouvir e até reconhecer os sonhos do cônjuge. Brian não só não queria ajudar Darlene a dar à luz o sonho dela, como também esperava que aquele sonho nunca se concretizasse. Ele acreditava que, em algum nível, se ignorasse os anseios de Darlene por bastante tempo, eles desapareceriam.

Foi um grande erro. Os sonhos podem esfriar um pouco abaixo da superfície durante anos, mas sonhos ignorados, desprezados e desrespeitados criam distância entre o casal. Eles continuam lá, mas ninguém fala sobre o assunto.

Infelizmente, o comportamento egoísta de Brian causou não apenas ressentimento, como ele perdeu uma oportunidade de ouro para ser o "parteiro" dos sonhos da esposa. Quem ouvia Darlene falando sobre o assunto percebia que ela estava pensando no litoral da Flórida havia muitos anos.

"Fomos algumas vezes ao longo de alguns anos para Cocoa Beach[5]. O lugar é paradisíaco; parece tudo intacto", ela disse com excitação. "As casas são feitas de tijolos. São casas modernas", ela disse, sorrindo. "São lugares simples. Cores vibrantes. Muita luz do sol. E tem a praia. Eu podia caminhar naquelas praias durante horas, sem nunca me cansar."

"Você pode ajudar esse sonho a nascer", disse ao Brian. "Ignorá-la não vai fazer o sonho desaparecer. Por que você não explora as possibilidades com ela? Ouça a excitação na voz dela. Ela ganha vida quando começa a falar sobre aquelas casas de tijolos. Você pode fazer parte disso. Pode ajudá-la a encontrar um jeito de realizar esse sonho."

---

5   Cocoa Beach é uma cidade localizada no Estado americano de Flórida (N. do T.).

E se os sonhos dela estivessem em choque com os dele? E se a praia não lhe desse tanto prazer quanto a ela? Nesses momentos a coisa mais apropriada a fazer é ter uma conversa criativa e chegar a um consenso. O que muitas vezes acontece, porém, quando entramos "de cabeça" no sonho do cônjuge, é que ele se torna contagioso. Começamos a partilhar da mesma paixão.

Felizmente, Brian começou a entender o mal que sua indiferença para com o sonho de Darlene estava causando ao casamento deles. Ele ouviu e lentamente começou a gostar de minha ideia. Pôde enxergar que o que eu estava dizendo era verdade. Começou a imaginar como seu mundo se ampliaria – e não se limitaria – se ele incorporasse o sonho da esposa à sua vida. Isso reacenderia um casamento que estava se esfriando por causa do crescente ressentimento.

E você? Como está se saindo como "parteira" dos sonhos de seu cônjuge? Pense nestas perguntas:

1. Sei quais são os sonhos de meu cônjuge? (Todos nós temos sonhos, mesmo que, de início, neguemos.)
2. Qual tem sido minha reação a esses sonhos?
3. Como meu cônjuge gostaria que eu reagisse aos seus sonhos?
4. Tenho atrapalhado os sonhos de meu cônjuge de alguma maneira?
5. O que posso fazer agora para me tornar a "parteira" dos sonhos de meu cônjuge?

Lembre que a maneira como você reage aos sonhos de seu cônjuge é quase tão importante quanto conhecê-los. Na verdade, almas gêmeas estão integralmente envolvidas em ajudar dar à luz aos sonhos do outro. Em seu livro *Yearnings*, o rabino Irwin Kula aborda as fases necessárias para dar à luz a um sonho ou a uma ideia nova.

É hora de incubar, deixar que essas ideias mergulhem em nossa consciência, se esfreguem umas nas outras, até mesmo se choquem umas contra as outras ocasionalmente... É provável que nos deparemos com

ALIMENTANDO OS SONHOS DE SEU CÔNJUGE *Semana 7*

obstáculos, tanto interna quanto externamente: pessoas que resistem a nossas ideias; formas como nos avaliamos. Duvidamos e ao mesmo tempo descobrimos; eliminamos e ao mesmo tempo produzimos. Lutamos e digladiamos com novas e antigas verdades. [6]

Percebe como seu papel é importante? Dada a fragilidade e a importância dos sonhos, nosso cônjuge muitas vezes precisa de ajuda para transformar seus sonhos em realidade. Uma alma gêmea facilita essa transição, encorajando o nascimento de uma ideia nova. Ele ou ela voluntariamente funciona como uma caixa de ressonância, à medida que o sonho toma forma, dando estímulo e apresentando diferentes perspectivas.

Então, qual é o segredo para se tornar uma "parteira" para os sonhos de seu cônjuge?

Ressoar os sonhos

Para ser uma boa "parteira" é preciso ressoar os sonhos de seu cônjuge. O que quero dizer com isso? Quero dizer que ao ouvir com atenção, ao fazer perguntas pertinentes e esclarecer dúvidas, você pode estimular e fazer ressoar um sonho. Você pode, com cuidado e atenção, literalmente *sentir* o poder do sonho de seu cônjuge. Quando você *ressoa* os planos do cônjuge, está compartilhando da excitação, reconhecendo o quanto cada sonho afeta vocês dois e ajudando esses sonhos a ganharem forma.

Por exemplo, após observar e ouvir cuidadosamente minha esposa ao longo do nosso casamento, estou consciente de suas paixões.

Ela adora livros infantis.

Ela adora cães da raça pug. [7]

Ela ama muito seus filhos.

---

[6] Irwin Kula, *Yearnings* [Anseios]. New York: Hyperion, 2006, p. 188-189.
[7] Raça de origem chinesa, ainda pouco difundida no Brasil.

Ela prefere lugares pequenos, acolhedores, tais como cidades pitorescas, pousadas e restaurantes aconchegantes.

Ela adora conversar com estranhos.

Ela curte se divertir.

Ela é romântica.

Ela adora o mar.

Ela adora o sossego e a tranquilidade.

Essas coisas fazem o coração de Christie bater mais forte. Quando presto atenção nelas, ficamos mais próximos, emocionalmente conectados. Posso compartilhar fatos e opiniões, mas quando converso com ela sobre algumas de suas paixões, acontece uma grande explosão de energia. Quando estimulo Christie a compartilhar seus sentimentos a respeito dessas paixões, ela fica radiante. Quando realmente presto atenção no seu entusiasmo, ela sorri.

Ficamos conectados num nível mais profundo quando atento para essas coisas. Quando estamos diante do oceano, nosso coração bate em uníssono. Quando lemos um livro infantil na praia, com crianças brincando por perto, a paixão é mágica. É a ressonância em ação.

Dar segurança aos sonhos

Lembre-se de que uma de suas tarefas é criar um porto seguro para os sentimentos de seu cônjuge. Intimidade – enxergar o interior do outro – depende em grande parte da sensação de estar seguro com o cônjuge. Você tem a oportunidade de criar um porto seguro para os sonhos de seu cônjuge.

Matthew Kelly, autor do livro *The Seven Levels of Intimacy*[8], conta a história de um grupo de universitários que visitou a casa de Beethoven, em Bonn, na Alemanha. Uma das jovens ficou parada olhando para o piano onde ele havia escrito a maior parte de suas famosas músicas.

Ela perguntou ao segurança do museu se podia tocar. Convencido por uma generosa gorjeta, ele a deixou tocar. Então ela perguntou: "Imagino

---

8   No Brasil, *Os sete níveis da intimidade*, publicado pela Ed. Sextante.

que ao longo desses anos todos os grandes pianistas que vieram aqui tocaram neste piano?"

"Não, moça", o segurança replicou. "Na verdade, exatamente há dois anos eu estava neste mesmo lugar quando Paderewski [um aclamado pianista e compositor polonês] visitou o museu. Ele estava acompanhado do diretor do museu e da imprensa internacional, que haviam vindo na esperança de que ele tocasse o piano".

Quando lhe deram a oportunidade de tocar, lágrimas brotaram de seus olhos enquanto ele agradecia, mas recusava o convite, dizendo que não era digno sequer de encostar a mão no piano. Ironicamente, esse grande pianista enxergou o que o segurança e a jovem impulsiva não conseguiram enxergar: o piano de Beethoven está isolado do público por um cordão porque representa seu dono. É de imenso valor hoje – avaliado em 50 milhões de dólares – por causa de nosso respeito e reverência a Beethoven.

Kelly acrescenta: "Isso é reverência, um profundo respeito que nos leva a parar e olhar além das aparências e descobrir um valor maior escondido".[9]

Reverência. Um profundo respeito que nos leva a parar e olhar além das aparências. Essa é a atitude que devemos cultivar à medida que nos preparamos para receber os sonhos de nosso cônjuge. Devemos sentir um profundo respeito por nosso cônjuge. Se não o sentimos, devemos tomar a decisão de cultivá-lo – agora!

Pense um pouco nas implicações de desconsiderar os sonhos de seu cônjuge. Considere o impacto de não respeitar este aspecto mais sensível da pessoa de seu cônjuge. Tratar os sonhos dele leviana e casualmente é ultrapassar o cordão de isolamento do piano de Beethoven e tocar, sem nenhum respeito pelo caráter do compositor.

Se a memória de Beethoven merece respeito, o que dizer de um filho de Deus – seu cônjuge? Ouça as palavras do salmista: "Que é o homem, para que com ele te importes? E o filho do homem, para que com ele te preocupes? Tu o fizeste um pouco menor do que os seres celestiais e o coroaste de glória e de

---

[9] Matthew Kelly, *The Seven Levels of Intimacy.* New York: Simon & Schuster, 2005, p. 56-57.

honra. Tu o fizeste dominar sobre as obras das tuas mãos; sob os seus pés tudo puseste" (Sl 8.4-6).

O seu cônjuge é amado e cuidado pelo Criador do universo. Desde o início dos tempos seu cônjuge estava na mente de Deus. Na verdade, sabemos que os sonhos executados pelo seu cônjuge podem muito bem ser os sonhos do próprio Criador. Isso faz você parar para pensar? Fazer um porto seguro para os sonhos de seu cônjuge, e nutri-los, é sua responsabilidade.

Proteger os sonhos

O que você acha disso? Veja a seguir algumas outras ideias:

- *Crie uma Incubadora de Sonhos permanente.* Sim, você pode criar um ambiente em seu casamento em que os sonhos sejam facilmente compartilhados. Quando você mostrar interesse e entusiasmo, será mais fácil para o seu cônjuge compartilhar suas idéias. Quando o casal enxerga que os sonhos são formas tenras de criatividade que demandam proteção, ficam mais suscetíveis a ser vulneráveis e abertos em relação aos seus sonhos.
- *Não critique os sonhos de seu cônjuge.* Os sonhos precisam de proteção. Vigie-os. Não os critique nem permita que outras pessoas os critiquem.
- *Celebre os sonhos de seu cônjuge.* Encontre maneiras de encorajar os sonhos de seu cônjuge. Observe o que é bom e interessante acerca desses sonhos. Converse sobre eles e compartilhe de toda a excitação. Encontre aspectos do sonho que você pode apoiar e com os quais pode se identificar.
- *Ofereça ao seu cônjuge sua total atenção quando ele estiver falando de seus sonhos.* Faça perguntas sobre os sonhos. Demonstre interesse e curiosidade. Ouse sonhar mais alto com seu cônjuge. Qual é o sonho que está além de cada sonho? Qual é o sonho por trás daquele sonho? Sua atenção e perguntas demonstrarão respeito, admiração e reverência.

CUIDADO, FRÁGIL

Criticar os sonhos de seu cônjuge é como falar para uma mãe que o bebê dela é feio – e quase tão devastador quanto.

- *Sonhe no lugar de seu cônjuge.* Quando seu cônjuge estiver desmotivado, sonhe por ele. Não permita que seus sonhos sejam deixados de lado. Motive, encoraje, amplie e embeleze as possibilidades dos sonhos de seu cônjuge.
- *Demonstre empatia precisa para com as paixões e sentimentos de seu cônjuge.* Empatia específica é algo muito forte, como já vimos. É preciso esforço, porém, para ouvir as nuances precisas dos sentimentos do outro. Quando você partilha dos sentimentos de seu cônjuge, percebendo o valor e a importância dos sonhos dele, um vínculo especial é criado. A conexão empática é um dos vínculos mais fortes que existem no casamento.
- *Esteja sensível à mudança nos sonhos de seu cônjuge.* Os sonhos, assim como as pessoas, mudam e se transformam. Uma amiga minha muito querida passou cinquenta anos desenvolvendo um ministério de televisão com seu marido. Ela é conselheira profissional; ele, um talentoso e reconhecido professor de Bíblia. Foi encorajando os sonhos um do outro que o trabalho deles se transformou, de algo simples e pequeno, num amplo e abrangente ministério. Recentemente, porém, problemas de saúde levaram minha amiga a perceber que ela e o marido precisarão de ajuda extra nos anos futuros. Apesar de sua visão, motivação e entusiasmo continuarem tão intensos quanto antes, ela diz que está "esperando o Senhor lhe mostrar o que deve fazer". A história desse casal oferece um lembrete útil: os sonhos de nosso cônjuge são dinâmicos – raramente são estáticos ao longo da vida. Numa estação sonhamos com uma coisa, e em outra época sonhamos com algo totalmente diferente. Tome bastante cuidado para sintonizar com os diversos movimentos nos sonhos de seu cônjuge.

Consegui convencê-lo da importância dos sonhos de seu cônjuge? Você está disposto a estimular e proteger os aspectos criativos de seu cônjuge? Espero que sim.

Uma Dinâmica Poderosa

Há poder, excitação e enorme energia quando um casal compartilha os sonhos um com o outro. Considere a possibilidade de descobrir, encorajar e compartilhar do sonho de seu cônjuge. Eu chamo isso de "captar o sonho".

Os físicos conhecem um fenômeno de ressonância chamado vibração, que é a tendência de dois corpos em oscilação sincronizarem para vibrar em harmonia. Uma dinâmica semelhante ocorre quando você está atento aos sonhos de seu cônjuge. Isso gera uma sintonia entre seu cônjuge e você. Duas pessoas distintas, por causa de sonhos compartilhados, se tornam uma só pessoa.

Duas pessoas compartilhando os mesmos sonhos e as mesmas emoções começam a pensar igual – são almas gêmeas! Duas pessoas que captam os sonhos uma da outra, que partilham da mesma excitação, que desejam o melhor para o outro, são almas gêmeas! Duas pessoas que são empáticas uma com a outra, sentindo o que o outro sente, sintonizadas na mesma frequência, de novo, são almas gêmeas!

Parece muito com o relato bíblico de dois tornando-se uma só carne, não é? Em vez de duas pessoas se moverem em direções distintas, temos a oportunidade, por meio de nossos sonhos, de nos mover em perfeita harmonia um com o outro. Você está disposto a alimentar os sonhos de seu cônjuge? Você está disposto a aumentar a excitação de seu cônjuge? Não perca esta incrível oportunidade de transformar-se em almas gêmeas.

No próximo capítulo, exploraremos como o seu cônjuge pode estimular e alimentar os *seus* sonhos, acrescentando um elemento extra de excitação ao seu relacionamento.

Questionário Semanal

Este capítulo foi sobre como alimentar os sonhos de seu cônjuge. Para fazer isso é preciso um esforço especial, mas a recompensa é maravilhosa. Juntar-se ao seu cônjuge naquilo que o apaixona cria um vínculo especial entre o casal.

Pense em como você lidaria com a seguinte situação:

Seu cônjuge quer mudar de profissão, porque se cansou do trabalho que tem feito nos últimos vinte anos. Você sabe que ele está infeliz, mas, obviamente, abrir mão da estabilidade à qual vocês estão acostumados é assustador.

Ao observar a crescente insatisfação de seu cônjuge, você:

a) Evita falar sobre o assunto, visto que uma mudança na carreira exigiria um período de transição desconfortável.
b) Encoraja seu cônjuge a tentar fazer alguma mudança, permitindo que sonhe alto e reafirmando a ele que você fará sua parte para facilitar a transição.

COLOCANDO EM PRÁTICA

1. Nesta semana, decida estar atento às pistas que o levarão aos sonhos de seu cônjuge. Ele costuma falar com frequência de algum assunto? Alguma música ou filme em particular parecem tocá-lo?
2. Se você ainda não fez isso, gaste um minuto avaliando como está se saindo em ser uma "parteira" para os sonhos de seu cônjuge. As perguntas a seguir o ajudarão nessa autoavaliação:
   - Sei quais são os sonhos de meu cônjuge? Como eu os resumiria?
   - Qual tem sido minha reação aos sonhos de meu cônjuge?
   - Tenho impedido ou atrapalhado os sonhos dele de alguma forma?
   - De que maneiras posso encorajar meu cônjuge ou até mesmo ajudá-lo a realizar seu sonho?
3. Se seu cônjuge estiver disposto, conversem sobre como podem transformar o relacionamento de vocês numa "Incubadora de Sonhos" (ver a página 152).

Semana 8

ENSINANDO SEU CÔNJUGE A ALIMENTAR OS SEUS SONHOS

Se alguém avançar com confiança na direção dos seus sonhos, e se empenhar em viver a vida que imaginou, experimentará um sucesso inesperado nos momentos mais comuns da vida.
– *Henry David Thoreau*

SINAIS DE QUE VOCÊ PRECISA ALIMENTAR SEUS PRÓPRIOS SONHOS

1. Sonhos? Que sonhos? Quem tem tempo para sonhar?
2. Sempre que você sai para jantar fora com seu cônjuge, seus assuntos se esgotam antes que o prato principal seja servido.
3. Você imagina que seus sonhos sejam tão impraticáveis que não faz sentido insistir neles.
4. A única vez que você tentou compartilhar seu sonho de escrever um roteiro de cinema, seu cônjuge achou que você estava brincando e caiu na gargalhada.
5. Você está contente em apoiar os sonhos de seu cônjuge, mas não tem certeza de que seus anseios sejam "bons o bastante" para serem compartilhados.

Natural de Concord, Massachusetts, filho de pais pobres que se sustentavam fabricando lápis, Henry David Thoreau foi chamado de "o primeiro *hippie*".

Embora fosse um engenheiro formado pela Harvard, cedo na vida ele decidiu afastar-se das multidões e viver uma vida solitária.

Em *Walden*, um registro de sua estada de dois anos em Walden Pond, Thoreau explica por que interrompeu sua vida ocupada para afastar-se do mundo. "Fui para a floresta porque eu queria viver deliberadamente, encarar a essência da vida e ver se eu conseguia aprender o que ela tinha a ensinar, e para quando morrer, não descobrir que eu não vivi".

Viver deliberadamente. Thoreau era intencional em relação à vida. Ele queria, antes e acima de tudo, compreender a si mesmo. Embora possamos discordar de seu estilo de vida ou de sua defesa da desobediência civil, podemos aplaudir sua disposição de resistir às tendências da época, isto é, a busca por ganhar mais dinheiro, avançar na carreira e acumular realizações. Ele queria viver de maneira simples e ser verdadeiro consigo mesmo. Isso certamente é a matéria de que os sonhos são feitos.

Além de viver deliberadamente, Thoreau adotou a vida solitária. Em outra citação famosa, ele disse: "Se um homem não acompanha o ritmo de seus companheiros, talvez seja porque ele esteja ouvindo uma batida diferente. Deixe-o seguir a música que está ouvindo, não importa como seja julgada ou quão distante esteja".

O significado da obra de Thoreau para nós é: devemos nos permitir conhecer e expressar nossos próprios sonhos. Afinal, não podemos contar um sonho que ainda não tivemos. Não podemos compartilhar a excitação a respeito de algo que não nos anima e revigora. Não podemos esperar que o nosso cônjuge saiba qual é a nossa paixão se nós não a tivermos sentido antes. Saber o que faz nosso coração bater leva-nos à tarefa da oitava semana, que é outra maneira de criar vínculos: *ensinar seu cônjuge a alimentar os seus sonhos.*

Embora seja crucial que você estimule os sonhos de seu cônjuge, é igualmente importante alimentar os seus próprios sonhos e encorajar seu cônjuge a aprender a entender o que toca profundamente seu coração. Seus sonhos, assim como os de seu cônjuge, são o cerne de quem vocês são e de quem estão se tornando.

No último capítulo falamos sobre as paixões que os sonhos liberam em nós. Muitas vezes mantemos essas paixões escondidas no nosso íntimo, bem lá no fundo. Intuitivamente sabemos que são preciosas. Temos tão poucas delas que queremos preservá-las e protegê-las. Às vezes essas paixões são desconhecidas até mesmo de nós. Frequentemente, porém, temos pistas, suspeitas sobre o que nos faz cantar de alegria.

Sou um homem cheio de sonhos – às vezes sonho até demais. Conto com minha esposa, Christie, para me ajudar a explorá-los. Essa é uma tarefa muito delicada, uma vez que quero que ela ache todas as minhas ideias fabulosas. E elas não são. Mas quando ela ouve com atenção, sintoniza com elas. Algo em mim sintoniza com algo dentro dela. É aquele momento especial de conexão entre almas gêmeas.

Recentemente conversei com ela sobre meu desejo de dar mais palestras. Essa não era uma ideia nova, e ela já tinha me ouvido falar sobre esse sonho antes. Sabiamente, ela apoiou meu sonho. Mais importante, ela se harmonizou com ele. Ouvir sobre o meu sonho de dar mais palestras fez o sonho dela de dar mais palestras vibrar também. Minha animação a animou. E o fato de Christie ter ficado animada me deixou ainda mais animado. Deu para ver como isso funciona?

Conheça os Seus Sonhos

Quando se trata de compartilhar sonhos, temos um problema em potencial. Não podemos compartilhar o que não sabemos. Não podemos ensinar nosso cônjuge a alimentar os nossos sonhos se nós mesmos estivermos incertos a respeito deles.

Anos de trabalho, vivendo do lado de fora de nós mesmos e ignorando o que se passa no nosso íntimo, fazem com que muitas pessoas se sintam como se fossem estranhas a si mesmas. Ficamos tão acostumados a atender às necessidades externas da família, do trabalho, de casa e dos filhos que quando alguém pede que falemos sobre nossos sonhos nos sentimos bloqueados, perplexos, confusos.

Se você se encaixa nessa descrição, precisará prestar atenção ao seu interior. Precisa atentar para sua alma e o que está acontecendo nela. Você deve acordar para as paixões que ainda palpitam lá no fundo de seu ser.

Era isso que estava acontecendo com Mark. Quando comecei a atendê-los, a ele e sua esposa, Tricia, rapidamente percebi que uma das causas da distância que havia entre eles era a falta de disposição

SEJA PESSOAL
Compartilhar os seus sonhos com seu cônjuge é uma forma muito forte de restabelecer a conexão.

---

de Mark em deixar que seus sonhos e esperanças viessem à tona. Costumo encorajar meus pacientes a prestar atenção em seus sentimentos e desejos. Às vezes tenho de perguntar várias vezes o que é importante para eles. Foi esse o caso de Mark. Ele não tinha ambições para o seu casamento ou relacionamento com sua distante esposa.

Mark e Tricia estavam casados havia vinte anos, mas estavam separados fazia dois anos. Eles foram ao meu consultório para ver se o casamento deles podia ser salvo. Mark veio de boa vontade ao aconselhamento, embora se mostrasse muito cauteloso. Por ser um perspicaz homem de negócios, ele se sentia mais à vontade no mundo dos números do que com pessoas e emoções. Quando era criança, aprendeu que devia fazer tudo com perfeição, e assim exigia perfeição de si mesmo e também de Tricia. Ele não gostava da pieguice das emoções.

Tricia também era uma mulher de negócios esforçada, mas para ela era mais fácil deixar o trabalho um pouco de lado para investir nos relacionamentos. Ela conseguia compartilhar suas emoções e queria uma ligação mais forte com Mark. Cansada de viver com as críticas e minúcias de Mark, ela tomou a iniciativa da separação.

"Vamos falar sobre o que vocês querem", eu disse em nossa primeira sessão.

"Não tenho certeza", Mark respondeu. "Não penso sobre isso com muita frequência."

Sua resposta me surpreendeu, embora eu encontre muitas pessoas que dão muito pouca atenção à sua vida interior.

"Esse é o problema", Tricia interrompeu. "Como poderemos voltar a ficar juntos se ele não pensa no que quer nem no que eu quero?"

"Boa pergunta", eu disse, devolvendo-a para Mark. "Você realmente não tem ideia do que espera do seu casamento?", perguntei. "O que achou de ficar separado por dois anos? Você quer se reconciliar?"

"Não tenho certeza", ele disse de novo. "Suponho que eu deveria saber, mas não sei. Quando penso em voltar com a Tricia, me sinto confuso. Então, paro de pensar nisso."

"Vamos voltar e conversar sobre o que os levou a se separar", eu disse, esperando que reviver um pouco do passado ajudasse a despertar os sentimentos que os havia levado à separação. "As coisas não estavam indo bem na época e algumas coisas precisam mudar agora para que vocês dois queiram estar juntos de novo."

Ouvi a história de Mark e Tricia com muita atenção, e ela mostrava que o casamento acabara lenta e persistentemente enquanto suas carreiras decolavam. O tempo que investiam na busca profissional, somado às responsabilidades de criar três filhos, criou uma divisão entre eles. Mais importante, eles pararam de compartilhar seus sonhos e desejos do coração um com o outro. A comunicação assumiu um caráter funcional apenas – morta, limitada e superficial.

Acompanhar Tricia e Mark foi como vasculhar uma antiga livraria e descobrir livros raros empoeirados. Após tirar as camadas do tempo e das defesas, exploramos quem eles eram, que tipo de pessoas haviam se tornado e o que precisavam e esperavam um do outro para se tornarem novamente amigos.

"Costumávamos ser amigos íntimos, até mesmo almas gêmeas", Tricia disse com nostalgia. "Eu gostava das capacidades de Mark e de seu intelecto apurado. Costumávamos ter longas e profundas conversas sobre assuntos internacionais. Passávamos horas falando sobre teologia e rindo de coisas engraçadas que haviam acontecido durante o dia. Quero compartilhar isso de novo com ele. Não quero me sentir como se não estivesse à altura, que foi o motivo por que me separei."

"Você sabe quais são os sonhos e as paixões dele?", perguntei a Tricia.

"Humm", Tricia murmurou lentamente. "Essa é uma boa pergunta. Minha primeira resposta seria sim, mas, pensando bem, não tenho certeza. Mas gostaria de saber."

"Isso soa convidativo para você, Mark?", perguntei. "Você sente falta da amizade que tinha com Tricia?"

Segurei a respiração enquanto ele pensava sobre a resposta que daria.

"Acho que seria legal", ele disse lentamente. "Mas é um esforço pensar dessa maneira depois de estarmos afastados por tanto tempo. Há um enorme distanciamento entre nós. Estou acostumado a suprir minhas próprias necessidades agora."

"Sim, dois anos é um longo tempo", eu disse, "e você admitiu que havia tensão antes da separação. Por isso, vai dar um pouco de trabalho criar uma ponte entre vocês de novo. Mas não há razão para isso não ser feito."

"Não sei o que eu quero", Mark disse de novo. "Então, é difícil saber como agir, e sei que Tricia fica impaciente com essa resposta."

"Sim, mas você está aqui", eu disse. "Sugiro que falemos sobre as coisas boas que você desfrutou com Tricia no passado e vejamos se podemos elaborar algo a partir delas. O que acha disso?"

Mark consentiu, acenando com a cabeça. Tricia olhou para Mark e sorriu.

Enquanto conversávamos, Mark descobriu como havia feito Tricia se afastar. Ele descobriu que não gostava de conflitos e apesar de ter sido tão crítico com Tricia, ele mesmo não gostava das críticas dela. Tinha medo de que ela o criticasse de novo.

Ao longo das semanas descobrimos que Mark e Tricia se sentiam vulneráveis um com o outro. Eles não sabiam como lidar com as críticas e com certeza não eram eficientes em comunicar suas necessidades. Lentamente, eles começaram a ficar animados, à medida que aprendiam a expressar suas paixões e desejos. Com o passar do tempo começaram a se abrir mais um com o outro, falando mais sobre seus sentimentos e sonhos.

Paixões do Coração

Sonhar também não era fácil para mim. Houve um extenso período de minha vida em que eu vivi o oposto do que Thoreau recomendou – eu estava sob pressão, ocupado, tenso e sociável. Vivia de fora para dentro e não de dentro para fora. Eu era praticamente um viciado em trabalho.

Naqueles anos eu era uma pessoa impaciente e impulsiva. Não estava conectado comigo mesmo. Por estar sempre tão ocupado, tinha pouco tempo para pensar e meditar, disciplinas necessárias para uma compreensão profunda de si mesmo. Eu não sabia o que significava tranquilidade.

PARE, OLHE E ESCUTE

Permita-se desacelerar e preste atenção em seus pensamentos, ideias e desejos. A menos que aprenda a se ouvir, você terá dificuldades em ouvir de fato os outros.

Foi num período difícil da minha vida, no ápice de meu vício no trabalho, que eu tive um sonho assombroso. Eu literalmente pulei da cama e o anotei, e ele se tornou uma baliza para meu caminho dali em diante.

O sonho foi assim:

Eu estava trabalhando num bosque, com pó de serra embaixo das unhas por ter cortado lenha. Estava vestindo uma camisa de flanela vermelha e uma calça jeans presa com suspensórios vermelhos, largos. Estava suando bastante por causa do trabalho, respirando com dificuldade, quando de repente, no meio do trabalho, notei uma salamandra no chão.

Então, acordei gritando.

Imediatamente peguei o diário que deixava ao lado da cama. Intuitivamente eu sabia que esse sonho tinha uma importante mensagem para mim. Fiquei sentado quieto nas horas que antecediam a alvorada, pensando em cada aspecto do meu sonho.

Embora muitos possam interpretar o sonho de diferentes maneiras, eu só posso dizer o que ele significou e fez para mim.

Eu soube imediatamente que havia deixado uma parte importante da minha vida para trás – trabalhar na floresta e estar próximo da natureza. Para mim, cortar lenha sempre fora relaxante, primitivo e básico. Como os velhos lenhadores costumam dizer, dá para se esquentar três vezes com a lenha – cortando, empilhando e queimando. Com o tempo, eu havia parado esse *hobby*, uma vez que minha profissão, a continuação dos estudos e uma família para cuidar exigiam muito mais de meu tempo. Estar ocupado demais estava começando a me prejudicar, e eu precisava desencaixotar minha serra elétrica.

E o que dizer sobre ter serragem embaixo das unhas? Para mim, novamente isso representava o meu desejo de trabalhar com as mãos, fazendo alguma coisa que mexesse com a terra. A serragem também representava contato e identificação com a minha linhagem, visto que meus avós e bisavós haviam imigrado da Suécia para construir e trabalhar com serrarias. Eu havia caminhado pelas terras onde as serrarias ficavam, sonhando em ser um madeireiro como eles. Quando eu era menino, ficava olhando meu avô cortar as pranchas de madeira usadas na construção de casas. Eu precisava redescobrir aquele aspecto da minha natureza.

E o que a salamandra representava? Esse é o elemento no meu sonho que provocou lágrimas. As salamandras, como você deve saber, podem mudar de cor a fim de confundir os predadores. Para mim, a salamandra representava mistura de cores e uma mudança nas minhas "próprias cores". Eu tinha perdido minha identidade e características peculiares. Eu estava me tornando mais um na multidão, em vez de fazer o que Thoreau recomendou: acompanhar a música que eu estava ouvindo.

Como todos os sonhos interessantes, esse me marcou. Durante meses, até mesmo anos, ele ainda ressoava bem no meu íntimo. O sonho, no qual passei a acreditar, era uma mensagem *do* meu interior e *de* Deus para mim, tinha uma mensagem clara que me tocou lá no fundo do meu ser: *É hora, David, de desacelerar. Você está ocupado cuidando das necessidades de todos, mas tem negligenciado suas próprias necessidades. Você precisa voltar ao essencial. Precisa tocar a terra e trabalhar com as mãos: ver, cheirar e tocar algo que você mesmo fez. É hora de ouvir. Diminua o ritmo, suje um pouco as unhas de terra e serragem e entre em sintonia com o seu verdadeiro eu. Siga no seu ritmo natural, e não no ritmo que outros têm tentado lhe impor.*

É claro que o sonho não me deu um mapa perfeito de como retornar ao meu verdadeiro eu. Ele simplesmente despertou em mim um anseio por algo diferente. O sonho me disse que eu estava desviado do curso, mudando muito as cores e me deslocando no ritmo de outras pessoas. Era hora de parar um pouco e reconsiderar o rumo da minha vida e restaurar a ligação com uma parte de mim que eu havia perdido.

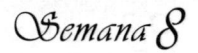

Maneiras de Ouvir

Por estar tão acostumado com a agitação, levou algum tempo para eu aprender a diminuir um pouco o ritmo. Afinal, nossa sociedade nem sempre favorece o autoconhecimento. Muitas pessoas acham que gastar tempo com reflexão e meditação é perda de tempo. Mas aqueles que entendem a dinâmica dos relacionamentos entendem melhor que a conexão com o outro, especialmente com o cônjuge, resulta de uma verdadeira conexão consigo mesmo.

Dag Hammarskjöld, ex-secretário-geral das Nações Unidas, fala a respeito disso com eloquência: "Quanto mais fiel em ouvir sua voz interior, melhor você ouvirá os sons exteriores. E apenas quem ouve consegue falar. Não será esse o primeiro passo no caminho para a união de dois sonhos – ter clareza de mente para espelhar a vida e pureza de coração para moldá-la?".[1]

Hammarskjöld está dizendo que é crucial conhecer sua própria voz para identificar o que você está sentindo e pensando. É ouvindo a si mesmo primeiro que você aprende a ouvir os outros. À medida que aprendemos a colocar as batidas de nosso coração em palavras, fica mais fácil ajudar o nosso cônjuge a verbalizar as suas.

Há apenas um modo de nosso cônjuge saber o que faz nosso coração acelerar – e devemos contar a eles! Em alguns momentos, e até mesmo em muitos momentos, devemos ser claros sobre o que nos estimula, nos move, nos apaixona.

Poderemos compartilhar com os outros somente quando já tivermos entendido isso claramente dentro de nós. Se não nos dedicarmos a ouvir o nosso próprio coração, como conseguiremos compartilhar os tesouros que há nele? Devemos conhecer os tesouros escondidos em nosso coração, e à medida que o

---

1 Dag Hammarskjöld, *Markings* [Marcas]. New York: Alfred A. Knopf, 1969, p. 13.

fizermos poderemos compartilhá-los com o nosso cônjuge. Almas gêmeas sabem o que sentem, pensam e querem porque se dedicaram a nutrir e alimentar o seu interior.

Ouça o seu íntimo

Hoje sonhar já faz parte da minha natureza. Consigo me sentar e ficar sonhando acordado por horas, meditando em como executar uma ideia nova, como ganhar um milhão de dólares, ou no título que meu novo livro terá – ou que meus próximos livros terão. Ter um diário me ajudou a sintonizar comigo mesmo, e eu pude descobrir o que penso enquanto ensino Christie a alimentar os meus sonhos. Já faz alguns anos que escrevo no meu diário, e tenho tentado até mesmo praticar a arte de escrever diariamente, conforme a proposta de Julia Cameron em *The Artist's Way*[2]. Cameron recomenda um método de escrita chamado páginas da manhã que eu achei bastante útil. De maneira bem simples, é a prática de escrever três páginas todas as manhãs. Escrevo qualquer coisa que venha à minha mente. Não estou tentando produzir nenhum texto brilhante, mas trazer à tona minhas preocupações, desejos, prazeres, desprazeres, arrependimentos e planos.[3]

Além do diário, outra prática minha é parar de vez em quando para ouvir os meus sentimentos. À medida que começa a fazer isso, ajuda bastante a identificar os momentos em que você sentiu paixão por alguma coisa. Pense no que faz seu coração bater mais forte. O que ocupa a maior parte de seus pensamentos? Quando você se sente totalmente otimista a respeito de algo?

Acredito no valor de conhecer os seus sonhos a fim de sentir e apreciar o rumo de sua vida, mas também como um meio de compartilhar com o seu cônjuge o que você considera importante. Não há nada que eu goste mais do que sentar tranquilamente com minha esposa e compartilhar novas ideias e possibilidades. Tenho prazer em ouvir as pessoas e as encorajo a sonhar alto e sempre.

---

2   No Brasil, *O caminho do artista,* publicado pela Ed. Ediouro.
3   Se quiser saber mais sobre a prática de escrever no diário de manhã, leia as páginas iniciais do livro de Julia Cameron, *O caminho do artista.*

Não desconsidere suas emoções

Outra maneira de se tornar mais consciente de seus anseios e paixões é admitir suas emoções. Mark e Tricia estavam confusos com a situação deles, mas a emoção tornou-se uma ponte ligando um ao outro. As emoções também são o ponto de partida para a autocompreensão.

As emoções são importantes. Emoções negativas geralmente são um sinal de que há algo de errado. A emoção é energia em movimento. Mas se temos negligenciado nossos sentimentos por muito tempo, essa energia fica acumulada e estagnada. As emoções são preciosas, valiosas e dirigem a nossa vida.

NÃO DESCONSIDERE OS SEUS SENTIMENTOS

Quando expressas, as emoções são energia em movimento; quando reprimidas, suprimem a energia a ponto de extingui-la.

As emoções também são uma das principais pontes que criamos um com o outro. Almas gêmeas compartilham facilmente suas emoções. A tristeza que eu senti no meu sonho sinalizou que meu coração estava sofrendo. Minha tristeza não era apenas uma pequena ferida, mas sim um luto pela perda do meu *eu*. Eu havia me transformado numa outra pessoa e estava com muitas saudades de mim mesmo.

Eu estava fazendo terapia na época e lembro-me de contar o sonho ao Dr. Hank, meu psicólogo, e falar sobre o que ele significara para mim. Ele não tentou interpretar o sonho, entendendo que apenas eu podia sentir e perceber o que significava.

Também compartilhei o sonho com minha esposa. Ela não tentou interpretá-lo, mas ouviu cuidadosamente, oferecendo sua compreensão e empatia. Esse sonho foi tão forte que até hoje Christie e eu conseguimos nos conectar um ao outro a partir dele. Ainda preciso vigiar para não perder o contato com a terra, ficar ocupado demais ou parar de me ouvir. As emoções do tipo que os sonhos geralmente causam nos ajudam a nos manter confiantes e também sintonizados um com o outro.

Devo dar espaço às minhas emoções. Assim como o café coado numa antiga cafeteira, as emoções precisam ser filtradas. À medida que passam pelo "filtro", elas tendem a se tornar mais claras, mais profundas, mais ricas. Sentar quieto com seus sentimentos faz você descobrir sentimentos por trás de sentimentos. Por trás de nossa ira muitas vezes há dor e tristeza. Por trás de nossa confusão encontramos ambivalência – sentimentos mistos sobre uma determinada pessoa, situação ou lugar. Há camadas para chegar até os sentimentos, assim como há camadas até os relacionamentos.

À medida que sondamos nossas emoções, aprendemos mais a respeito de nós mesmos. Na verdade, à medida que nos sentamos com nossas emoções, descobrimos que sabemos mais do que imaginávamos. Temos mais para compartilhar com o nosso cônjuge do que percebíamos.

Mark e Tricia precisaram passar algum tempo investigando para descobrir que pessoas haviam se tornado e como haviam se afastado um do outro. Como geralmente acontece, eles não tinham se afastado tanto a ponto de terem de se conhecer de novo – só era preciso um pouco de esforço. Mark ainda tinha muitas qualidades dormentes que haviam atraído Tricia no início do relacionamento e Tricia desenterrou qualidades que Mark também desejava.

Seja Vulnerável

Compartilhar os sonhos com o nosso cônjuge exige algo mais: vulnerabilidade. A cautela e a natureza experimental de Mark eram compreensíveis. Ele fora magoado quando criança e depois novamente quando foi rejeitado por Tricia. Ele não estava ansioso por se colocar numa posição em que pudesse ser magoado de novo.

Tricia também estava cautelosa, embora estivesse mais disposta a compartilhar prontamente suas necessidades com Mark. Para ser franco, ela estava mais em contato com seu eu vulnerável, pronta a fazer o casamento deles dar certo.

Compartilhar sonhos não é um trabalho necessariamente fácil. Você consegue imaginar a ansiedade que senti antes de contar meu sonho à minha esposa, sem falar no psicólogo? O que eles iam pensar? Quando revelamos os nossos sonhos, permitimos que os outros nos vejam sem nossas defesas. "Esse é o seu eu despido", meu sonho anunciou. "Isso é o que você realmente pensa, por trás de seus pensamentos conscientes." Compartilhar isso com alguém requer segurança, empatia e proteção – todos os elementos que discutimos no último capítulo.

Tanto Tricia quanto Mark estavam determinados a dar segurança um ao outro. Eles reconheciam a fragilidade do relacionamento deles e a importância de garantir proteção contra as críticas. Lentamente Mark começou a se abrir com Tricia. Ele começou a ensiná-la a alimentar os sonhos dele. Em uma de nossas primeiras sessões ele falou sobre um de seus desejos.

"Não quero trabalhar tanto. Estou disposto a diminuir o ritmo e a investir em nosso casamento. Realmente quero ter você como minha melhor amiga de novo. Sinto-me solitário em meu apartamento. Sinto falta de sentarmos juntos, ouvindo Linda Ronstadt e conversando sobre o nosso dia. Sei que você quer mais de mim e eu quero mais de você. Preciso que você esteja interessada no meu dia. Preciso que você se interesse pela minha paixão por viagens, pela música e por livros. Quero ler com você para podermos conversar sobre os livros, personagens e temas, como costumávamos fazer."

Tricia estava quieta, ouvindo extasiada enquanto Mark falava.

"Faz cinco anos que você não fala assim comigo", ela disse suavemente. "Claro, eu adoraria fazer essas coisas. Estou disposta a fazer tudo isso."

"Na verdade, eu não sabia que você se importava com o que é importante para mim", Mark disse.

"Ai!", foi a reação de Tricia.

"Não disse isso para magoar você, Tricia", Mark disse, "mas acho que ambos temos de aprender alguma coisa sobre como fazer o outro saber que nos importamos com o que pensa. Quero saber que você se importa com o que penso."

"Eu também quero isso", Tricia disse, colocando-se na defensiva.

"Então, vocês dois querem a mesma coisa. Isso é um ótimo começo", eu disse com entusiasmo. "Vamos conversar sobre como os casais conseguem fazer isso."

Tricia e Mark estavam aprendendo a ser vulneráveis um com o outro. Eles começaram a praticar o "como fazer o outro saber que eles valorizavam o que o outro pensava", e uma relação mais forte foi se desenvolvendo nesse processo. Foi muito interessante observá-los se tornarem melhores amigos de novo.

Melhores Amigos

Você pensa em ser o melhor amigo de seu cônjuge? Você já considerou que almas gêmeas são, acima de tudo, melhores amigos?

Ed Wheat, autor de *Love Life for Every Married Couple*[4], apresenta ensinos profundos de como ser amigo íntimo de seu cônjuge. Wheat nos lembra que a base da amizade entre almas gêmeas é o amor phileo.

Mas o que é amor *phileo*? Esse amor é ilustrado pelo relacionamento de Jônatas e Davi. "Surgiu tão grande amizade entre Jônatas e Davi que Jônatas tornou-se o seu melhor amigo" (1Sm 18.1b). Esses homens eram muito mais que amigos – havia um forte vínculo emocional entre eles que os tornava "irmãos".

Deus também ama com o amor *phileo*. "Pois o Pai ama ao Filho e lhe mostra tudo o que faz. Sim, para admiração de vocês, ele lhe mostrará obras ainda maiores do que estas" (Jo 5.20).

Wheat continua descrevendo o amor phileo mostrando como esse amor é a base do relacionamento entre almas gêmeas. "A terna amizade do amor *phileo* ganha maior intensidade e prazer quando faz parte do vínculo de amor multifacetado que há entre marido e mulher. Quando duas pessoas compartilham de si no casamento – sua vida, seus sonhos e tudo que são – desenvolvem esse amor de afeição mútua, concordância e companheirismo. Eles se importam um com o outro. Valorizam um ao outro. Isso é carinho!"

A amizade é a base a partir da qual você ensina o seu cônjuge a nutrir seus sonhos. Você investe no amor *phileo* para com seu cônjuge? Veja a seguir algumas ideias que podem promover a amizade, além de ensinar seu cônjuge a nutrir seus sonhos.

---

[4] Ed Wheat, *Love Life for Every Married Couple* [A vida amorosa dos casais casados]. New York: HarperCollins, 1980, p. 133.

ENSINANDO SEU CÔNJUGE A ALIMENTAR OS SEUS SONHOS — Semana 8

Diga ao seu cônjuge o que é importante para você. Lembre-se: seu cônjuge não consegue ler a sua mente. Faça-o saber o que você quer e necessita. Fale sobre seus sonhos, esperanças e desejos.

Diga ao seu cônjuge em que aspectos você gostaria de ser reconhecido. Embora isso pareça estranho, você deve pedir ao seu cônjuge para notar características específicas. Se você quer ser reconhecido por ajudar com as tarefas domésticas, diga. Se quiser reconhecimento pelos esforços que tem feito para dar um bom estudo aos filhos, deixe isso claro. Peça esse reconhecimento. Deixe claro ao seu cônjuge que você aprecia esse tipo de encorajamento.

Peça mais. Sim, você leu direito. Peça mais. Seja vulnerável e peça aquilo de que você precisa. Se você verbalizar seu pedido num tom carinhoso, é mais provável que haja receptividade e essa necessidade seja suprida.

Diga ao seu cônjuge que você também se interessa pelas necessidades dele. O interesse sincero também foi chamado de o ápice do amor. Demonstre seu interesse naquilo que interessa a seu cônjuge e peça o mesmo dele.

Compartilhe. Não existem atalhos para a amizade – é preciso compartilhar. Você deve compartilhar o que pensa, sente e quer. Deve compartilhar seus sonhos, medos, esperanças e opiniões. Embora às vezes isso seja difícil, e até mesmo assustador em alguns momentos, você deve compartilhar. Quando perceber que está se retraindo, pare para pensar no que está acontecendo. Será que é sábio nesta hora se calar ou você está começando a levantar uma parede entre você e seu cônjuge?

Essas atitudes podem ajudá-lo a se aproximar de seu cônjuge. Invista tempo em praticá-las, mais e mais. À medida que você honrar os sentimentos e pensamentos de seu cônjuge dedicando-lhe total atenção, ele irá compartilhar mais. À medida que você deixar claro que valoriza os sonhos dele, vocês terão mais sonhos juntos.

Aprenda a Pedir

Ensinar seu cônjuge a alimentar os seus sonhos em grande parte envolve fazer pedidos – algo que não é fácil para a maioria de nós. Quem tem de "se virar" na infância muitas vezes desenvolve um acentuado individualismo e não tem a mínima ideia de como pedir que alguma necessidade sua seja suprida. Muitos de nós somos iniciantes quando se trata de ensinar o cônjuge a respeito de como queremos ser tratados.

Se você é como eu, já foi magoado uma ou outra vez. Quando alguém nos fere, é natural afastar-se.

"Eu consigo me virar sozinho", dizemos. "Posso cuidar de mim melhor do que qualquer outra pessoa."

Mas será que isso é realmente verdade? Certamente soa bom na superfície. Porém, questiono a autenticidade dessa afirmação.

Recentemente conversei com a encantadora proprietária de uma loja varejista em Cape Cod, Massachusetts. Contei a ela que eu estava escrevendo um livro sobre almas gêmeas.

"Oh, não preciso que ninguém mais seja minha alma gêmea", ela disse entusiasticamente, "eu já sou minha própria alma gêmea."

Ela sorriu e ficou esperando minha reação. Fiquei sem saber o que dizer, em parte porque a declaração dela ia de encontro à tese do meu livro – a de que podemos ser a alma gêmea de outra pessoa.

A dona da loja, que aparentava ter quase sessenta anos, disse que era feliz solteira. "Ninguém consegue me tratar tão bem quanto eu mesma. Eu sou a minha melhor amiga."

Fui embora não muito convencido. Embora eu certamente queira ser amigo de mim mesmo, quero ainda mais que minha esposa seja minha melhor amiga. Embora eu queira sempre o meu bem, eu gosto mais quando minha esposa está doida de amor por mim, me mima com carinho e atenção e me diverte. As palavras daquela mulher não soaram verdadeiras para mim. Christie realmente consegue cuidar de mim melhor do que eu mesmo, e isso nos torna almas gêmeas ao longo do processo.

Será que a dona daquela loja e pessoas como ela foram magoadas um dia e decidiram não correr mais o risco de se envolver com alguém? Será que descobriram que sempre ficarão decepcionadas se esperarem que alguém supra suas necessidades? É possível.

Há um enorme risco em deixar de ser um mero cônjuge e se transformar em alma gêmea e esse risco envolve falar de que você precisa. Seu cônjuge não consegue adivinhar o que você está pensando. Mesmo o ouvinte mais atento não vai entender direito se você não explicar bem.

Então, o que eu ensinei a Christie sobre mim mesmo e os meus sonhos? Veja em seguida algumas coisas:

Como ela, adoro o mar.

Quero estar na água, sobre a água ou perto da água.

Adoro noites tranquilas e me aconchegar no sofá com ela.

Adoro crianças.

Adoro pensar em novas ideias para livros, falar sobre temas e maneiras de encorajar outras pessoas.

Quero passar mais tempo escrevendo, lendo, velejando e caminhando na praia.

Embora eu possa fazer todas essas coisas sozinho, cada uma delas ganha destaque quando é feita com minha alma gêmea. Mas para que qualquer uma dessas coisas aconteça com minha alma gêmea, preciso me arriscar a pedir algo. Como isso funciona?

- Pergunto a Christie se ela gostaria de velejar comigo.
- Pergunto a Christie se ela quer fazer uma caminhada comigo na praia.
- Peço a Christie que ela passe uma noite tranquila comigo, talvez perto da lareira, lendo um bom livro e aconchegados no nosso sofá.
- Peço a Christie que ela vá comigo visitar meu neto.
- Peço a Christie que ela se sente comigo para discutirmos algumas ideias para um novo livro.
- Pergunto a Christie se ela gostaria de fazer uma viagem comigo para um lugar onde eu possa escrever, nós possamos ler e caminhar na praia juntos.

Agora, dê uma olhada na minha lista de novo. Pense nos pedidos que eu fiz. Qual a probabilidade de Christie rejeitar algum dos meus pedidos, especialmente se forem feitos com um coração aberto e generoso? Suponho que ela vá atender alegremente a cada um desses pedidos e isso produzirá um relacionamento mais próximo e caloroso entre nós.

Espero que as peças do quebra-cabeça estejam se juntando para você. Essa oitava tarefa – ensinar o seu cônjuge a alimentar os seus sonhos –, junto com seu esforço em nutrir os sonhos dele, torna possível a criação de uma forte conexão entre vocês. Essa ligação dinâmica, vibrante é experimentada por poucas pessoas, apesar de estar acessível a todos.

O que existe por trás da atitude de compartilhar sonhos que une os corações de um casal? Creio que seja a profundidade que é atingida no relacionamento ao compartilhar. Quando converso com minha esposa sobre as coisas que fazem o coração dela bater acelerado, criando um ambiente tranquilo e seguro para ela sonhar, e ela faz o mesmo por mim, tocamos um ao outro mais íntima e profundamente do que em qualquer outro momento. Essa é a grande diferença entre ser um casal e ser almas gêmeas.

Almas gêmeas são capazes de terminar as frases um do outro. Por quê? Porque sabem o que o outro pensa. Almas gêmeas antecipam as necessidades um do outro. Por quê? Porque passam tempo juntos na intimidade e sabem o que é importante um para o outro. Almas gêmeas atravessaram as camadas de proteção, escolheram a vulnerabilidade e depois encorajaram seu cônjuge a sonhar mais alto do que jamais imaginaram. Lembre-se: quando motivamos nosso cônjuge a sonhar, crescemos nesse processo.

Questionário Semanal

Para poder ensinar seu cônjuge a nutrir seus sonhos, você precisa antes identificar esses sonhos dentro de você. Como está se saindo na tarefa de reconhecer e honrar seus próprios sonhos? Muitas pessoas lutam para se permitir sonhar. Não é nada surpreendente, então, que tenham tanta dificuldade em pedir que seus cônjuges alimentem seus sonhos. No entanto, compartilhar os sonhos um com o outro e alimentá-los é uma maneira poderosa de se conectarem.

Como você lidaria com a seguinte situação?

Você tem desejado secretamente ter uma profissão em que possa trabalhar com crianças, talvez sendo um professor. Você se sente inseguro, sem saber se esse desejo é viável, uma vez que nunca trabalhou nessa área antes. Você:

a) Guarda o sonho para si mesmo, temendo soar tolo ou com medo de que seu cônjuge o critique.
b) Compartilha suas ideias com seu cônjuge, confiante de que ele lhe dará uma opinião sincera e cuidadosa ou apoiará você.

COLOCANDO EM PRÁTICA

1. Se você não se julga capaz de verbalizar os seus sonhos, experimente tentar a técnica de escrever num diário, descrita na página 166. Você não precisa fazer isso todos os dias; porém, é provável que fique surpreso ao descobrir que essa técnica o ajudará a expressar os seus sonhos e esperanças para o futuro.
2. Compartilhe um sonho que você teve enquanto dormia e que ainda vem à sua mente com frequência.
3. Ouvir e apoiar o sonho de seu cônjuge às vezes é mais fácil do que compartilhar os seus próprios sonhos. Se esse for o seu caso ou o de seu cônjuge, discutam as razões por trás dessa relutância. De que maneiras vocês podem apoiar melhor os sonhos e esperanças um do outro?

Semana 9

DAR O MELHOR DE SI PARA RECEBER O MELHOR DE SEU CÔNJUGE

É preciso estar apaixonado para que haja uma mudança na maneira como vemos as coisas. Então, o que era igual torna-se completamente diferente.
– *James Hillman*, O Código da Alma

SINAIS DE QUE O SEU MELHOR PRECISA SOMAR-SE AO MELHOR DO SEU CÔNJUGE

1. Você encara sua casa mais como uma área de descanso na rodovia do que como um hotel quatro estrelas.
2. Sua comunicação com seu cônjuge é tão significativa e profunda quanto sua conversa com o atendente de um *drive thru* que você não vê.
3. Civilidade? Isto tem alguma coisa a ver com a guerra entre os Estados[1]?
4. Seu cônjuge tem muitas qualidades maravilhosas, mas por que será que elas só aparecem quando há outras pessoas em volta?
5. Você ainda não consegue acreditar que seu cônjuge contou aquela história tão constrangedora sobre você na última festa da empresa.

Embora eu adore ler livros sobre a arte de escrever, como *O Caminho do Artista*, de Julia Cameron, *On Writing [Como escrever]*, de Stephen King, e *Bird*

---

[1] Referência à Guerra da Secessão - como é conhecida a Guerra Civil ocorrida nos Estados Unidos de 1861 a 1865, entre os Estados do sul e os do norte.

by Bird [Pássaro a pássaro], de Anne Lamott, recentemente desenvolvi a apreciação por livros sobre design de interiores, especialmente aqueles que falam sobre como criar um ambiente acolhedor e que nutre amizades.

Esta inclinação surgiu de maneira inesperada, pois não tenho nenhuma habilidade com design de interiores. Na verdade, sou daltônico e tenho pouca noção de equilíbrio, formato ou *design* de uma casa. Não tenho nenhuma apreciação por texturas, luzes ou qualquer outra particularidade relacionada à decoração e entretenimento.

No entanto, consigo perceber quando uma casa oferece calor, personalidade e cuidado. Reconheço quando uma casa é um lar e percebo quando as visitas são valorizadas. Sei quando as pessoas se sentem convidadas, bem recebidas e apreciadas, após terem passado uma tarde conosco.

Talvez esse interesse por *design* de interiores e ambientes tenha surgido do meu trabalho com o interior das pessoas, com o meu cuidado por suas almas. Talvez eu esteja mais sintonizado às pessoas e às coisas ao redor delas, já que gasto todo o meu dia de trabalho ajudando-as a fazer as pazes com seus mundos. Quero que as pessoas se sintam confortáveis ao meu redor enquanto trabalho com elas e, agora, com o meu interesse por interiores, estou também interessado em como elas vivenciam seus espaços pessoais.

A *designer* de interiores e autora Alexandra Stoddard primeiro me alertou a respeito dos pequenos toques pessoais que podemos adicionar à nossa casa para ajudar nossa família, amigos e convidados a se sentirem em casa. Stoddard deu-me novas ideias sobre como transformar uma casa num lar, maneiras de dar vida à casa e como tratar amigos especiais. Apesar de ter iniciado sua carreira de escritora escrevendo exclusivamente sobre *design* de interiores, muitos dos seus escritos hoje têm seu enfoque em relacionamentos pessoais e em maneiras de melhorar e avivar relacionamentos interpessoais. Ela defende o princípio de viver feliz todos os dias e acredita que os relacionamentos saudáveis melhoram nossa qualidade de vida. Por meio da leitura de seus livros tive a impressão de que todos os dias são alegres no lar de Stoddard e que todos são tratados como convidados. Não consigo ver ninguém lá correndo de um lado para o outro, comendo batatas dentro da embalagem ou derramando café enquanto sai correndo porta afora. Stoddard mostra outro estilo de vida – um estilo mais fino e bem-educado do que qualquer um de nós está acostumado.

Os escritos de Stoddard têm me influenciado grandemente, especialmente enquanto penso sobre a nossa nona tarefa: dar o melhor de si para obter o melhor de seu cônjuge. Quando o meu melhor se encontra com o melhor de Christie, coisas boas acontecem. Quando sou a melhor pessoa que consigo ser, completamente sintonizado com os meus sonhos, paixões e sentimentos e encorajo minha esposa a ser o seu melhor, agarrando-se aos seus sonhos, paixões e sentimentos, há uma forte conexão entre nós.

Ser o nosso melhor um com o outro significa viver além da nossa rotina corriqueira. O que você faria se fosse convidado a tomar um chá com a rainha da Inglaterra? Você não consultaria seu livro sobre etiqueta, se produziria todo e então iria, preparado para uma tarde animada e nobre?

Como Alexandra Stoddard, Christie é *designer* de interiores com dons semelhantes de hospitalidade, estilo e elegância.

Talvez eu tenha chegado atrasado à festa, mas antes de encontrar a Christie eu não sabia o que um *designer* de interiores fazia. Eu achava que eles apenas ajudavam clientes a escolher cortinas para os quartos e papel de parede para a sala de estar. Eu não imaginava que o que um excelente *designer* faz é ouvir mais que qualquer outra coisa a fim de trazer à tona o melhor das pessoas e de seus lares.

Gosto de ver a Christie em ação, decorando uma casa ou recebendo visitas. Eu a vejo capacitando pessoas a criar ambientes acolhedores em vez de simplesmente juntar alguns itens funcionais. Eu a vejo transformar um simples encontro num evento especial fazendo com que cores, texturas, gostos e sons se unam de forma harmoniosa. Pelo fato de ela ter uma personalidade alegre e atraente, cada encontro transforma-se numa festa que deixaria Stoddard orgulhosa.

Recentemente recebemos nossos filhos já adultos para o café da manhã e oferecemos crepes. No entanto, não tivemos simplesmente crepes. Foi incrível! Tivemos morangos, amoras, framboesas, caldas e açúcares, assim como salsichas e suco de laranja. Para completar, a mesa foi decorada com tema praiano. Todos nós sentamos para um café da manhã festivo.

Reunidos para a refeição, todos nós sabíamos que deveríamos nos comportar bem. Este não era um evento qualquer em que você se serve de algo e se vai. Era mais como tomar chá com a rainha à tarde. Era como o baile da

Cinderela. Era um café da manhã no Tiffany. Todos nós sabíamos que deveríamos seguir um protocolo, todo inspirado por Christie.

Alguns de vocês podem estar pensando: Prefiro comer um cereal e sair. *Embora esta possa ser a sua preferência hoje, quero instigar você com crepes e suco de laranja. Você tem uma oportunidade em cada refeição, cada cumprimento, em cada interação para trazer à tona o melhor em você e no seu cônjuge – começando quando vocês se sentam para o café da manhã.*

CIVILIDADE

Mas pessoas reais não vivem assim! Quem no mundo todo diminuiria seu ritmo para tomar um café da manhã com sete pratos diferentes?

Você está certíssimo. Quando pessoas reais se levantam de manhã, elas geralmente se arrastam para o banheiro, reclamam de terem dormido pouco e saem rapidamente como se tivessem muito a fazer. Geralmente, vivendo além de suas posses, os casais estão estressados e tratam um ao outro como a um vizinho excêntrico de quem eles nunca gostaram e não como sua alma gêmea.

Os textos de Stoddard não são exatamente empolgantes. Ela não é demasiadamente eloquente e não diz nada surpreendente. Ela não choca, reverencia ou enfurece ninguém, mas me inspira ao defender o retorno da civilidade à nossa vida.

SEJA CIVILIZADO

Nossa sociedade não faz muito para encorajá-lo, mas dispor de tempo para tratar os membros da família com cortesia e respeito geralmente os encorajará a tratá-lo da mesma forma.

Civilidade. Esta é uma palavra que talvez você não tenha usado há algum tempo. O que quero dizer com ela? Quero dizer ser educado, cortês e cuidadoso com as pessoas. Quero dizer trazer de volta um toque de formalidade, distinção e classe à nossa vida. Significa expressar interesse pelas pessoas.

Em seu livro, *The Civility Solution*, P. M. Forni nos diz que precisamos confrontar a falta de civilidade de forma assertiva, porém de maneira não agressiva. A falha em fazê-lo, diz ele, assegurará a continuidade do comportamento destrutivo. Ensinamos as pessoas como devem nos tratar. Permitimos que saibam direta e indiretamente o que podem ou não fazer quando interagem conosco.[2]

Mas como a civilidade é demonstrada nos relacionamentos? Como podemos cultivá-la enquanto tentamos trazer à tona o melhor em nosso cônjuge?

Forni sugere que quando agimos com civilidade, os outros agirão da mesma forma também. Quando esperamos que as pessoas nos tratem bem, elas geralmente o fazem. Quando confrontamos as pessoas por seus comportamentos agressivos e dizemos a elas como desejamos ser tratados, elas geralmente estão dispostas a nos tratarem bem. Quando nos deparamos com uma ofensa, ele sugere que relatemos o fato, informando a outra pessoa do impacto que causou sobre nós e pedindo que o comportamento ofensivo não se repita.

No ano passado, minha esposa e eu fomos ao Carnegie Hall, em Manhattan, para a cerimônia de graduação do nosso filho, que se formou em Medicina. No dia anterior, a universidade ofereceu uma festa ao ar livre no campus.

Salgadinhos e bebidas foram servidos em tendas. O traje estabelecido para o evento era esporte fino, com os homens de camisa e blazer e as mulheres de terninho ou de vestidos. Todos sabiam exatamente como se vestir e se comportar – e foi o que fizeram!

Um pouco desacostumado a tal formalidade, observei as pessoas para ter dicas de como me comportar. Notei como andavam, seguravam suas bebidas e seus pratos; como se envolviam em conversas e as pequenas cortesias trocadas entre os convidados.

Este evento foi um pouco sufocante? Talvez, mas eu me diverti! Todos nós estávamos na nossa melhor aparência, agindo da melhor forma, tratando as pessoas com respeito. Foi uma lição de como se comportar com os outros.

---

2 P. M. Forni, *The Civility Solution*. New York: Sr. Martin's Press, 2008. No Brasil, *Pessoas gentis são mais felizes:* como agir quando alguém é grosseiro com você, publicado pela Ed. BestSeller.

Deixei aquela festa pensando o que aconteceria se trouxéssemos um pouco de formalidade e civilidade ao nosso casamento. Cheguei à conclusão de que estaríamos em uma situação muito melhor.

BOM COMPORTAMENTO O TEMPO TODO

Quando os cônjuges dão o seu melhor, seus relacionamentos são caracterizados por elegância e cortesia. Cônjuges que desejam ter o melhor comportamento que puderem o tempo todo sabem que o bom comportamento melhora os relacionamentos.

Este conceito não é científico. Sou a prova viva de que quando entro em casa à noite, aborrecido, melindroso e talvez até um pouco mesquinho, coisas ruins vão acontecer. Eu realmente já experimentei os dois caminhos: ser um cara legal, sensível às necessidades de Christie e cavalheiresco; e também agir de forma egoísta, insensível e até mesmo indelicada. Com certeza não preciso dizer quais foram os resultados.

Quando o melhor David surge, ele recebe uma recompensa maravilhosa de gentileza, sensibilidade e afeto. Estas são as qualidades que eu aprecio muito. Eu adoro quando a Christie me agradece por ser o melhor David que consigo ser. Eu adoro ser recompensado por um comportamento positivo.

No entanto, há duas questões que precisamos considerar. Primeira: não é tremendamente trabalhoso se comportar bem o tempo todo? Sim. Comportar-se bem o tempo todo requer atenção, concentração e refinamento das habilidades que você já possui. Mas você deve manter este comportamento em mente. Não acontecerá naturalmente até que se torne um hábito.

Muitos americanos ficaram presos à TV durante as Olimpíadas de 2008, ansiosos para ver se Michael Phelps ultrapassaria o número sem precedentes de medalhas conquistadas por Mark Spitz. Phelps participou da competição e o vimos em sua glória, tomando conta e derrotando os competidores como se não o fossem. Phelps pegou o seu talento natural e então praticou – e praticou – e alcançou a vitória. Pronto para o desafio, ele fez com que os rigores da competição parecessem fáceis.

Quando entrevistado, Phelps explicou que vinha praticando de quatro a oito horas por dia durante quatro anos. Uma das perguntas feitas a ele repetitivamente foi: "Não é difícil praticar o tempo todo?". Ele admitiu que o regime de prática para tornar-se o melhor era extenuante. Ele não esperava que fosse fácil, mas tinha sempre em mente o prêmio que receberia no final. Ele dedicou-se para ser o melhor nadador da história durante anos de disciplina rigorosa.

Embora "comportar-se bem" não seja um esporte olímpico, pelo menos não ainda, fico pensando em quantos de nós nos dedicaríamos a ser o melhor esposo ou esposa da história? Não vale a pena ter como alvo a medalha de ouro? Será que pelo menos nos importamos se somos vistos como um esposo ou esposa incrível?

Sim, é muito trabalhoso comportar-se bem o tempo todo. Sim, há uma quantidade enorme de trabalho. Mas vale a pena. É claro que na verdade você não conquistará uma medalha de ouro – apenas uma alma gêmea que o ama. Nada mal, se quiser minha opinião.

A segunda pergunta que talvez esteja se fazendo é: por que tenho de me comportar bem o tempo todo? Não há atalhos? Por que é tão importante comportar-se com dignidade, gentileza e talvez com um pouco de estilo e vaidade? Porque ser o seu melhor requer concentração, atenção e prática perfeita. Comportar-se bem em dois de quatro dias não é marco de uma alma gêmea e não ganhará o coração de uma alma gêmea.

Para ser uma alma gêmea e para estar com sua alma gêmea é preciso ser o seu melhor consistentemente. Ser o seu melhor precisa estar no lóbulo frontal do seu cérebro – aquela parte da nossa anatomia que faz com que nos lembremos das tarefas importantes do dia. Enquanto nos relembramos por que estamos fazendo o que estamos fazendo, manteremos a motivação para continuarmos agindo assim. É necessário ter o foco "a laser" para ser a melhor pessoa que puder, dedicada a ser respeitosa, amorosa, gentil e generosa. Essas são as características de uma alma gêmea e que certamente ganharão o coração – seu prêmio – de sua alma gêmea.

Onde está a gentileza?

Um jovem casal que estava passando por conflitos veio falar comigo recentemente. Darcy estava casualmente vestida de jeans e blusa, conversando animadamente com Ken quando entrei na sala de espera. Ken, um homem corpulento vestindo calça jeans e moletom, levantou-se e aproximou-se de mim com uma atitude expansiva, quase que amigável demais.

Enquanto tomavam seus lugares em meu escritório, eu lhes perguntei o que os trazia ao aconselhamento. Ambos com vinte e três anos de idade e casados havia um ano, Ken e Darcy já tinham problemas.

"Temos o mau hábito de falar o que pensamos", disse Ken, sorrindo. "Ela se ofende facilmente e quando eu peço a ela para não se ofender, ela fica ainda mais brava. Eu não quero ofendê-la..."

Darcy olhou para Ken com olhar de reprovação pelo seu comentário.

"Qual a sua opinião, Darcy?", perguntei.

"Não vejo bem assim", disse Darcy, olhando com austeridade para Ken. "Ambos dizemos coisas para magoar um ao outro quando estamos nervosos. Às vezes, até mesmo quando não estamos. Atacamos um ao outro por pequenas coisas. Isto está prejudicando nosso casamento."

"Sim", respondeu Ken. "Foi justamente assim que fui criado. Dizíamos o que vinha à nossa mente. Sei que isso não é desculpa. Preciso descobrir por que deixo escapar palavras ofensivas. Darcy é a última pessoa que quero magoar."

"Eu realmente me magoo, querendo ou não", disse Darcy.

"Então me afasto; não quero me distanciar de Ken, mas não quero que ele fale grosseiramente comigo. Na verdade, ele não é o único que fala o que vem à mente", disse ela, defendendo Ken. "Eu, às vezes, sou muito brusca."

"Ela, às vezes, tem a língua afiada", disse Ken. "Também não gosto quando ela me fere. Não é assim que queremos ser um com o outro."

"Então estou curioso", disse, "se nenhum dos dois gosta de ser brusco, por que continuam agindo assim?"

Ken olhou para Darcy e sorriu.

"Não nos interprete mal", disse Ken. "Não é assim o tempo todo. Quando as coisas estão bem, é tudo muito bom."

Darcy interrompeu: "E quando as coisas vão mal, elas vão muito mal. Nós realmente nos amamos. Somos bons um para o outro na maior parte do tempo. Mas conseguimos deixar escapar palavras horríveis rapidamente".

"Sim", eu disse. "Mas vocês não responderam à minha pergunta. Por que continuam falando de forma destrutiva e prejudicial?"

"Bem", disse Darcy timidamente, "pensamos que talvez o senhor pudesse nos esclarecer isso. Sabemos que estamos destruindo um ao outro apesar de nos amarmos. Não faz sentido. Fazemos isso repetitivamente, especialmente quando estamos com raiva. Então, fazemos isso ainda mais."

"Vamos conhecer a história de vocês e ver se conseguimos alguma pista por meio dela", sugeri.

"Ken, vamos começar com você."

Ken explicou que vem de uma família de classe média do interior. Seu pai era motorista de caminhão e sua mãe trabalhava na escola da cidade como substituta. Ele tem três irmãos. Seu pai teve problemas com álcool e ocasionalmente havia violência entre seus pais. A linguagem usada por todos da família era variada e vigorosa.

"Ninguém se importava muito se estava ferindo os sentimentos do outro", disse Ken, impetuosamente. "O esperado era que superássemos aquilo. Éramos espalhafatosos, mas carinhosos. Tivemos muitos momentos bons e alguns ruins."

"Você consegue reconhecer algo na forma como foi criado que possa explicar por que fala com a Darcy da forma como fala?"

NEGLIGÊNCIA INVOLUNTÁRIA

Muitos casais nunca presenciaram seus próprios pais demonstrando cortesia um ao outro, consequentemente eles tendem a ser informais e descuidados em suas próprias interações com seus cônjuges.

"Eu posso", disse Darcy rapidamente. "Quando estamos na casa deles é um caos. Todos falam e ninguém ouve. As pessoas são magoadas o tempo todo apesar de ninguém falar sobre isso."

Ken encolheu os ombros.

"Você não concorda?", perguntei, olhando para Ken.

"Falamos o que pensamos", disse ele. "Como já disse antes, falamos a verdade, só isso."

"E as pessoas são magoadas", disse Darcy. "Você acha que sua mãe não fica magoada com o seu pai?"

"Sim, com certeza fica", disse Ken relutantemente.

"E a sua família?", perguntei, olhando para Darcy.

"Bem, eu...", disse ela. "Nosso lar nunca foi um mar de rosas, isso eu posso garantir. Meu pai nos deixou quando eu tinha oito anos; fui criada por meus avós e, às vezes, por minha mãe. Eu e meu irmão tínhamos de nos virar sozinhos a maior parte do tempo. Aos dezessete anos comecei a morar na rua. Se não tivesse encontrado Ken, não sei onde estaria agora."

"Então você não aprendeu muito sobre como tratar uma pessoa", eu disse.

"Não aprendemos a ser gentis e amorosos, especialmente quando há conflito", Darcy acrescentou. "Isso é tudo muito novo para mim."

"Muitas pessoas apenas dizem o que vem à mente", eu disse, "porém isso é contrário aos ensinamentos das Escrituras sobre falar a verdade em amor e tratar um ao outro com honra e dignidade. E vocês podem ver o resultado de falarem o que sentem."

Darcy e Ken estavam prontos para uma mudança. Eles precisavam aprender a falar de maneira respeitosa, no entanto isso não viria naturalmente.

Vamos nos concentrar nos fatores que contribuíram para os problemas de Darcy e Ken e os impediram (como muitos outros casais) de se tornarem almas gêmeas. À medida que formos revisando estas características, considere quais delas podem estar presentes em seu casamento.

Atitudes descuidadas. Ken e Darcy foram com certeza produtos de sua criação. Não tanto pelo fato de terem sido negligenciados como crianças; é que simplesmente nunca lhes ensinaram a arte de falar de forma clara e carinhosa.

Em Efésios 4.15 o apóstolo Paulo nos incita a "falar a verdade em amor", sugerindo que é possível dizer *tudo* de maneira que eleve uma conversa, em vez de empurrá-la para baixo. Há uma maneira de abordar a outra pessoa sobre qualquer assunto, transmitindo a seguinte ideia:

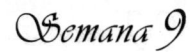

- Vou respeitar você.
- Não serei condescendente ou depreciador.
- Vou tratar você com dignidade.
- Vou ser claro com você sobre o que sinto, penso e quero.
- Não vou xingar você, dizer o que pensar ou causar divisão desnecessária entre nós.

Ken e Darcy não estavam seguindo estas regras. Na verdade, eles não tinham nenhuma regra. Eles não tinham como alvo e intenção tratar um ao outro com respeito. A atitude descuidada deles estava prejudicando seu relacionamento. Quando perceberam o quanto esta atitude estava custando ao seu casamento tão recente, decidiram mudar.

Um viver descompromissado. Era de esperar que Ken e Darcy tivessem uma atitude tão descompromissada a respeito de seu estilo de comunicação. Como muitos casais, eles estavam levando a vida de forma descompromissada – o que significa que passavam de um momento a outro inconscientes da conexão entre eles. Não refletiam sobre as consequências de suas ações e certamente não planejavam antecipadamente. Eles não tinham uma visão sobre como queriam que seu relacionamento fosse ou passasse a ser e, consequentemente, vagavam a esmo. Somente quando o relacionamento começou a se deteriorar foi que viram na prática o estrago que viver dessa forma pode causar.

Em meu livro *Are You Really Ready for Love? [Você está realmente pronto para o amor?]* defendo a importância de viver intencionalmente. Falo sobre a importância de ter um mapa, não somente para sua vida, mas também para sua vida amorosa.

Aonde você quer que seu relacionamento chegue? Em que direção você está caminhando no momento? Você precisa que o relacionamento tome um novo rumo?

Estas questões o ajudarão a viver intencionalmente. Elas o ajudarão a diminuir o ritmo, a parar, se necessário, e a redirecionar o curso. Ken e Darcy certamente precisavam reconsiderar a direção de seu casamento. Se eles continuassem vivendo movidos pelo impulso, sendo agressivos no falar e falando o que viesse à mente, continuariam magoando um ao outro.

Perda da confiança. Quando você não tem certeza daquilo que o seu cônjuge vai dizer ou quando ele vai explodir com você, haverá pouca confiança entre os dois. Se você não tem certeza se será sempre tratado com dignidade, sua confiança em seu cônjuge será afetada. Se não estiver absolutamente convencido de que seu cônjuge agirá sempre com amor, você estará sempre na defesa. O amor de almas gêmeas não pode crescer nesta atmosfera de incerteza, desrespeito ou de falta de confiança.

Thomas Moore, autor do livro *O Que São Almas Gêmeas*, aborda esse assunto. Ele fala sobre os desafios inerentes aos relacionamentos em que há momentos confusos de traição, perda de confiança e dúvidas subsequentes sobre respeito. Ele diz: "Não é fácil expor a sua alma à outra pessoa, arriscar tal vulnerabilidade, esperando que a outra pessoa seja capaz de tolerar sua própria irracionalidade. Ser receptivo, enquanto o outro revela sua alma a você, pode também ser difícil, independentemente do quanto você tenha a mente aberta".

Moore, então, oferece-nos esperança: "No interior de um indivíduo, (...) a intimidade requer amor e aceitação dos lugares menos racionais da alma... Ao honrar este aspecto irracional e extremo da alma, temos muito menos expectativas de perfeição, em nós mesmos e nos outros".[3]

Perda de respeito. A premissa de Moore de que um pouco de confusão é inevitável precisa ser aceita com cautela – não podemos presumir que nosso cônjuge será paciente e compreensivo, dizendo-lhe, como Ken disse a Darcy, para não levar suas palavras duras para o lado pessoal. Esse argumento pode funcionar uma ou talvez até duas vezes, mas mais cedo ou mais tarde levará a uma profunda falta de respeito.

Devagar, traiçoeiramente, barreiras se erguerão. Em determinado momento os cônjuges decidem que não querem mais estar expostos à ofensa. Eles criam um distanciamento – um distanciamento palpável.

---

3   Thomas Moore, *Soul Mates*, p. 30-32. No Brasil, *O que são almas gêmeas*, publicado pela Ed. Ediouro.

Perda da dignidade. A cada acesso de raiva ou palavra dura proferida, a dignidade do nosso cônjuge é minada. Uma palavra dura aqui, um comentário sarcástico ali – tudo isso demonstra falta de respeito.

É óbvio que isso vai completamente contra as Escrituras e contra o que, creio, a maioria de nós realmente valoriza. A maioria de nós, se confrontados, concordaria que fomos criados em e para a dignidade. Apesar de o sarcasmo e as palavras duras terem se tornado comuns no relacionamento de Ken e Darcy, no fundo eles reconheciam que estavam prejudicando a dignidade um do outro – tendo eles expressado isso em palavras ou não.

Até mesmo quando outros nos magoam, a maioria de nós diria que não temos o direito de magoá-los também. Mesmo quando somos traídos, a maioria não assume o mesmo nível de infidelidade, por mais que sejamos tentados a fazê-lo. A vingança pode estar em nossa mente, mas provavelmente não em nosso repertório ideal.

Li recentemente a história de amor de Elizabeth Barret Browning. Criada em uma família próspera do século XIX, numa área rural da Inglaterra, ela pertencia a uma família afetuosa. Porém, quando completou quinze anos, adoeceu. A vida tornou-se mais difícil quando sua mãe faleceu deixando doze filhos. Seu pai não permitiria que nenhuma de suas filhas se casasse. Aparentemente, Elizabeth entregou-se à sua doença e passou a maior parte do seu tempo de cama, determinada a nunca amar nenhum homem.

Entretanto, tudo mudou quando ela tinha trinta e nove anos. Susan Baur compartilha sua versão da história de amor em *The Love of Your Life*[4]. "Então, na penumbra de seu quarto de enfermaria entrou o poeta de trinta e três anos de idade, Robert Browning, preparado para adorar tanto a ela como à sua poesia." Apesar de ser admirador de seus escritos à distância, quando se encontrou com ela e o relacionamento entre eles tornou-se mais profundo, Browning apaixonou-se pela pequena Elizabeth de cabelos negros. Pouco tempo depois ele já

---

[4] Susan Baut, *The Love of Your Life* [*O amor da sua vida*]. Naperville, IL: Sourcebooks, Inc., 2002, p. 88-89.

falava em casamento, sugerindo que ambos poderiam se mudar para a Itália e escrever poesia juntos.

Como podemos imaginar, esta foi uma oferta irresistível. O pai de Barret, no entanto, não ficou tão animado com a ideia. Ele opôs-se duramente a esta amizade.

Ainda assim, Browning teve um efeito poderoso e crescente sobre Barret. "Embora inicialmente relutante em seguir seu coração e ir contra os desejos de seu pai, pouco a pouco a poetisa inválida começou a se ver mais como Browning a via e menos como seu pai a via."

É maravilhoso ver a mudança causada nela. A Elizabeth sem amor é muito diferente da Elizabeth apaixonada. Quando tratada com dignidade e respeito, Elizabeth Barret tornou-se mais forte, saudável e corajosa. Ela se casou com Browning. "O amor de uma vida deu início a mudanças tão radicais", escreve Baur, "que inevitavelmente quebra laços anteriores inesperados e dolorosos."[5]

Eles usufruíram de um casamento que perdurou até a morte de Elizabeth, quinze anos mais tarde. "Amo-te com sorrisos e lágrimas de preces!", ela escreveu. "E, assim Deus o quisesse, ainda mais te amaria depois da morte."[6]

A família Browning nos oferece inspiração – podemos acrescentar um pouco desta majestade e dignidade ao nosso casamento? Você acrescentará dignidade ao seu casamento?

Acomodar-se ao status quo. A família Browning parece ter tido uma visão mais elevada do casamento do que muitos de nós temos hoje. Com uma elevada visão estabelecida, eles esperavam contribuir muito ao relacionamento e, consequentemente, sabiam que receberiam muito em troca. Em contrapartida, Ken e Darcy entraram no matrimônio sem considerar como poderiam construir um relacionamento mais saudável do que aquele construído por seus pais.

Dizem que temos uma expectativa alta de nosso casamento. Pensando bem, eu sinceramente discordo disso. Acredito que na maioria dos casos esperamos muito pouco. Estamos, muitas vezes, desejando permitir que nosso casa-

---

5   Ibidem, p. 91.
6   Ibidem, p. 90.

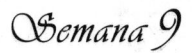

mento fique à deriva. Temos a tendência a dar golpes baixos em vez de ter alvos elevados.

NÃO SE CONFORME COM O *STATUS QUO*
Nosso mundo tão impessoal e de ritmo acelerado faz muito pouco para reconhecer o valor das pessoas. No entanto, o lar deveria ser um lugar onde a dignidade de cada membro da família é afirmada e celebrada.

E se tivéssemos de suportar mais para poder ter o ser amado? E se tivéssemos de esperar, conquistar, sofrer para ganhar a mão do ser amado? Nosso casamento então teria a magia com a qual sonhamos; um amor de almas gêmeas?

Egoísmo. *O amor "não maltrata", o apóstolo Paulo escreveu no capítulo 13 da primeira carta à igreja de Corinto, que é intitulado o capítulo do amor. "Não procura seus interesses, não se ira facilmente, não guarda rancor" (1Co 13.5).*

Essas palavras sempre me fizeram parar para pensar. Se o amor não maltrata e eu maltrato, o que isso tem a dizer sobre mim? Se o amor não busca os seus próprios interesses e eu busco os meus, o que isso tem a dizer sobre mim?

As palavras de Paulo são penetrantes porque nos desafiam a deixar a nossa inclinação natural para entrarmos no mundo do amor ⁻ que é um mundo diferente. Este novo mundo, onde somos transformados pelo amor de Deus e de nosso cônjuge, é um mundo onde não somos mais egoístas. Nós realmente queremos o melhor para o nosso cônjuge. E queremos oferecer a ele o nosso melhor. Na verdade, se não queremos dar o nosso melhor ao nosso cônjuge, precisamos nos perguntar se realmente o amamos.

O apóstolo João baseia-se no ensino de Paulo: "Se, porém, andarmos na luz, como ele está na luz, temos comunhão uns com os outros, e o sangue de Jesus, seu Filho, nos purifica de todo pecado" (1Jo 1.7). Se estivermos cheios do amor de Deus, seremos transformados. Nós não mais tentaremos desejar por nós mesmos amar o nosso cônjuge, mas o amaremos porque somos amados por Deus. Nosso amor, de certa forma, é um ato de obediência, pois se concretiza quer queiramos quer não. Nem Ken, nem Darcy nunca tinham presenciado esta forma de sacrifício pessoal em seus lares enquanto cresciam. Era de esperar que caíssem nos velhos padrões ao estabelecerem seu próprio lar.

Almas gêmeas estão sintonizadas aos seus cônjuges, buscando formas de amá-lo, encorajar seus sonhos e trazer dignidade à sua vida. Este amor não é doloroso nem incontrolável, mas exalta o doador assim como o destinatário.

Atarefados demais. Dar o melhor de si ao outro significa que temos de encontrar espaço para o amor, fazendo com que outras atividades tomem um lugar de menor prioridade. Isso, no entanto, é contrário ao que pode parecer natural. Afinal, muitas coisas na nossa vida clamam por atenção. Corremos de um lado a outro, atarefados demais, realizando muitas tarefas, inclinando-nos a isto ou aquilo, enquanto o amor fica em segundo plano. Como podemos dar o nosso melhor a qualquer coisa que seja ⁻ desde nossa vocação até os assuntos do coração ⁻ se não a tratamos como importante? Fico muito feliz por Ken e Darcy terem me procurado no início do casamento, antes que as pressões da carreira e filhos tornassem ainda mais difícil para eles reservarem tempo um ao outro.

Os assuntos do coração precisam de cuidados. Os relacionamentos precisam de constante estímulo e não de atenção esporádica. O excesso de tarefas e o cuidado dispensado à sua alma gêmea não coexistem facilmente.

Excessivas vezes em meu casamento tentei encaixar meu relacionamento nos "recônditos recantos" da minha vida ⁻ e meu casamento refletia isso. Quando ofereço as sobras para a minha esposa, ela percebe. Quando ela oferece as sobras para mim, eu também não gosto.

Você tem dado lugar em seu relacionamento para que o amor aflore? Há outras coisas, atividades ou até mesmo comportamentos compulsivos que precisam ser controlados para dar lugar ao amor?

Trazendo de Volta o Estilo

Estilo. Agora sim, está aí uma palavra que aposto que você nunca tinha ouvido associada ao casamento. Estilo é o que transformou atores em lendas do passado, como Cary Grant, Lauren Bacall, Frank Sinatra, Peter Lawford e Grace Kelly. Essas pessoas evocaram imagens de classe, de estilo.

Embora eu não esteja de forma alguma sugerindo que cada uma dessas pessoas tivesse condições de sustentar na vida real a sua imagem televisiva, há, porém, algo a ser aprendido com as imagens que representaram na tela de indivíduos amorosos, cuidadosos e sensíveis. Tal estilo e dignidade são evidentes nos casamentos de almas gêmeas.

O que quero dizer com estilo?

- O estilo carrega consigo um sinal de formalidade sem se tornar engessado.
- O estilo carrega consigo um toque de suavidade e cortesia sem se tornar frio e reservado.
- O estilo carrega consigo a presença de respeito sem a sugestão de presunção.
- O estilo carrega consigo a presença de distinção sem se tornar distante.
- O estilo carrega consigo um pouco de flerte, brincadeira e leveza sem se tornar arriscado.

Quando penso em estilo no contexto do casamento, lembro-me com carinho do relacionamento de Jack e Evelyn Boyd. Jack faleceu há alguns anos após ter trabalhado cinquenta anos no ramo de mercearia. Evelyn aposentou-se após uma longa carreira como enfermeira.

UM ATO DE CLASSE

Nunca subestime o poder de dois cônjuges sendo gentis e elegantes em suas interações. Não somente serão beneficiados, mas outras pessoas vão parar para observar.

Ambos sempre tinham um sorriso pronto, um toque gentil e espontâneo para oferecer um ao outro.

Ao conhecer o casal Boyd por meio de círculos profissionais, nossa família logo se tornou amiga deles (na verdade, nossos dois filhos os consideravam como avós adotivos). Embora perceptivelmente pertencentes à classe média,

Jack e Evelyn viviam como realezas. Eles tratavam um ao outro com profundo respeito, sempre exibindo polidez e dignidade. Lembro-me de muitas noites em sua casa onde cada refeição se tornava em evento. A Evelyn adorava colocar os nomes dos convidados em placas de cerâmica em frente às louças quando eram recebidos para uma das refeições *gourmets* de sete pratos do Jack. Com apenas um toque de formalidade eles faziam com que nossa família e outros convidados se sentissem especiais.

E se reintroduzíssemos um pouco dessas características no nosso casamento? E se deixássemos de tratar nosso cônjuge como alguém comum e, em vez disso, acrescentássemos um pouco de garbo? Você gostaria de ser tratado como um príncipe ou princesa? Eu, com certeza, gostaria – e sou!

Nosso Melhor – Juntos

Quando o seu melhor se une ao melhor do seu cônjuge, algo poderoso chamado *potenciação* ocorre. Os profissionais da área médica e empresas farmacêuticas geralmente usam este termo para descrever a ação que ocorre quando uma droga combina com outra criando algo mais poderoso do que cada uma delas separada. Da mesma forma, seus esforços enquanto casal, de dedicar-se a oferecer um ao outro o seu melhor, podem elevar exponencialmente os benefícios que tal atitude trará ao seu casamento.

A combinação das suas melhores características com as melhores características do seu cônjuge cria algo mais poderoso e interessante do que aquilo que cada um tem a oferecer individualmente. Esta verdade é universal, ultrapassa a barreira do tempo e não deveríamos ficar surpresos com essa possibilidade no casamento. Deus originalmente disse que o homem não deveria ficar só e criou uma ajudadora para ele. Homem e mulher, juntos, refletem a imagem de Deus.

Potenciação é um conceito poderoso. Representa a imagem de dois rios se encontrando. Há, geralmente, um pouco de turbulência quando isso acontece, mas ao final eles geram uma força superior àquela que cada rio tem. O mesmo ocorre quando o seu melhor se une ao melhor de seu cônjuge.

Considere novamente o casamento de Robert e Elizabeth Barret Browning. Embora ambos fossem bons poetas, os críticos creditam ao casamento a força que gerou o melhor em cada um deles. Eles adoravam um ao outro e desse afeto fluiu encorajamento mútuo e uma crítica gentil aos seus escritos. Além disso, a mudança para a Itália abriu novos mundos para Elizabeth, expandindo grandemente o material com o qual ela tinha de trabalhar. Quanto a Robert, praticamente desconhecido na época de seu casamento, tornou-se um dos poetas vitorianos mais respeitados. Após sua morte em 1889, ele foi homenageado sendo enterrado no Canto dos Poetas na Abadia de Westminster.

Você e seu cônjuge podem ou não viver um amor poético, mas isso não significa que não possam experimentar potenciação. Vocês podem colocar de lado o egoísmo, deixar a imaturidade e a presunção fora do relacionamento e escolher ser o melhor cônjuge que puderem. Se optar por trazer ao relacionamento o seu melhor, você encorajará seu cônjuge a fazer o mesmo. Juntos, vocês darão uma mistura formidável.

Questionário Semanal

Há lugar mais excelente para exibir o nosso melhor do que em nosso relacionamento conjugal? Quem merece mais o nosso melhor do que o nosso cônjuge? É no relacionamento conjugal que deveríamos exibir nosso melhor comportamento, apesar de isso não ser algo fácil de ser realizado.

Como você lidaria com as seguintes situações:

Você tem um jantar marcado com outro casal. Quando sua esposa desce as escadas, pronta para sair, você:

a) Diz a ela que demorou tanto para se arrumar que vocês chegarão atrasados e, sem escutar o que ela tem a dizer, sai antes dela.
b) Aproxima-se dela, dá-lhe a mão e diz que ela está linda e que você está muito feliz por poder passar aquela noite com ela.

PARA COLOCAR EM PRÁTICA ESTA SEMANA

1. Se sua família é como a maioria, o jantar é quase sempre corrido. Escolha uma noite livre da semana em que sua família possa jantar tranquilamente, conversar sem pressa e exibir seu melhor comportamento. Se tiver filhos, não espere que eles demonstrem boas manei-

ras à mesa, mas, educadamente, aponte-lhes como boas maneiras podem tornar o momento da refeição mais agradável para todos. Ao final, conversem sobre a experiência. Como foi poder jantar sem pressa, dedicando tempo para ouvir o outro e sendo cortês um com o outro?
2. Pense em assistir a um filme como *Orgulho e Sensibilidade* ou *Kate & Leopold*, nos quais os personagens centrais são geralmente educados e polidos um com o outro. O que poderia extrair do filme e aplicar ao seu próprio relacionamento?
3. Sua família dá valor à civilidade e à cortesia? Se não, por quê? Converse com seu cônjuge sobre como a vida familiar poderia ser diferente se dessem importância a esses fatores.
4. Vocês conhecem um casal como os Boyds (ver páginas 193 – 194), que demonstra elegância, estilo e classe em suas interações um com o outro? Se você tivesse de imitar um de seus comportamentos, qual deles seria?

Semana 10

DESENCADEANDO O PODER DA FOFOCA POSITIVA

Pratique uma conversa consciente usando os três filtros de Sócrates: Pergunte-se: É verdade? É gentil? É útil?
— *Lucy MacDonald*

SINAIS DE QUE VOCÊ PRECISA DESCOBRIR O PODER DA FOFOCA POSITIVA

1. Você tem receio de dizer algo bom sobre seu cônjuge e ele se tornar uma pessoa convencida.
2. Sua ideia de elogio é dizer ao seu cônjuge: "Obrigado por finalmente pintar a porta da frente. Quando você irá calafetar as janelas?".
3. Você nunca falou mal do seu cônjuge – afinal, sua mãe sempre disse: "Se não puder falar algo bom de alguém, então não diga nada".
4. Você ficaria muito feliz em poder fazer um elogio ao seu cônjuge. Assim que ele ou ela fizer algo para merecê-lo.
5. Você já reclamou tanto e por tanto tempo do seu cônjuge que está quase alcançando um novo recorde mundial (o pessoal do Guinness virá na terça-feira).

"Paus e pedras podem quebrar meus ossos, mas palavras jamais me ferirão." Aprendi bem cedo na vida quão errada esta afirmação realmente é.

Cresci numa família de cinco filhos, e as palavras entre nós corriam soltas o tempo todo. Às vezes elas eram boas e agradáveis – frequentemente não. Não sei quantas vezes ouvi minha mãe nos chamar a atenção: "Falem coisas boas um ao outro. Seja gentil com seu irmão. Suas palavras magoam sua irmã".

Ela estava certa. No entanto, ela não praticava seu conselho o suficiente. Além de precisarmos ser desafiados a falar gentilmente um com o outro, também deveríamos ter sido instruídos a falar gentilmente um sobre o outro.

Recentemente minha esposa e eu estávamos numa reunião de amigos. Um casal em particular, David e Danielle, era muito afetivo. Casados havia cinco anos, David falava com muito entusiasmo sobre como Danielle tinha passado no exame da ordem dos advogados e começaria a trabalhar na Defensoria Pública. Obviamente, ele estava muito orgulhoso dela e de suas conquistas, e ela exibia um sorriso largo, aparentando estar um pouco constrangida pelo louvor generoso dele.

A princípio não notei nada especial sobre o que estava acontecendo e então comecei a observá-los mais de perto. Ele parecia ganhar entusiasmo ao falar o quanto Danielle havia se esforçado na faculdade de direito, como havia conseguido notas altas mesmo tendo de criar seus dois filhos que estavam na pré-escola e como havia passado no exame na primeira tentativa.

Danielle, surpreendentemente, não falou muito. Ela reconheceu que o exame havia sido muito difícil e admitiu que a faculdade de direito tinha apresentado muitos desafios. Mas ela recuou, permitindo que seu esposo a elogiasse livremente.

O David ganhou pontos no campo amoroso? Pode acreditar que sim! No entanto, eu poderia apostar que algo muito importante aconteceu: *a estima de Danielle por ele também aumentava à medida que ele falava com orgulho sobre ela.*

No capítulo anterior falamos sobre o poder de trazer à tona o melhor em seu cônjuge. Neste capítulo quero sugerir outra forma de fazer isso: fofoca positiva. É também o décimo passo para que os casais se tornem almas gêmeas. Mais que qualquer outra pessoa, devemos exaltar as qualidades da pessoa selecionada para estar sempre ao nosso lado – o nosso cônjuge.

Fofoca Ineficiente

Geralmente consideramos a fofoca como uma falha. A fofoca é definida como o espalhar de informações negativas, incertas e difamatórias sobre uma pessoa. É fácil cair na armadilha de espalhar boatos picantes – ou criticar pessoas – seguramente longe delas e sem nunca considerar o possível dano causado.

Sem dúvida, a fofoca é um grande negócio em nossa sociedade. Ansiamos por fofocas sobre celebridades; é por isso que o seriado de TV Gossip Girls, *inspirado numa série de livros do mesmo nome, é tão popular.*

O apóstolo Paulo estava preocupado com as fofocas e dissensões. Ele recebeu a notícia de que a igreja estava matando seus feridos. Eles estavam devorando um ao outro com palavras desagradáveis e sarcásticas. Como um grupo de cristãos, eles estavam sem dúvida fazendo aquilo que fazemos hoje – destruindo uns aos outros, aos poucos.

Em sua carta à igreja de Filipos, Paulo roga a duas mulheres, Evódia e Síntique, "que vivam em harmonia no Senhor" (Fp 4.2). Mais tarde, ele diz à igreja: "Tudo o que for verdadeiro, tudo o que for nobre, tudo o que for correto, tudo o que for puro, tudo o que for amável, tudo o que for de boa fama, se houver algo de excelente e digno de louvor, pensem nessas coisas" (Fp 4.8).

Veja se entende melhor no português do dia a dia:

"Mulheres! Parem de brigar. Estou cansado de ouvir isso, e isso está nos destruindo. E quanto ao restante de vocês, vamos fazer um trato. Se vocês não têm nada de bom a dizer, não digam nada. Vamos fortalecer um ao outro e não nos destruir. Tudo o que você diz e faz afeta o outro. Somos uma equipe. Somos uma família. Vamos lá. Vamos unir as forças. Quero substituir a fofoca por comentários positivos. Observem as coisas boas uns dos outros e vamos compartilhá-las."

Nada enfraquece mais a eficácia da igreja ou de qualquer outra organização do que estar em desacordo uns com os outros. O problema da fofoca transformou-se em algo muito pessoal para o pastor Kevin Helster, da Igreja Batista Santuário em Coloma, Michigan. Após ter sido vítima de fofoca maldosa, ele promoveu uma campanha contra ela. Helster e sua igreja distribuíram duas mil pulseiras com a frase "Livres da Fofoca" e também um livreto intitulado *Livre da Fofoca? O Alto Preço do Fuxico*, de sua autoria. Ele desafia pessoas a passarem oito dias sem fazer ou escutar fofocas. As pessoas já estão notando a diferença positiva.[1]

Não há dúvida de que a fofoca é geralmente destrutiva, contrária às Escrituras e aos princípios divinos da comunicação saudável. Porém, podemos tomar as características humanas comuns de compartilhar informações e transformá-la em algo maravilhoso.

Fofoca Positiva

Durante a Segunda Guerra Mundial, os aviadores americanos recebiam uma lata de repelente para usarem no caso de serem feridos e caírem no mar. Caso isso acontecesse, eles deveriam abrir rapidamente a lata, que formaria uma barreira protetora ao redor deles. Enquanto possuíssem o repelente protetor, estariam seguros. Se não usassem o repelente, ficariam vulneráveis aos ataques de tubarões.

De certa forma você precisa de um "repelente de tubarões" para proteger você e seu cônjuge de fofocas. O seu repelente são as Escrituras, que nos ensinam a falar somente o que é verdadeiro, nobre e correto (Fp 4.8).

Embora a fofoca e os rumores possam ser nocivos, eles têm algo em comum com o que estou promovendo vigorosamente neste capítulo – fofoca positiva.

O que exatamente vem a ser a fofoca positiva? A fofoca positiva significa falar bem de alguém – neste caso o seu cônjuge – e deixar que aquela informação se alastre como fogo na selva. Quero que você fofoque positivamente sobre seu cônjuge. Quero que as pessoas ouçam, entendam, amplifiquem e vorazmente espalhem as boas novas sobre ele.

A fofoca positiva não é algo novo – você a conhece como encorajamento. Eu defendo o encorajamento com todas as minhas forças. Com os meus mais de trinta anos de trabalho com pessoas, eu ainda fico chocado como nosso ânimo é muito árido e mirrado; como precisamos de encorajamento! Poucos de nós sentem que são suficientemente encorajados.

---

[1] Visite a página http://gossipfree.org para mais informações.

VÁ EM FRENTE E ELOGIE

Embora a jactância nos deixe vazios e constrangidos, elogiar o nosso cônjuge traz-nos energia e alegria renovadas.

Você realmente quer encorajar seu cônjuge? Descubra uma vulnerabilidade nele, uma área na qual ele se sinta inseguro, e fortaleça-o nisso. Diga ao seu cônjuge que ele é capaz. Relembre-o sobre alguma ocasião no passado quando ele superou aquele problema; é possível superar novamente.

Entretanto, quero oferecer uma nova e poderosa mudança no encorajamento – encorajamento público. Diga algo positivo sobre seu cônjuge esperando que aquilo se espalhe! Defenda seu cônjuge diante das pessoas. Compartilhe algumas das coisas boas que ele está realizando e como você está feliz por isso.

Isto pode não ser fácil no início. Não estamos acostumados a pensar positivo nem a encorajar as pessoas em público. Sentimo-nos muito mais confortáveis fazendo críticas. Quando formulamos um elogio ou palavras de encorajamento, geralmente há uma crítica ligada a ela.

"Seu cabelo está muito melhor hoje."

"Obrigado por aquele elogio. Você nunca diz nada bom sobre mim."

"Obrigada pela ajuda. Não entendo por que é tão difícil para você ajudar."

"Finalmente você me deu uma mão."

Ah! Elogiar não é algo com o qual a maioria de nós está familiarizada. Nós raramente o praticamos e ainda assim o elogio pode causar um enorme impacto em nossos relacionamentos.

Compartilhar elogios sobre o nosso cônjuge com as pessoas é essencial para trazer à tona o melhor deles. Já é tão difícil fazer elogios ao nosso próprio cônjuge; elogiá-lo aos outros parece ser ainda mais estranho.

Não é tão difícil assim. Deixe-me tentar, fazendo referência à minha mulher, Christie:

"Você precisa ver algumas das peças que minha esposa fez em suas aulas de *design* de interiores. São incríveis."

"Você não vai acreditar como acabou rápido o bolo de creme de amendoim que a Christie fez para a festa de aniversário de ontem à noite."

"A Christie tornou-se uma ótima revisora dos meus livros."

"A Christie faz de nosso lar um local agradável e convidativo."

Há alguns dias participamos de um jantar de amigos e conhecidos para celebrar um aniversário. Quando me perguntaram o que faço, expliquei que sou psicólogo e escritor. As pessoas queriam saber mais sobre meu trabalho como escritor. Expliquei sobre o tipo de livros que escrevo e então me esforcei para transformar a conversa em fofoca positiva.

"Eu costumava contratar um revisor profissional", disse. "Então, descobri que a Christie faz um excelente trabalho de revisão e gosta de fazê-lo, por isso agora ela faz a revisão de todo o meu trabalho."

"É difícil ter sua esposa fazendo críticas ao seu trabalho?", uma mulher perguntou.

Eu disse: "Sim, para ser bem honesto, é difícil, às vezes. Tem sempre um pouco de tinta vermelha na página. Ela escreve 'o quê?' e 'confuso' nos pontos onde preciso trabalhar mais. Porém, ela coloca muitas carinhas de sorriso nos pontos que gosta."

"Ainda assim deve ser bem desafiador", insistiu a mulher.

"Sim", disse. "Mas a Christie sempre me fala rapidamente: 'Seu trabalho tem uma estrutura boa. Com um pouco mais de esforço, seu capítulo ficará muito bom'".

Nesta altura da conversa a Christie estava sorrindo, certamente gostando da discussão. Ela se sentiu apreciada, orgulhosa não somente de seu trabalho, mas também do fato de eu estar falando orgulhosamente dela para as pessoas. Eu agarrei uma excelente oportunidade de fortalecer o nosso casamento. Observe, no entanto, que para que o meu comentário seja útil, ele precisa ser específico e honesto.

O quanto foi difícil me gabar dela? Estranho no início, mas torna-se mais fácil com a prática. E você? Consegue pensar em coisas que poderia dizer sobre seu cônjuge, talvez coisas que ele faça para tornar sua vida mais fácil ou que o deixa orgulhoso?

DEMONSTRAÇÃO PÚBLICA DE AFETO

Você tem mais poder que qualquer outra pessoa para construir a confiança e autorrespeito de seu cônjuge. Você exercita esse poder toda vez que o elogia na presença de outras pessoas.

Suponha que seu cônjuge precise de encorajamento. Suponha que seu louvor sincero o fará feliz e deixará vocês mais próximos um do outro.

Registro

Um dos meus livros preferidos, o qual leio e releio, é *The Art of Possibility*[2]. Este livro de Rosamund Stone Zander e Benjamin Zander está repleto de possibilidades e encorajamento. Em vez de ver o mundo como um lugar de escassez e limitações, os autores veem-no repleto de oportunidades.

A família Zander discute um conceito que se enquadra maravilhosamente com muitos dos temas deste livro, inclusive trazer à tona o melhor em seu cônjuge, o efeito dominó ou cascata e alimentar os sonhos um do outro. Eles chamam esta ideia de alistamento.

Alistamento, conforme explicam os Zanders, não tem a ver com forçar, bajular, enganar ou pressionar alguém para fazer o que você quer. Na verdade é "a arte e a prática de gerar uma centelha de possibilidades para serem compartilhadas".

---

[2] Rosamund Stone Zander e Benjamin Zander, *The Art of Possibility*, p. 125. No Brasil, *A arte da possibilidade*, publicado pela Ed. Campus.

Os Zanders explicam como na Idade Média as pessoas carregavam consigo uma caixa de metal durante o dia com pedacinhos de gravetos que queimavam incessantemente. As pessoas podiam facilmente acender um fogo, a qualquer hora, porque carregavam com elas uma faísca para onde quer que fossem.

Embora os Zanders usem esta noção de "alistamento" para o compartilhamento de uma ideia contagiosa, eu quero ir além e aplicar esse princípio à arte de *envolver pessoas na apreciação das qualidades positivas do seu cônjuge*. Vamos relacionar os quatro passos dos Zanders na arte do alistamento com sua atitude de comunicar às pessoas o seu entusiasmo sobre seu cônjuge.

1. *Imagine que as pessoas estão abertas ao "alistamento".* Tenha a expectativa de que as pessoas estarão receptivas para ouvir informações positivas e animadoras sobre seu cônjuge.
2. *Deseje ser movido e inspirado por seu cônjuge.* Enquanto escuta o seu cônjuge e interage com ele no dia a dia, prepare-se para entusiasmar-se com sua vida e então compartilhe este entusiasmo com as pessoas.
3. *Ofereça aquilo que anima você.* Após ter sido inspirado por seu cônjuge, você não conseguirá guardar seu entusiasmo para si. É como ter uma ideia incrível – você quer compartilhá-la com as pessoas. Após ter capturado o entusiasmo do seu cônjuge, você vai querer passar isso adiante.
4. *Tenha certeza de que outros também vão querer capturar essa centelha.* Após ter sido inspirado e tendo ficado entusiasmado, você espera que as pessoas ouçam não só com atenção aquilo que tem a dizer sobre seu cônjuge, mas também com entusiasmo para passar a centelha adiante. Todos querem ter algo positivo que os alegre.

O que aconteceria se todos carregassem uma caixa de metal contendo uma centelha de entusiasmo e estímulo a respeito de seu cônjuge? E se estivéssemos prontos o tempo todo para compartilhar os sentimentos maravilhosos que nutrimos por nosso cônjuge? Essa centelha iria aquecer-nos, espalhar-se e então renovar o calor do nosso relacionamento.

Esteja pronto

Como aquelas pessoas da Idade Média que carregavam uma caixa de metal, com uma centelha à mão, sempre prontas para acender um fogo, o poder da fofoca positiva funciona melhor quando você se prepara para enviar as centelhas sobre seu cônjuge. Isto é possível quando você pensa de antemão sobre os aspectos positivos do seu cônjuge para que, quando a oportunidade surgir, tenha algo positivo pronto para compartilhar.

Em seu livro *Brag!*, Peggy Klaus explica como o conceito de promoção prepara o campo para o futuro. Embora ela esteja falando sobre autopromoção, estes mesmos princípios funcionam maravilhosamente para a promoção de outras pessoas, especialmente seu cônjuge.

Ao falar sobre pessoas que se autopromovem, ela diz: "Elas estão sempre plantando uma semente para o futuro... Autopromotores inteligentes mostram-se preparados. Eles valorizam o tempo na presença de pessoas e estão sempre prontos com histórias sobre si mesmos que vão além do amontoado de palavras. Eles sabem que uma visão positiva das pessoas não 'acontece por acaso'".[3]

O paralelo entre a promoção pessoal e a promoção de seu cônjuge é inconfundível. E embora Klaus lamente o fato de que "o caminho percorrido por alguém que se promove sem entusiasmo é repleto de oportunidades perdidas",[4] o mesmo certamente ocorre com a "promoção do cônjuge". Perdemos muitas oportunidades de compartilhar com as pessoas sobre aquilo que nos entusiasma a respeito de nosso cônjuge.

Muito do que estou dizendo pode parecer estranho. Falar de forma positiva sobre nosso esposo ou esposa? Espalhar a notícia sobre sua promoção no trabalho, de seu impacto como pai ou mãe, sobre a forma carinhosa como ele cuida de um idoso? Isso é muito estranho, mas muito poderoso.

Estar preparado, é claro, significa conhecer o nosso cônjuge. Isso não é assunto fácil. Se quisermos estar preparados para falar sobre o nosso cônjuge, para nos entusiasmarmos com ele, para compartilhar aquilo que é especialmente importante para ele, precisamos conhecê-lo. Precisamos saber o que arde em

---

3 Peggy Klaus, *Brag!* [*Gabe-se!*]. New York: Warner Business Books, 2000, p. 2-3.
4 Ibidem, p. 5.

seu coração. Precisamos conhecer os seus sonhos mais extravagantes. Precisamos escutá-lo com muita atenção, fazer anotações e estar preparados para propagar a boa notícia sobre ele.

TODO MUNDO SAI GANHANDO
Quando você elogia seu cônjuge diante de outras pessoas, elas passam a ter um conceito melhor não somente dele, mas seu também.

Stephen Covey defende um princípio importante que serve como base para o que estou dizendo sobre fofoca positiva: *busque primeiro compreender e somente depois ser compreendido*. Em outras palavras, para estarmos totalmente preparados para fazer uma fofoca positiva sobre nosso cônjuge, precisamos saber tudo sobre a vida dele.

Em The *7 Habits of Highly Effective People*, Covey escreve: "'Procurar primeiro entender' requer uma mudança profunda de paradigma. Nós procuramos primeiro ser compreendidos. A maioria das pessoas não ouve com a intenção de entender; elas ouvem com a intenção de responder. Elas ou estão falando ou estão se preparando para falar. Elas estão filtrando tudo por meio de seus próprios paradigmas, lendo suas autobiografias na vida de outras pessoas".[5]

No livro que escreveu em seguida, o *best-seller The 8th Habit: From Effectiveness to Greatness*[6], Covey escreve sobre a importância de cada um de nós descobrir a sua própria voz. Embora concorde que isso seja essencial, creio que descobrir a voz do nosso cônjuge seja igualmente importante para cada um de nós. Defender a causa do seu cônjuge unirá o coração um do outro de forma profunda.

Em um de seus primeiros discursos, o Sermão do Monte, Jesus disse aos seus seguidores que eles eram o sal da terra e a luz do mundo (Mt 5.13-16). Ele os desafiou a viver de acordo com a sua verdadeira identidade. Perder o sal (ex.:

---

5 Stephen Covey, *The 7 Habits of Highly Effective People*. New York: Simon & Schuster, 1989, p. 239. No Brasil, *Os sete hábitos das pessoas altamente eficazes*, publicado pela Ed. BestSeller.

6 No Brasil, *O oitavo hábito*, publicado pela Ed. Campus.

sua distinção) não é bom para ninguém. Esconder a sua luz debaixo de uma vasilha não ilumina as pessoas. O mesmo é verdadeiro a respeito do nosso cônjuge. Precisamos encorajá-lo a ser exatamente como foi chamado a ser, protegendo sua autenticidade.

O que aconteceria se todos tivessem uma história positiva pronta para contar sobre algo grandioso que seu cônjuge está realizando? E se estivéssemos prontos para compartilhar algo maravilhoso que ele está fazendo em nosso casamento? No mínimo essas centelhas de positivismo ecoariam em nossa mente resultando em comportamento positivo diante do nosso cônjuge. No máximo estaríamos prontos para compartilhar uma história com ouvintes, que estariam prontos para contar uma história a ouvintes, que estariam prontos para contar uma história a outros ouvintes. Munidos de uma lata de metal, nossa centelha poderia dar início a um incêndio.

Gabando-se dos Direitos

É comum nos gabarmos de nossas conquistas. Fiquei conhecido por uma ou duas vezes ter floreado algo que eu tinha realizado e que era particularmente digno de ser notado.

No entanto, somos treinados a *não* nos gabarmos. Somos firmemente repreendidos por nos gabarmos, e isso é correto. Pessoas que se gabam são difíceis de serem ouvidas. Quando sabemos que alguém é exagerado, aceitamos aquilo que a pessoa diz com um pouco de desconfiança. Cuidamo-nos para não deixar transparecer nossa impaciência ou nosso suspiro de tédio.

Há alguns anos Christie ofereceu uma festa para a qual convidou conhecidos de uma comunidade de negócios. Embora soubéssemos que haveria bajulação e socialização, não estávamos preparados para a jactância de um convidado.

Este cavalheiro, ao qual daremos o nome de Gene, veio pronto para nos vender tudo, desde os serviços de limusine que havia iniciado recentemente até seu plano de vendas em sistema de pirâmide para produtos de cozinha.

Um homem alto e bonito, vestido para o sucesso num blazer e calças escuros, Gene era insistente e detestável. Ele parecia capaz de falar somente de um assunto – de si mesmo.

Fiquei olhando o que ele fazia durante a festa. Cartões de visitas à mão, ele fez com que sua empresa de vendas em sistema de pirâmide parecesse a melhor aposta para ganhar na loteria.

"Não tem como perder", dizia ele. "Esses produtos se vendem sozinhos. Você não precisa fazer nada para ver os produtos desaparecerem da sua prateleira. Garanto que você fará muito dinheiro em apenas seis meses, sem dúvida."

Fiquei vendo Gene interagir com os outros convidados, observando como cada um o ouvia educadamente e então tentava escapar dele o mais rápido possível. Ele não conseguia perceber o impacto que estava causando às pessoas à sua volta. Sua autopromoção teve o efeito oposto ao que esperava.

Quando eu já estava pronto para desconsiderar Gene, vi algo surpreendente. Sua esposa, Mary, veio ao seu lado e colocou seu braço gentilmente em volta do seu pescoço, como que dizendo: "Tudo bem. Estou aqui agora. Você é o meu herói". Eles trocaram um sorriso.

Num ato dramático de galanteio, Gene voltou-se para sua esposa e olhando para ela disse: "Quero que conheçam a pessoa mais importante da minha vida. Esta é a Mary, ela faz com que tudo vá bem em nosso lar, mantém meu ego no controle, recolhe tudo que deixo espalhado pela casa e tem sua própria carreira como professora. Ela é a melhor".

Puxa! Não podia acreditar no que estava vendo e ouvindo. Em meio à promoção do serviço de limusine e plano de vendas, Gene deixou tudo de lado e priorizou o que deveria ser priorizado. Ele tinha uma fala promocional sobre sua esposa já preparada, permitindo que ela usufruísse de seu evidente afeto por ela.

Eu pude ver como o casal com o qual Gene estava conversando desviou a atenção para Mary. Vi como ela ficou constrangida de satisfação, trazendo Gene para mais próximo de si. O casal então se voltou para Mary agora que Gene tinha recuado, permitindo que ela falasse sobre sua vida como mãe, mulher e professora.

Minha estima por Gene, obviamente, foi lá em cima. Ele não era apenas capaz de gabar-se, mas também mostrou uma habilidade fantástica de gabar-se de sua esposa. Ele falou sobre a pessoa maravilhosa que ela era e como se considerava uma pessoa de sorte por tê-la. Isso é um exemplo de fofoca positiva em ação.

Deixe a Abundância Fluir

Em seu *best-seller Simple Abundance [Simples Abundância]*, Sarah Ban Breathnach exalta os benefícios da autenticidade. Ela também discute o impacto daqueles que admiramos na pessoa em que nos tornamos: "Quem você admira? Se me disser quem você admira, talvez eu possa lhe dizer um pouco sobre seus desejos, sonhos e estilo pessoal".[7]

Em outras palavras, as pessoas que admiramos e as pessoas nas quais pensamos revelam muito sobre nós. Eu concordo com Breathnach. As qualidades que você admira em seu cônjuge revelam muito sobre você. Se, no entanto, você está preso recitando as qualidades que você não admira no seu cônjuge, isto também diz algo sobre você.

Sem dúvida, você tem muita admiração pelo seu cônjuge – você não teria se casado com ele se não o admirasse. Embora um pouco dessa admiração possa ter ficado esquecida ao longo dos anos, desconfio que ela ainda esteja lá, escondida. Pois, por mais que você se arrependa de alguns aspectos do seu relacionamento, ainda há qualidades que podem ser extraídas, salientadas e reveladas para fortalecer o casamento.

Quem dentre nós não brilha sob a luz da admiração? Quem não aprecia ser admirado por aquilo que é? Eu gosto muito quando minha esposa vem até mim diante de um grupo de pessoas e diz que eu sou o seu homem. Sei que ela também gosta quando faço o mesmo por ela.

A fofoca positiva vai requerer que você sacuda as teias de aranha e redescubra a admiração que sente por seu cônjuge. Isso envolve relembrar as razões pelas quais se casou com ele, por que vocês ficaram juntos, assim como o que você ainda admira nele hoje.

Há muito mais amor para compartilhar se nos soltarmos e começarmos a compartilhar. Precisamos apenas buscar as memórias boas, permitindo-nos falar sobre as coisas boas.

As Escrituras falam mais sobre abundância do que escassez. Assim como Deus compartilha de sua abundância conosco, sugiro que compartilhemos nossa abundância com as pessoas – especialmente nosso cônjuge. Temos, todos os dias, a oportunidade de compartilhar com nosso cônjuge e sobre o nosso cônjuge.

Como disse Jesus: "Deem e lhes será dado: uma boa medida, calcada, sacudida e transbordante será dada a vocês. Pois a medida que usarem também

---

[7] Sarah Ban Breathnach, *Simple Abundance*. New York: Warner Books, 1995. Esta citação aparece na reflexão do dia 5 de abril.

será usada para medir vocês" (Lc 6.38). Você consegue sentir o movimento desta passagem? Deem e lhes será dado. Como você dá, você receberá. Essas são lições importantes.

Embora sejamos tentados a ler essa passagem como uma promessa de riqueza material, eu creio que diz respeito à nossa atitude perante as pessoas. Cristo nos diz que devemos ser cuidadosos sobre a forma como vemos e tratamos as pessoas. As duas coisas devem brotar de uma atitude de abundância. Devemos ser pacientes, misericordiosos e amorosos, sempre prontos a compartilhar nossa gratidão por nosso cônjuge diante das pessoas.

Infelizmente, muitos de nós somos mesquinhos. Não temos o senso da abundância; não nos deleitamos em nossa plenitude e por isso hesitamos em compartilhar as qualidades do nosso cônjuge com os outros. É como se estivéssemos amontoando nossos sentimentos bons, cobrindo-os como a luz embaixo de uma vasilha.

Julia Cameron escreve muito sobre abundância e a importância de compartilhar o amor. Ela nos desafia a abandonar nossa atitude mesquinha e a doar de nós mesmos, ao nosso cônjuge e às pessoas.

PLANEJE FOFOCAR

Pense com frequência sobre os aspectos positivos do seu cônjuge. Desta forma, quando a oportunidade surgir, você terá algo positivo para dizer.

"Quando colocamos um entrave em nossa capacidade de nos alegrarmos, rejeitando sem interesse os pequenos presentes da vida, estamos colocando de lado os grandes presentes também."

Esta citação me fez parar para pensar. Tive de parar e analisar se estava compartilhando o amor por minha esposa de forma adequada. Eu demonstro a ela o quanto a amo? Compartilho com as pessoas o que a Christie significa para mim? Com muita frequência, infelizmente não. Porém, com a medida que dou de mim será a medida pela qual vou receber.

"Tenho Ouvido Falar tanto sobre Você"

Minha esposa formou-se em *design* de interiores recentemente. Tive o prazer de estar presente em sua formatura. Lá, em meio à desafinação das conversas, comida e música, estavam pessoas que eu nunca tinha visto, mas das quais já tinha ouvido falar muito: o professor formal e rígido que dava aulas de história de móveis, o estranho e amável professor de *design* residencial, os estudantes – alguns imediatamente amáveis, outros ansiosos por não terem nenhuma perspectiva de emprego; outros um pouco convencidos pelo senso de importância recém-adquirido.

Foi prazeroso poder conhecer as pessoas das quais Christie tinha me falado durante os últimos anos. Ela gostaria que eu as tivesse conhecido antes, mas não surgiram oportunidades. Lá estávamos nós, anos mais tarde, finalmente nos conhecendo.

"Ouvi falar muito sobre você", disse um homem asiático. "Então, você é psicólogo? E escritor também?", ele perguntou. Engajamo-nos numa conversa animada.

"Ouvi falar muito sobre você", disse uma mulher simpática e alegre. "Sou aluna aqui com a Christie. Ela fala coisas muito boas sobre você."

"Ouvi falar muito sobre você", disse um jovem. "Christie disse que você é escritor. Conte-me sobre o que escreve."

Ali estava eu, pronto para exaltar a Christie no seu dia e essas pessoas, que eu nunca tinha encontrado antes, estavam me tratando como celebridade. A Christie tinha conversado. Ela vinha compartilhando sobre a nossa vida – ela vinha fazendo fofoca positiva ao meu respeito.

Conforme o tempo ia passando, comecei a sentir uma conexão terna e poderosa com a Christie. Ela estivera me levando para a faculdade com ela. Fui relembrado que eu estava em seus pensamentos e coração. Ela não se esqueceu de mim enquanto estava longe de mim, e essas pessoas me fizeram ver isso.

"Ouvi falar muito sobre você."

Desejo que você também ouça essa afirmação das pessoas que fazem parte do círculo de amigos do seu cônjuge. Também espero que você compartilhe coisas maravilhosas sobre seu cônjuge com as pessoas para que elas possam dizer o mesmo quando se encontrarem com ele.

Você vai amar a sensação que se tem quando se ouve isso – e quando vir seu cônjuge ouvir isso. É uma situação em que todos saem ganhando e aprofunda ainda mais a união entre almas gêmeas.

Questionário Semanal

Compartilhar informações sobre o seu cônjuge pode não surgir naturalmente e irá, na verdade, dar um pouco de trabalho. Você está pronto para praticar a fofoca positiva?

Como você lidaria com a seguinte situação:

Você está almoçando com amigos. Um deles diz: "Você deve estar muito cansado de ter de aturar um cônjuge que trabalha por longas horas". Você responde:

a) "Você está certo. Já estou por aqui" e então continua a falar mal do seu cônjuge.
b) "Temos noção das horas que ele precisar dedicar ao trabalho no momento. Na verdade, ele está planejando um fim de semana especial fora para comemorarmos o término deste projeto."

PARA COLOCAR EM PRÁTICA ESTA SEMANA

1. Se seu cônjuge estiver desanimado por algum motivo esta semana, considere como você poderá animá-lo nesta área ou expressar seu amor incondicional independentemente do resultado.
2. A ideia de estar preparado para uma "fofoca positiva" parece algo forçado demais para você? Se for, pense como é fácil elogiar as conquistas ou esforços de um filho. Por que é tão mais difícil elogiar seu cônjuge?
3. Busque uma oportunidade de elogiar seu cônjuge para alguém durante esta semana. Não precisa ser nada especial – por exemplo, se vocês fazem as compras de mercado juntos e o caixa percebe o quanto vocês conseguem economizar usando cupons, você poderia dizer algo assim: "Não é maravilhoso? Minha esposa [ou esposo] é muito econômico(a)". Pode ser que no início você se sinta constrangido, porém, após a conversa, verifique como se sente. Se seu cônjuge presenciou a conversa, pergunte-lhe como se sentiu.

Semana 11

INICIAR MUDANÇAS POR MEIO DO ENCORAJAMENTO

Há pontos altos em nossa vida e a maioria deles vem por meio do encorajamento que recebemos de alguma outra pessoa. Não importa quão bom, famoso ou bem-sucedido um homem ou uma mulher possa ser; todos anseiam por aplauso.
— *George M. Adams*

SINAIS DE QUE VOCÊ PRECISA DAR INÍCIO A UMA MUDANÇA POR MEIO DO ENCORAJAMENTO

1. É muito mais provável que você faça um comentário quando seu cônjuge não lava a louça do que quando lava.
2. Quando você chega em casa após o trabalho, até o cachorro procura um lugar para se esconder.
3. Você considera importante falar as coisas como elas são.
4. Seu cônjuge parece se fechar quando vocês têm uma discussão. (Isto significa que você venceu, certo?)
5. Quando você e seu cônjuge discordam de algo, é mais importante para você estar certo do que encontrarem uma solução juntos.

Durante muitos anos cheguei em casa na hora do jantar e ao notar que as bicicletas dos meus filhos estavam lá jogadas na garagem, entrava enfurecido pronto para ralhar com eles. Ao subir as escadas com muita raiva, deparava-me com mais coisas que me irritavam: minhas ferramentas não tinham sido guardadas da forma correta, as jaquetas dos meus filhos estavam jogadas no chão e os potes de geleia e creme de amendoim tinham sido deixados no balcão.

Antes de chegar ao quarto dos meus filhos, eles corriam para se esconder, sabendo que estavam em perigo. Eles conheciam o exercício – eu ficaria furioso, pronto para revisar a lista de infrações. Obviamente, eles tentavam me evitar. Isto raramente funcionou, já que eu estava na missão de busca e destruição do inimigo – encontre o inimigo, puna-o e corrija a situação.

Após uma série desagradável destes terríveis conflitos, meu filho mais velho, Joshua, com quinze anos na época, chamou-me de lado: "Posso falar com você, papai?", ele disse com medo nos olhos.

"Claro, filho", eu disse, achando-me o exemplo perfeito de um pai sensível.

"Você não quer que a gente se divirta, não é?", ele disse, com os olhos fitos nos meus.

Eu o encarei com incredulidade. Não acreditava no que ele estava me perguntando.

Por que perguntaria algo tão ilógico? Ele estava tentando me manipular? Era uma brincadeira? Eu só desejava coisas boas para os meus dois filhos, Joshua e Tyson. Eu faria qualquer coisa para que eles tivessem uma vida melhor.

"Por que está me fazendo esta pergunta?", respondi, sentindo-me completamente perplexo e um pouco envergonhado.

"Porque a primeira coisa que faz quando chega em casa é encontrar alguma coisa para criticar. Você está sempre bravo, e o Ty e eu nunca conseguimos fazer nada certo. Você está sempre procurando algo errado e então vai atrás da gente para dar bronca. Isso, com certeza, não nos faz querer melhorar as coisas."

Surpreso e em silêncio, lutando para segurar as lágrimas, olhei para ele. Joshua estava falando muito sério. Esta era a realidade dele – um pai que entrava na garagem com um propósito em mente: encontrar algo errado. E ele sempre encontrava.

A sinceridade do meu filho mudou minha vida. Suas últimas palavras foram as mais dramáticas e ficaram na memória: "Isso, com certeza, não nos faz querer melhorar as coisas".

O quê? Este era o propósito, pelo menos eu pensava que sim com minhas ações – fazer com que meus filhos melhorassem. Fazer com que eles não deixas-

INICIAR MUDANÇAS POR MEIO DO ENCORAJAMENTO Semana 11

sem suas bicicletas na garagem, não deixassem suas jaquetas no chão e não se esquecessem de guardar a geleia e o creme de amendoim. Eu estava tentando colocar um mundo aparentemente caótico em ordem.

Mas minhas ações não funcionaram. O que funcionou, após eu ter decidido que minha vida precisava de correção, foi mudar completamente a minha abordagem. Decidi, a partir daquele dia, pegar meus filhos fazendo as coisas certas. Decidi observar tudo o que eles faziam corretamente e elogiá-los por isso. Eu os animaria em vez de colocá-los para baixo. A diferença entre a crítica e o encorajamento foi positivamente dramática.

Tropeçando na Crítica

Joshua demonstrou *insight* e maturidade acima da sua idade. Ele sabia intuitivamente sobre um importante aspecto nos relacionamentos. É este aspecto que forma a base para a nossa décima primeira tarefa de trazer à tona a alma gêmea em seu cônjuge: iniciar mudança por meio do encorajamento.

A crítica pode fazer-nos sentir como se estivéssemos no controle e podemos até insistir que estamos oferecendo-a com o objetivo de ajudar o nosso cônjuge. Em vez disso, a crítica só serve para prejudicar o nosso cônjuge. Ela afasta, ofende, fere e irrita.

A CRÍTICA DESTRUTIVA
A crítica afasta, ofende e irrita.
Ela nunca motiva, cura ou resolve um problema.

Ela nunca cura ou une os cônjuges para resolver os problemas. Embora Joshua não conseguisse articular o total impacto da crítica, ele foi capaz de dizer, à sua maneira: "Eu não gosto disso".

Harville Hendrix, em seu livro *Keeping the Love You Find*, descreve o que meu filho compartilhou em suas jovens palavras. "A crítica é a reação mais comum à frustração num relacionamento e a mais destrutiva; uma tentativa perversa e contraproducente de obter o que se necessita ou de corrigir uma situação desconfortável. Sua premissa errônea é que se infligirmos dor numa pessoa, conseguiremos fazer com que ele ou ela alivie a nossa dor, que se arrependa da dor que nos causou."[1]

Sim, é isso mesmo. Eu estava me sentindo frustrado, irritado e com raiva. Se pudesse punir Joshua e Tyson o suficiente, estava certo de que eles mudariam e todos os meus sentimentos ruins desapareceriam. Mas, como disse Hendrix, isso não funciona.

Assim como a crítica encontrou espaço em meu relacionamento com meus filhos, também se arrastou em meu primeiro casamento. Eu criticava minha esposa quando estava nervoso com ela, esperando que ela mudasse. A crítica, no entanto, apenas serviu para fazer o que fez com meus filhos – afastá-la de mim.

Eu não deveria ficar surpreso por ser propenso à crítica – estamos todos propensos a cair neste inacreditável mau hábito. A crítica está em todo lugar, especialmente em nossos relacionamentos mais íntimos e pessoais. Onde esperamos encontrar amor e generosidade – com nossa alma gêmea – muito frequentemente encontramos negativismo, rispidez e crítica.

Por que é tão tentador oferecer a crítica quando sabemos intelectualmente que o encorajamento é mais eficaz? O que há na crítica que a faz tão tentadora para praticá-la até mesmo com as pessoas que amamos? Considere as seguintes ideias:

A crítica é reforçada em nossa sociedade: Em todo lugar ouço pessoas criticando alguém por alguma coisa. Vejo casais criticando um ao outro pela sua forma de se vestir, pela forma como disciplinam seus filhos, pela quantia de dinheiro que gastam e por uma miríade de outros assuntos. A culpa e a crítica são exaltadas, aprendidas e reproduzidas em nosso casamento.

Porém, vamos quebrar esta tendência iniciando mudanças por meio do encorajamento! Vamos erradicar a crítica do nosso casamento. Almas gêmeas são compassivas e compreensivas uma com a outra. Elas perceberam que o encorajamento, ao contrário da crítica, aquece o coração. Elas aceitam, abra-

---

[1] Harville Hendrix, *Keeping the Love You Find* [*Mantendo o amor que encontrou*]. New York: Simon & Schuster, 1992, p. 288.

çam e até celebram as diferenças em vez de forçar seu cônjuge a se curvar aos seus desejos e caprichos.

A crítica acontece naturalmente quando interagimos intimamente com as pessoas. Onde há duas pessoas, haverá duas opiniões diferentes, dois pontos de vista diferentes e duas histórias diferentes. Com essas diferenças, frequentemente haverá conflitos e a crítica do ponto de vista da outra pessoa. Isto é de esperar.

Contudo, você interromperá esta tendência iniciando mudanças por meio do encorajamento! Você poderá esperar por tensões de vez em quando, tolerá-las e lembrar-se de que as diferenças são inevitáveis. Você se lembrará de que pontos de vista diferentes acrescentam textura e variedade ao casamento. Você se lembrará de que não há ponto de vista certo e que há tantos pontos de vista quanto há pessoas.

A crítica faz com que nos sintamos poderosos. Armados com o sentimento de indignação justa, sentimo-nos poderosos quando criticamos um ao outro. Geralmente, quando sentimos que estamos certos, sentimos pouca culpa ou remorso a respeito do nosso comportamento. Na verdade, sentimo-nos mais fortes quando culpamos ou atacamos. Sentimo-nos justificados quando forçamos a nossa vontade sobre a outra pessoa.

Contudo, você interromperá esta tendência dando início a mudanças por meio do encorajamento! Almas gêmeas não sucumbem a estas manobras inseguras para se sentir mais fortes e poderosas. Elas encontram segurança de forma legítima, sendo gentis e cuidadosas, sensíveis e atenciosas. Elas percebem que o encorajamento é um motivador muito maior que a crítica.

A crítica não é somente improdutiva, é errada. O apóstolo Tiago diz que discutimos e criticamos porque não temos o que queremos e, de forma egoísta, vamos em busca disso. Criticamos para conseguir as coisas à nossa própria maneira egoísta (Tg 4.1-2).

A crítica é uma tentativa de perfeição. As pessoas críticas estão continuamente tentando fazer com que as coisas sejam de uma determinada maneira. Elas querem as coisas do jeito delas. Elas querem "vencer". Elas têm uma imagem de como as coisas devem ser e estão determinadas a forçar as coisas para que elas se encaixem à sua visão.

Este tipo de perfeccionismo é, com certeza, sufocante. Viver com uma pessoa perfeccionista é ter de sempre se sentir como se você nunca estivesse à altura. Viver com uma pessoa perfeccionista significa sentir-se sempre pressionado, puxado, manobrado e talvez até manipulado.

Porém, você interromperá esta tendência iniciando mudanças por meio do encorajamento! Você vai comemorar um pouco de desordem.

A CILADA DO PERFECCIONISMO
As pessoas críticas creem saber como as coisas devem ser e estão determinadas a forçá-las para que se encaixem à sua visão.

Você se divertirá com as diferenças e saberá que nem tudo sairá da forma como gostaria num mundo perfeito. Você se divertirá com as curvas de efeito da vida!

Thomas Moore fala extensivamente sobre a desordem de uma vida emocionante – o alvo das almas gêmeas. "Quando mudamos o foco da nossa atenção do mecanismo e estrutura do relacionamento para a sua alma, uma série de coisas acontece... podemos encontrar algum propósito nos fracassos, nas intimidades que nunca progrediram, nas possibilidades que nunca tomaram corpo. A alma nunca compartilha o amor pela perfeição e inteireza, mas encontra valor na fragmentação, imperfeição e promessa não cumprida."[2]

As almas gêmeas aceitam as diferenças entre si, concordando com Moore que estas diversidades até mesmo apimentam seu casamento. Um pouco de "desordem" faz bem à alma e às almas gêmeas. Os problemas de hoje serão as histórias e encorajamentos de amanhã ao redor da fogueira. Os desafios de hoje serão as comemorações de amanhã e a prova de que vocês superaram juntos para contar a história.

---

2   Thomas Moore, *Soul Mates* [*Almas gêmeas*], p. 255.

Até mesmo as Almas Gêmeas Têm Conflitos

Ó, como eu gostaria que não fosse verdade. Eu gostaria de poder prometer que o Mundo das Almas Gêmeas é muito parecido ao Jardim do Éden. Queria poder lhe dizer que ao praticar as ferramentas oferecidas neste livro e trazer à tona a alma gêmea em seu cônjuge você estará livre para sempre de conflitos. Eu realmente gostaria de lhe dizer isso, mas não seria verdade. Então de volta à realidade.

Até mesmo as almas gêmeas têm conflitos. Até mesmo as almas gêmeas caem em críticas e conflitos de poder prejudiciais, às vezes. Porém, diferentemente daqueles que não se esforçam para ter um casamento de alma gêmea, elas se livram dos conflitos praticamente com a mesma rapidez com que entram neles. Elas estabelecem uma barreira para aqueles problemas e não permitem que eles definam seu relacionamento.

Criado por uma família de certa forma estridente, em que as palavras eram espirradas como água, eu havia crescido acostumado à crítica. Tendo quatro irmãos, o sarcasmo era comum e a provocação uma ocorrência corriqueira. Mais tarde, enquanto estudava para ser psicólogo, fui ensinado a acreditar que devemos desabafar nossa emoção reprimida.

Já não estou tão certo sobre este conselho. Aprendi que a crítica não nos faz sentir bem. Nunca aprendi a gostar dela ou mesmo apreciá-la. Construtiva ou não, não gosto dela. Mesmo que o propósito seja me fazer crescer e me tornar uma pessoa melhor, ainda assim não gosto dela. Muito frequentemente ela nos machuca e fere.

Há um lugar para a crítica entre as almas gêmeas? Embora eu acredite que almas gêmeas podem ser e serão críticas uma com a outra, o relacionamento delas não será definido pela crítica. Elas não ficarão preocupadas com tentativas de controlar e mudar seu cônjuge. Elas viverão num espírito de cooperação e encorajamento em vez de num espírito de frustração e crítica.

Almas gêmeas são verdadeiras uma com a outra, mas não são críticas. Elas aprenderam a fina arte de serem honestas sem destruírem seu cônjuge. Elas sabem que os assuntos precisam ser resolvidos e a verdade precisa ser falada. Elas praticam o modelo bíblico de amor que "se alegra com a verdade" (1Co 13.6).

ALMAS GÊMEAS BRIGAM SIM

Até os cônjuges com mais intimidade discordam e às vezes ofendem um ao outro. No entanto, eles reconhecem esta desconexão mais rapidamente que os outros casais e resolvem os assuntos que estão causando divisão.

Recentemente pedi a Christie para dar opinião sobre um artigo que eu tinha escrito. Ela percebeu que eu estava em dúvida quanto ao seu *feedback*. Ao ler o artigo, encontrou várias áreas que poderiam ser fortalecidas. Embora eu quisesse saber a verdade sobre o que havia escrito, ela sabia que eu não queria ser criticado. Estamos aprendendo a discernir esta diferença tão sutil.

"Você colocou muitos pontos bons", disse ela. Esperei pelo resto do comentário. "Você pode fortalecer seu artigo amarrando esta parte", ela disse apontando para um parágrafo em particular, "e também acrescentando mais detalhes a esta história."

"Só isso?", perguntei, esperando o pior.

"Faça isso e ficará perfeito", disse ela sorrindo.

Parei e fiquei olhando para ela. Ela tinha feito uma crítica sem ter sido crítica. Ela tinha me dado *feedback* sem me atacar como pessoa. Ela não fez uma crítica global, nem comentários depreciativos, somente *sugestões que eu estava livre para aceitar ou não*. Eu me senti livre para considerar o que ela tinha dito e livre para fazer o que quisesse. Confiando em sua valiosa experiência, decidi acatar as suas sugestões.

Almas gêmeas aprendem a controlar sua língua e a oferecer a crítica de forma cuidadosa, com altas doses de encorajamento. Almas gêmeas *nunca* fazem nada para intencionalmente prejudicar seu cônjuge. Quando algo que potencialmente pode prejudicar seu cônjuge *precisa* ser dito, elas usam tato, expressam-se com o propósito de ajudar seu cônjuge a crescer.

O Poder do Encorajamento

Almas gêmeas aprendem a dar início a mudanças por meio do encorajamento em vez de tentarem acertar as coisas por meio da crítica. A crítica é um método ineficiente de decretar mudança. Ninguém quer ser criticado. A crítica nos faz sentir desmoralizados, desanimados e afastados um do outro. A crítica faz com que desejemos nos afastar enquanto o encorajamento nos aproxima um do outro, motivando-nos a dar o nosso melhor. O encorajamento sempre foi um motivador poderoso e é naturalmente usado por almas gêmeas.

Jenn e Carl estavam presos a uma luta pelo poder quando vieram me ver. Jenn, magra, quarenta anos e vestida em jeans e moletom, rapidamente anunciou que tinha sérias dúvidas sobre a capacidade de mudança de seu esposo. Seu temperamento forte e sua raiva ficaram imediatamente evidentes.

"Que mudança você está buscando?", perguntei ao começarmos a sessão.

"Eu quero poder me encontrar com minhas amigas sem que Carl se sinta ameaçado", disse ela. "Não estou fazendo nada errado. É ridículo ele se sentir ameaçado."

Carl, vestindo calça cáqui e camisa esporte, estava sentado quieto, batendo os dedos na cadeira, esperando sua vez de falar.

"Olha", ele disse calmamente. "Eu amo minha esposa. Quero que ela passe tempo comigo, não com as amigas na casa de chá. O que tem de errado em passar as noites comigo em vez de passar com elas?"

Jenn, irritando-se, virou o rosto.

Por alguns momentos pude ver que Jenn e Carl estavam presos à luta pelo poder. Eles se dirigiam um ao outro como adversários e não como membros de uma equipe. Suas vozes demonstravam raiva em vez de humildade; coerção em vez de cooperação.

Alguns minutos de conversa revelaram que Jenn e Carl estavam casados havia vinte anos e tinham dois filhos adultos. Embora seu casamento fosse estável, eles tinham se deparado com um problema que estava causando divisão. Jenn queria passar mais tempo com suas amigas agora e passar tempo com Carl – uma coisa não excluía a outra.

Carl sentia-se ameaçado pelo novo comportamento de Jenn, mas, em vez de buscar soluções com ela, falava grosseiramente a respeito de suas novas amigas, criticando seus motivos e comportamento. Ele tentou mostrar que ela estava errada e ele certo. Isto levou Jenn a se tornar inflexível, afastando-se de Carl, recusando-se até mesmo a negociar.

Após ter ouvido a conversa acalorada entre eles, perguntei: "É isso que acontece em casa?".

"Apenas quando surge esse assunto", disse Jenn, sorrindo. "Caso contrário, nos damos muito bem e realmente amamos um ao outro. Esse assunto nos faz ficar enfurecidos imediatamente."

"Eu não acredito que o problema sejam as suas amigas, mas a maneira como você fala sobre este assunto. Vou oferecer-lhes algumas ideias drásticas para que vocês mudem a forma como pensam sobre este problema, como falam sobre ele e como podem encontrar soluções. Ambos estão abertos para explorar algumas novas formas de pensar sobre isso?", perguntei.

Ambos concordaram em ouvir.

Como Carl e Jenn se afastaram um pouco do problema, foram capazes de suavizar sua atitude defensiva um perante o outro. Eles estavam prontos para ouvir, aprender e entender a posição um do outro. Estavam prontos para passar de inimigos a cônjuges. Agora, podíamos começar a encontrar uma solução que funcionasse para ambos.

Quando simplesmente Precisamos Dizer Algo

Antes de resumir as diretrizes que dei a eles, quero salientar que haverá momentos em que nos sentiremos tentados a oferecer uma opinião. Quando sentimos que estamos "certos" e queremos apresentar nosso ponto de vista, fica difícil não dar a nossa opinião. Eu entendo isso e mais uma vez quero dar algumas ideias que o ajudarão a se mover nesta difícil arena.

Há momentos em que você simplesmente tem de dizer algo a respeito do comportamento do seu cônjuge. Você já tentou o encorajamento, mas o comportamento irresponsável continua. Você já tentou falar a verdade em amor, mas ainda assim os compromissos são quebrados. Você tem de dizer alguma coisa.

Dar um *feedback* crítico é tanto uma arte como uma ciência. Estar conectado ao cônjuge, especialmente aos seus pontos fortes e vulnerabilidades, é muito importante no momento de oferecer *feedback*. Algumas pessoas gostam de receber *feedback* de forma direta, enquanto outros, como eu, gostam da abordagem gentil e com tato. Alguns querem receber *feedback* a qualquer momento que você queira dar. Outros, como eu, querem *feedback* somente em certos momentos, quando eles se sentem no topo da jogada. Conhecer o nosso cônjuge e seu estilo é muito importante quando vamos dizer algo delicado.

Enquanto nos preparávamos para falar sobre a luta pelo poder de forma nova e diferente, dei a Jenn e Carl alguns pontos básicos sobre como dar *feedback* importante, que talvez você considere útil:

1. *Seu cônjuge aceitará seu* feedback *com muito mais facilidade quando ele for dado de coração aberto e de forma generosa.* Quando seu cônjuge acreditar que você está indo a ele com a preocupação de simplesmente conseguir o que quer, ele vai se fechar e colocar uma barreira na comunicação. Se, no entanto, ele estiver convencido de que você está compartilhando algo para o bem do relacionamento, seu *feedback* será muito mais bem recebido.
A autora Stephanie Dowrick diz: "A generosidade constrói o espírito humano. Cada ato de generosidade – o desejo de oferecer do seu tempo, interesse, preocupação, cuidado, compreensão, humor, lealdade, honestidade – expressa e nutre o amor. Também cada oportunidade de ser generoso desperdiçada destrói sua experiência de amor, conexão e entusiasmo."[3]
2. *Relembre seu cônjuge que você vai a ele com um problema porque deseja fortalecer seu relacionamento.* Almas gêmeas sabem que têm de negociar motivadas pelo desejo de melhorar o casamento. Portanto, quando levar um problema para o seu cônjuge, não vá pronto para manipular, coagir ou para conseguir as coisas à sua maneira. O foco não deve estar em mudar o seu cônjuge, mas em compartilhar suas vulnerabilidades. Vá ao seu cônjuge com o intuito de encontrar uma solução que funcione para os dois.
3. *Foque em problemas específicos.* Em vez de fazer reclamações generalizadas, almas gêmeas tratam os assuntos específicos. Eles tratam de um assunto por vez e evitam fazer generalizações.

---

3 Stephanie Dowrick, *Forgiveness and Other Acts of Love* [*O perdão e outros atos de amor*]. New York: W. W. Norton & Co., 1997, p. 185.

John Gottman, que delineou pesquisas inovadoras em seu livro *Why Marriages Succeed or Fail*, concluiu que a crítica generalizada é uma das quatro razões principais nos casamentos que causam o insucesso. "A crítica envolve atacar a personalidade ou o caráter de alguém, em vez de atacar um comportamento específico, geralmente usando a acusação."[4] A acusação é devastadora no casamento.

Vamos supor que você e seu cônjuge concordem que um de vocês saia e compre um novo abajur para a sala de estar. Se seu cônjuge chegar com um abajur que custou o dobro do valor acordado, você certamente tem o direito de expressar o seu desapontamento. Como alma gêmea você faz a seguinte reclamação: "Estou chateado por você não ter mantido o nosso acordo de não gastar mais de cem reais".

4. *Foque em soluções específicas*. É aqui que as almas gêmeas fazem sucesso! Elas são positivas e focadas na solução do problema. Isto talvez funcione para você: depois de dizer ao seu cônjuge que está desapontado por ele ou ela ter gasto demais, você poderia dizer: "Quero renovar nossa promessa de que quando um de nós sair para comprar algo sem o outro, vamos obedecer ao valor estabelecido no orçamento para gastar com aquele item". Ao manter as coisas simples, você aumenta a possibilidade de receber uma resposta positiva. Almas gêmeas não trazem à luz o que aconteceu no ano passado ou querem saber quem está mais certo ou errado. Almas gêmeas querem resolver problemas e continuar amando e aprendendo.

5. Almas gêmeas nunca fazem ataques generalizados, julgando as motivações ou aviltando o caráter; em vez disso, fazem demandas específicas.

6. *Tratam os erros como parte da curva de aprendizagem, não como o fim do mundo*. As almas gêmeas têm certeza do amor um do outro e por isso não perdem a cabeça quando um erro acontece. Elas tratam o erro, aprendem com ele e continuam sua caminhada. Em vez de fica-

---

[4] John Gottman, *Why Marriages Succeed or Fail* [Por que os casamentos são bem-sucedidos ou não]. New York: Simon & Schuster, 1994, p. 73.

rem presas ao problema, elas simplesmente reagrupam, revisam seus acordos e fazem um esforço maior para mantê-los.

Se você ou seu cônjuge acredita que um acordo que fizeram tem sido violado repetitivamente ou que um de vocês consistentemente desconsidera os pensamentos e sentimentos do outro, busquem a raiz do problema. Talvez um dos cônjuges tenha feito um acordo que ele ou ela não quer manter. Talvez um de vocês precise resolver uma questão de caráter mais persuasivo. Até mesmo os erros e acordos quebrados podem ser vistos como uma oportunidade para analisar o relacionamento um pouco melhor.

7. *Observe e encoraje as ações positivas.* Almas gêmeas estão sempre pegando o outro fazendo as coisas certas. Elas reconhecem o progresso e fazem um grande alarde disso. Todos querem que seus esforços sejam reconhecidos, portanto seja generoso elogiando e admirando.

Você se lembra da história no início do livro sobre ensinar um frango a dançar? Vamos considerar esta ilustração novamente, especialmente aplicando a arte de oferecer *feedback* criterioso. Lembre-se de que é absolutamente verdadeiro que é possível ensinar um frango a dançar – sob as circunstâncias corretas. Se você decidir tentar, siga estes quatro passos:

Primeiro: reforce o comportamento do frango toda vez que estiver mais próximo do passo correto da dança.

Segundo: continue reforçando o frango toda vez que estiver mais próximo do passo correto da dança.

Terceiro: não chute a cabeça do frango quando cometer um erro.

Quarto: continue reforçando o frango toda vez que estiver mais próximo do passo correto da dança.

Curta o frango dançante.

Espero que você consiga ver o paralelo entre ensinar um frango a dançar e as estratégias para oferecer *feedback* criterioso! O encorajamento é extremamente importante; o desencorajamento, a punição, a acusação e a crítica não funcionam!

Expulse a Acusação

A acusação e o encorajamento não coabitam. A acusação encontra erros enquanto o encorajamento encontra vitórias. A acusação puxa a pessoa para baixo enquanto o encorajamento edifica. Eles realmente não conseguem viver na mesma casa, portanto você terá de decidir quem fica e quem vai embora.

A acusação é nossa tentativa fútil de responsabilizar alguém por algo.

Almas gêmeas não precisam fazer isso e abandonarão esta tentativa vã de controlar a situação. Almas gêmeas não tentam aliviar sua responsabilidade forçando seu cônjuge a ver quão errado e mau ele é. A acusação nunca funcionou e nunca funcionará.

Considere os efeitos adversos da acusação:

A *acusação* diz que você está errado.

O *encorajamento* diz que ambos estamos engajados em ações que contribuem para a solução do problema.

A *acusação* diz que você precisa mudar.

O *encorajamento* diz que precisamos resolver este problema juntos.

A *acusação* é mesquinha.

O *encorajamento* tem a mente aberta.

A *acusação* é guiada pelo ego.

O *encorajamento* é guiado pelo Espírito.

A *acusação* diz que tal problema é o fim do mundo.

O *encorajamento* diz que tal problema é uma oportunidade de crescimento.

A *acusação* diz que somos adversários.

O *encorajamento* diz que somos uma equipe e precisamos trabalhar juntos para encontrar a solução.

A *acusação* diz que nosso relacionamento resume-se neste problema em particular.

O *encorajamento* diz que nosso relacionamento é maior que este problema.

Podemos ver o impacto sufocante da acusação sobre Jenn e Carl. Jenn acusa Carl de ser mesquinho e incompreensivo. Com raiva de seu esforço para controlá-la e sentindo-se presunçosamente no direito, ela se recusa a ceder.

Carl está preso, sentindo-se justamente indignado. Ele enfaticamente acredita que as ações de Jenn são incorretas. Por acusá-la pelos problemas deles, ele também deixa pouco terreno para a negociação.

O autor Lewis Losoncy compartilha a beleza do que acontece com almas gêmeas: "Assim que pararmos de culpar as pessoas, em vez de julgá-las, passaremos a ouvi-las sensivelmente para entendê-las mais eficazmente a partir de seu ponto de vantagem".[5]

Eu imediatamente percebi que Jenn e Carl estavam presos ao padrão destrutivo da acusação. Se eles não conseguissem parar de acusar um ao outro, continuariam presos e seu casamento estaria em perigo. Se conseguissem recuar um pouco, respirar fundo e relembrar do amor que sentem um pelo outro, conseguiriam trabalhar juntos para encontrar a solução do seu problema.

Receber *feedback* criterioso com um sorriso

Se você achou que dar *feedback* criterioso era difícil, tente recebê-lo com um sorriso no rosto. Pode acreditar, é difícil! Ninguém realmente gosta disso. Ninguém quer ouvir que precisa melhorar. Porém, não estamos num mundo de faz de contas, portanto precisamos lidar com a realidade. Vamos nos assegurar de que conseguimos dominar esta parte do relacionamento de almas gêmeas.

A verdade é que você cometerá erros. Nenhum erro que cause um terremoto, espero, mas alto o suficiente na escala Richter que chame a atenção do seu cônjuge. Como você vai lidar com isso quando seu cônjuge quiser tratar o problema? Você se tornará defensivo, apontará o dedo acusando-o e tentando fugir da responsabilidade? Eu certamente espero que não.

Almas gêmeas geralmente sentem-se seguras ao dar ou receber *feedback* criterioso porque concordaram em expulsar a acusação. Elas sabem que a crítica tem de ser limitada e que o encorajamento deve ser dado regularmente. Elas

---

5 Lewis Losoncy, *If It Weren't for You, We Could Get Along* [*É por sua culpa que não nos damos bem*]. Sanford, FL: DC Press, 2001, p. 52.

abandonaram a necessidade e o desejo de punir seu cônjuge por irregularidades percebidas ou reais. Elas estão mais preocupadas com o relacionamento do que com o fato de estarem certas. Seu casamento melhora porque elas se certificam de que os problemas são mantidos em perspectiva e amplificam o aspecto positivo da sua união.

Ainda assim, todo casal, inclusive as almas gêmeas, precisa aprender a renovar as estratégias para receber *feedback* criterioso, já que esta área talvez seja a que destrói um relacionamento. Se você não souber ouvir seu cônjuge quando ele estiver nervoso, aborrecido e descontente, sua viagem será repleta de solavancos. Então, vamos nos preparar para aprender como os profissionais lidam com conflito.

O que vem a seguir são cinco ferramentas – somente cinco – que você precisa revisar, ensaiar e relembrar sempre. Coloque-as na porta da geladeira e carinhosamente encoraje seu cônjuge a praticá-las com você.

Muito bem, aqui vamos nós!

1. *Nunca se defenda ou discuta com o seu cônjuge.* Sim, eu sei que isto é incrivelmente inesperado, ilógico e para alguns não faz o menor sentido. Ainda assim, tente. Quando nos defendemos, somos pegos numa vergonha que nos prende, conforme John Bradshaw em seu livro *Curando a vergonha que o prende*[6]. Em outras palavras, quando você se defende, já está fisgado, desesperadamente preso à armadilha de tentar se defender enquanto tenta se libertar. Em vez de jogar uma série de desculpas, racionalizações e talvez até mesmo mentiras – o que as pessoas tentam fazer quando estão presas – é infinitamente melhor não se deixar prender em primeiro lugar.
Como você se mantém livre? Permitindo que seu cônjuge tenha uma opinião, um ponto de vista, sentimentos e crenças. Estando livre e solto, você consegue ouvir seu cônjuge imparcialmente. Você estará em melhor posição para ouvir a verdade sobre aquilo que ele ou ela está dizendo.

---

6 John Bradshaw, *Curando a vergonha que o prende*. Rio de Janeiro-São Paulo: Ed. Rosa dos Tempos (Grupo Record), 1997.

2. *Ouça para identificar um fundo de verdade.* Este ponto nos leva muito bem para a segunda ferramenta. Aceite a responsabilidade para parte daquilo que seu cônjuge está dizendo. Encontre a verdade em sua confrontação. Submeta-se. Enfrente o problema como uma pessoa adulta.

    Quando Carl criticou Jenn por ficar fora até tarde com suas amigas, ela poderia ter dito: "Você está certo. Tenho ficado fora até tarde com minhas amigas e isso o tem aborrecido". Você consegue imaginar o impacto desta afirmação dela? Carl suspira aliviado quando ela reconhece seus sentimentos. Em vez de travar batalhas e discutir, ela concordou com ele num ponto. Eles estão a caminho para um acordo de cura.

3. *Peça esclarecimentos.* Enquanto você se mantém afastado e ouve, tentando identificar um fundo de verdade naquilo que seu cônjuge está dizendo, você pode se manter calmo pedindo mais informações. Sem se defender, sonde os sentimentos do seu cônjuge. "O que exatamente incomoda você a respeito do que fiz?" Peça feedback específico. Esforce-se para chegar ao cerne do problema, encorajando seu cônjuge a compartilhar seus sentimentos.

    O esclarecimento entre Jenn e Carl soaria assim:

    "Deixe-me ver se entendi. Você não quer que eu saia com minhas amigas porque tem medo de que eu faça alguma escolha tola com algum homem, certo?" A pergunta de Jenn encoraja Carl a ser claro a respeito de suas preocupações e dá tempo para Jenn considerar em que Carl está realmente pensando.

4. *Quando estiver errado, confesse rapidamente seu erro.* Em vez de colocar uma cortina de fumaça ou responder rispidamente em sua defesa, admita o erro. Confesse sua falha e reconheça o impacto causado em seu cônjuge.

    A confissão sempre foi uma ação poderosa que une os corações. Almas gêmeas sabem que não têm nada a perder por admitir que estejam erradas às vezes. Admitir o erro não leva à perda do ego – ao contrário, leva ao crescimento e fortalecimento de ambos os cônjuges e do relacionamento.

Carl admitiu ter tentado fazer Jenn se sentir mal por suas ações e pediu desculpas a ela. Jenn admitiu sua rebelião e concordou em trabalhar com Carl para encontrar uma solução que funcionasse para ambos.

5. *Peça para fazer as pazes, confortando seu cônjuge por seu erro.* Enquanto ouve ativamente, trate seu cônjuge com empatia e reconheça a dor que você inadvertidamente causou. Lembre-se de que seu cônjuge está sendo crítico por uma ação específica e não por toda a sua pessoa. Então, peça para fazer as pazes, o que é uma forma de reconhecimento do erro e mostre que você reconhece que suas ações causaram angústia.

Carl e Jenn estão caminhando para tornarem-se almas gêmeas. Eles têm se dedicado, procurando colocar em prática e dominar essas cinco ferramentas. Entretanto, eles reconhecem que o progresso é alcançado passo a passo. Até mesmo as almas gêmeas criticam, brigam e sofrem derrotas ocasionais. Embora almas gêmeas façam uma pausa quando os ânimos estão acalorados e aprendam a ouvir sem serem defensivas, elas reconhecem que até os planos mais elaborados não funcionam, às vezes. Porém, também reconhecem que quando as coisas não dão certo, não é o fim do mundo. É uma confusão temporária e específica. Caso isso aconteça com você e seu cônjuge, levantem-se, desvencilhem-se de todo embaraço, peçam desculpas, façam as pazes e esqueçam o assunto. Desentendimentos acontecem! O recomeço é uma das ferramentas mais poderosas no casamento.

Estar em seu Ambiente Feliz

Almas gêmeas esforçam-se para permanecer alegres porque quando estão felizes a tendência é tratar o cônjuge com alegria e gentileza. É especialmente importante usar palavras gentis. Apesar de os seres humanos terem o impulso de falar tudo o que vêm à mente, almas gêmeas controlam sua língua, reconhecendo que cada palavra falada tem o poder de encorajar ou destruir uma pessoa. Não há "lapsos" porque elas sabem que não dá para simplesmente apagá-los. Elas dedicaram sua língua e palavras à edificação de seu cônjuge.

Talvez minha passagem preferida quando estou aconselhando casais seja Efésios 4.29: "Nenhuma palavra torpe saia da boca de vocês, mas apenas a que for útil para edificar os outros, conforme a necessidade, para que conceda graça aos que a ouvem".

Esta é uma verdade poderosa. O que aconteceria se você se dedicasse a dizer somente o que edificasse seu cônjuge? O que aconteceria se suas palavras fossem direcionadas pelo referencial de que elas devem beneficiar o cônjuge? Isto significa que *cada palavra* é considerada.

Estou escrevendo estas palavras num sábado de manhã. É um dia informal na casa dos Hawkins, com poucos compromissos, pouca estrutura e uma atitude despreocupada. Eu amo os finais de semana. Acordo cedo, e Christie ainda está dormindo.

Por desejar ser uma alma gêmea, estou pensando como vou cumprimentá-la quando ela entrar sonolenta em meu escritório. Por querer estabelecer um tom positivo e porque a amo, eu a cumprimentarei com alegria. Ela, sem dúvida, reagirá alegremente e começaremos o dia bem.

Cada palavra, cada encontro, cada gesto que fizermos será encorajador ou desanimador e esta é a razão pela qual devemos fazer com que cada um deles seja marcante. O eu egoísta ou o Espírito generoso liderará cada ação tomada.

Dizendo a Verdade em Amor

Almas gêmeas mantêm um foco o tempo todo: seu amor por seu cônjuge. Independentemente do que esteja acontecendo, não importando como estejam se sentindo no momento, não importa, almas gêmeas mantêm o amor em mente. Cada palavra dita deve ser dita em amor.

Carl tinha uma ou duas coisas a aprender sobre esta ideia de colocar o foco em ser *amorosamente* verdadeiro.

TENTE UM POUCO DE TERNURA

Almas gêmeas controlam a língua, reconhecendo que cada palavra falada tem o poder de encorajar ou destruir seu cônjuge.

"Mas eu só falo a verdade", disse Carl presunçosamente. "Eu nunca minto, não acredito em fazer rodeios."

"E você acha que isso é uma virtude?", perguntei. "Você tem consciência do impacto que suas palavras têm em seu casamento? Você sabe como a Jenn se sente a respeito de suas palavras?"

"Isso não é responsabilidade minha", disse ele com firmeza. "Como ela recebe isso é problema dela."

"Isso é parcialmente verdadeiro, Carl", respondi, notando sua postura rígida e defensiva. Já ouvi este argumento – o valor de simplesmente dizer a verdade – centenas de vezes.

Jenn parecia triste e ausente, cansada dos meses de discussão com Carl sobre este assunto.

"O que tem de errado com o que estou dizendo?", Carl acrescentou, apoiado na crença de que tinha o direito de dizer qualquer coisa que quisesse enquanto considerasse estar sendo sincero.

"Primeiro", eu disse, "não fomos simplesmente chamados para dizer a verdade, mas para dizê-la em amor. Isto significa que, antes de falar, precisamos testar nossas palavras, considerando se a informação irá edificar nosso cônjuge. Também devemos nos perguntar se algum dano poderá advir do que estamos dizendo."

"O.k.," ele disse vagarosamente.

"Segundo", continuei, "precisamos reconhecer que o que estamos dizendo é a *nossa versão da verdade*. O que você está dizendo seria mais corretamente chamado de opinião ou preferência. Você deve permitir que a Jenn veja as coisas de forma diferente de você. Se não permitir, ela o verá como uma pessoa perigosa e não como alguém que está buscando o melhor para ela. Ela também vai se sentir encurralada e manipulada pela sua versão da verdade, como se tivesse de aceitá-la querendo ou não".

"Acho que entendi", disse Carl gentilmente, "mas ainda acho que a verdade é a verdade."

"Às vezes", admiti, "mas muito frequentemente o que você comunica como verdade é simplesmente a sua percepção da verdade. A minha versão não necessariamente será a mesma que a sua."

"Humm", disse ele.

"Na verdade, eu tenho um terceiro ponto, se estiver disposto a ouvi-lo", disse, tentando negociar com Carl.

"Claro", disse ele relutantemente.

"Se apresentarmos nossa verdade em forma de discussão, haverá pouco espaço para compartilhar pensamentos e opiniões divergentes. O relacionamento murcha e sufoca em vez de crescer com possibilidades. Veja o meu caso, por exemplo. Eu quero falar com as pessoas que realmente vão considerar o meu ponto de vista como eu considero o ponto de vista delas. O diálogo é aberto, flexível, livre e cheio de possibilidades. É assim que almas gêmeas se relacionam e tenho certeza de que é isso que você quer para você e a Jenn."

"Vou ter de pensar um pouco nisso", disse Carl calmamente. "Não estou acostumado a pensar assim, mas o que está dizendo faz sentido. Eu realmente amo a Jenn e quero que ela se sinta segura comigo."

"Na verdade, isso serve para mim também", disse Jenn. "Tanto Carl quanto eu poderíamos praticar isso. Acho que fará uma grande diferença em nosso casamento."

"Então, Carl", eu disse sorrindo, "você quer tentar? O que você diria a Jenn que é uma verdade para você, deixando claro que é estritamente a sua percepção?"

"O.k.", ele disse vagarosamente. "Aí vai, Jenn: não há nada de errado em sair com suas amigas, mas eu gostaria que você passasse menos tempo fora à noite e um pouco mais de tempo comigo. Que tal?"

"Muito melhor, Carl", disse ela. "A" pelo esforço.

Almas gêmeas dizem a verdade e rigorosamente asseguram que não há segredos ou engano em seu relacionamento. Mas têm o cuidado de manter o elo de harmonia que cuidadosamente construíram. Elas sabem muito bem que uma palavra mal falada pode enfraquecer esta harmonia.

Se aprendi alguma coisa em minha experiência de aconselhamento, assim como em meu casamento, é a importância de compartilhar o que se pensa sem ofender um ao outro. Já que você teve a sorte de encontrar o amor, deve protegê-lo de tudo que possa destruí-lo, inclusive de suas próprias palavras.

A felicidade genuína vem do amar e sentir-se amado incondicionalmente. Quando você e seu cônjuge se sentem amados e cuidados, desejarão dar um ao outro o que precisam. Ambos vão desejar mudar, talvez animadamente, sabendo que a mudança irá agradar o outro. Por que você está se sentindo encorajado em vez de coagido, a mudança ocorre fácil e naturalmente.

Você aprendeu muitas ferramentas poderosas usadas por almas gêmeas. Você aprendeu o incrível poder do encorajamento e agora está pronto para banir a acusação e as palavras mal faladas de seu casamento. Você experimentou um pouco como é trazer à tona o melhor em seu cônjuge e ainda tem mais. Cada estratégia é importante e construir uma sobre a outra resultará numa fundação incrível para trazer à tona a alma gêmea em seu cônjuge.

Estamos prontos para dar início ao último capítulo do livro – manter admiração mútua. Vamos explorar como as almas gêmeas mantêm um relacionamento de amor e admiração.

Questionário Semanal

Sabemos, intelectualmente, que a crítica não funciona bem para a transformação de comportamento. Todos respondem muito melhor ao encorajamento. Ainda assim, erradicar a crítica do nosso casamento pode ser uma tarefa muito difícil.

Considere como você poderia lidar com esta situação:

Seu cônjuge chega do trabalho e coloca o casaco no encosto da cadeira. Você:

a) Vigorosamente o lembra que já pediu um milhão de vezes para ele parar de jogar o casaco na cadeira e de forma sarcástica sugere que você não é a sua mãe.

b) Decide que este não é o momento ou lugar de fazer um drama sobre o casaco. Em vez disso, escolhe pendurá-lo e dizer a ele que está feliz por estar em casa. Você decide que da próxima vez que ele pendurar o casaco dirá como fica contente quando faz isso sem que você tenha de pedir.

PARA COLOCAR EM PRÁTICA ESTA SEMANA

1. Quando queremos que nosso cônjuge mude, por que é geralmente mais fácil criticar do que encorajar?
2. Há algum assunto que repetidamente cause tensão e conflito entre você e seu cônjuge? Se houver, separe meia hora ou mais para discutirem isso. Quando for dar feedback para seu cônjuge, lembre-se de dar *feedback*:
   - que saia de um coração compreensivo e de um espírito amoroso
   - planejado para fortalecer o relacionamento em vez de provar que você está certo
   - que seja específico
   - que reconhece qualquer mudança positiva que tenha observado

   Quando for ouvir o *feedback* de seu cônjuge, lembre-se de:
   - ouvir sem discutir ou se defender
   - ouvir buscando o fundo de verdade naquilo que o cônjuge está dizendo
   - pedir esclarecimentos
   - reconhecer qualquer ofensa – intencional ou não – que você causou ao seu cônjuge
3. Procure encorajar seu cônjuge durante esta semana, apontando para as muitas coisas que ele faz para contribuir para a sua família ou casamento.

Semana 12

COMO MANTER A ADMIRAÇÃO MÚTUA

Em cada som e imagem ao redor da minha casa, uma infinita e incontável amizade, somados, como a atmosfera, sustentando-me.
– *Henry David Thoreau*

SINAIS DE QUE VOCÊ PRECISA MANTER A ADMIRAÇÃO MÚTUA

1. A primeira vez que você tenta elogiar seu cônjuge por uma tarefa bem feita, ele age como se você tivesse perdido o juízo... mas gosta do elogio.
2. "É claro que eu te amo! Eu me casei com você, não casei?"
3. Amar significa nunca ter de pedir desculpas – a menos que seu cônjuge o repreenda.
4. Você quer dizer que vou ter de continuar fazendo esta coisa de alma gêmea? Pensei que fosse só por 90 dias!
5. Quando seu cônjuge diz que quer se sentir seguro com você, imediatamente pensa em capacetes e óculos de proteção.

Nossa! Após ter passado a noite cuidando da papelada atrasada no meu escritório, chego em casa duas horas mais tarde que o normal. Achava que a Christie fosse chegar tarde, por ter ido visitar sua filha em Seattle. Meu coração disparou quando entrei na garagem e vi seu carro.

"O que seu carro está fazendo aqui?", resmunguei para mim mesmo. Minha mente discorreu várias possibilidades. Ela teria se apressado em Seattle e acabara de chegar? Será que seus planos deram errado e ela ficou com a noite livre? Ou poderia ser algo pior – eu entendi mal seus planos e ao entrar em casa encontraria o jantar, assim como seu afeto, frio?

Enquanto subia os degraus, ela abriu a porta. Então, cumprimentou-me com um abraço caloroso e um suave beijo. Eu não devia estar numa enrascada muito grande.

"Onde você estava?", perguntou, com um pouco de impaciência na voz.

"Perdendo tempo no escritório", disse. Você não ia para Seattle esta noite?"

"Não", disse ela. "Lembra-se de que falei que meus planos haviam mudado? Estava aqui. Esperava você por volta das seis."

"Desculpe", disse explicando o meu mal entendido.

Joguei meu casaco esporte numa cadeira e convidei-a para sentar-se comigo no sofá.

"Então, conte-me o tamanho do estrago que causei esta noite", disse me desculpando.

"Bem, eu ia para Seattle para encontrar-me com Kira, mas estava com saudades de você, então mudei de ideia. Eu disse a ela: 'Quero estar com o meu homem!'. Ela entendeu!"

"Puxa", disse, já me sentindo mal. "Você realmente disse isso?"

Christie pegou minha mão e disse novamente.

"Eu disse a ela que queria ficar com meu homem hoje à noite e ainda quero."

Ela esquentou o jantar e, o mais importante, manteve seu coração aquecido para mim também.

Aí está um exemplo de como fazer um homem se sentir especial. Christie tinha uma opção a fazer – guardar rancor e criar um distanciamento ou ser compreensiva e manter a chama da admiração acesa. Para minha sorte, ela escolheu a segunda opção.

Nossa última e talvez mais potente estratégia para trazer à tona a alma gêmea em nosso cônjuge é manter a admiração mútua. Mesmo quando as circunstâncias criam tensão e provável distanciamento, a admiração é o elo que mantém o fogo do romantismo aceso, o respeito vivo e vibrante e o amor dinâmico.

O Elo da Admiração

A admiração é um elo forte e duradouro entre as pessoas. É a ponte que mantém os relacionamentos vivos e fortes quando as cartas estão na mesa. A admiração é um elo frágil que precisa ser preservado e protegido acima de qualquer outra coisa.

M. C. Migel conhecia o poder da admiração quando contratou a assistência de Hellen Keller para fazer *lobby* no congresso em sua tentativa de persuadir o presidente Franklin Delano Roosevelt a aprovar fundos para livros em áudio. Como presidente da American Foundation for the Blind – AFB [Fundação Americana para Cegos], Migel precisava que alguma coisa fosse feita e buscou pessoas que ele admirava e respeitava para ajudá-lo. Keller havia convidado Roosevelt, quando ele era governador de Nova Iorque, para tornar-se membro honorário da AFB.

Migel reconheceu uma oportunidade de angariar fundos para a produção de livros em áudio através da Works Progress Administration, que havia sido criada por Roosevelt. Para conseguir isso, ele aproveitou o bom relacionamento e a admiração mútua que havia entre Keller e Roosevelt. Ele conseguiu os fundos.

Admiração mútua sempre nutriu os relacionamentos e, portanto, o seu poder não deveria nos causar surpresa. Quem não gostaria de ser admirado e apreciado? Quando nos sentimos apreciados, queremos ser gentis e generosos àqueles que nos apreciam.

Surpreendentemente, depressa nos esquecemos deste princípio. Comportamo-nos como se pudéssemos depreciar ou ignorar alguém num momento e no momento seguinte pedir ajuda. Mas não é assim que funciona. Não é o modo civilizado e certamente não é assim que as almas gêmeas fazem.

Considere alguns dos chavões:

- Uma boa ação pede outra boa ação em troca
- Uma mão lava a outra
- O que você vê é o que você leva
- Não faça às pessoas aquilo que você não gostaria que fizessem a você

Agora, isto não é tão difícil. Estes são os princípios básicos de relacionamento. Devemos examinar criteriosamente como estamos tratando o nosso cônjuge, não somente porque é a coisa certa a fazer, mas também porque nosso comportamento induz uma resposta do nosso cônjuge.

Apreciação

Com algo tão vital para o casamento de almas gêmeas como a admiração, é importante que a entendamos e a pratiquemos. A admiração envolve ter alguém ou algo em alta consideração. Quando admiramos alguém, nós o apreciamos. Fazemos com que ele saiba repetidamente que é importante para nós.

Meus pais, Hank e Rose, fizeram questão de mostrar a apreciação que tinham por aqueles que amavam. Agora, na casa dos oitenta, eles curtem mais do que nunca ter notícias de seus amigos e cinco filhos.

O VALOR DA APRECIAÇÃO

Não somente as finas artes e os carros clássicos são apreciados em valor; cônjuges que priorizam falar o melhor um do outro veem seu casamento decolar também.

Dos cinco "filhos", eu sou o que moro mais distante deles e consequentemente não os vejo com a mesma frequência que os seus outros filhos. Não participo do dia a dia deles da forma como meus irmãos o fazem. Apesar disso, toda vez que telefono eles me dizem o quanto apreciam conversar comigo. Parece que pouco tempo se passou conforme eles fazem perguntas e demonstram o quanto valorizam a Christie e a mim.

Às vezes, durante meu crescimento, não sentia a apreciação deles. Tudo o que conseguia ver durante anos era a sua frustração. Eu guardava rancor deles, afastando-os e causando uma distância desnecessária.

O tempo e a distância me ajudaram a vê-los de uma maneira nova e perdoadora. Conforme meus sentimentos por eles abrandaram e os perdoei por suas poucas peculiaridades como pais, meu coração se aqueceu por eles. Conforme meu coração se aqueceu, eu os tratei melhor. Conforme os tratei melhor, descobri a admiração que tinha em meu coração por eles o tempo todo.

Agora que tenho um relacionamento com eles por mais de cinquenta anos, tenho uma admiração duradoura que supera os tempos de tensão e frustração, raiva e até mesmo rebelião. Apesar de tudo isso, eu os admiro e isso tem resistido ao teste do tempo.

Generosidade

A admiração também envolve um espírito generoso. Significa abandonar os pequenos rancores antes que se tornem desnecessariamente grandes. Significa perdoar as pessoas por não serem perfeitas.

Uma das lições mais poderosas que estou aprendendo como marido é o poder da generosidade e seu papel na admiração. Toda vez que a Christie me decepciona – e ela me decepciona às vezes – eu tento recuar um pouco e decidir se esta decepção muda algo sobre o porquê me apaixonei por ela e ainda a amo. Tento considerar se sua "falha" tem realmente alguma importância ou se a situação requer que eu seja maior, mais generoso que a falha.

Eu também tento me colocar no lugar dela. Sou capaz de ferir seus sentimentos como ela feriu os meus? A resposta é sempre sim. Sou capaz de esquecer algo da maneira como ela esqueceu algo importante para mim? Novamente, minha resposta é sim. Sou infinitamente capaz de reproduzir qualquer menosprezo que sinto vir dela, e esta compreensão sempre renova minha generosidade de espírito e admiração.

Cheio da generosidade do espírito, meu amor por ela aumenta. Meu sentimento momentâneo de distância é substituído pelo novo sentimento de admiração. Ela não perdeu nenhum valor aos meus olhos à medida que me faço lembrar que a amo em sua totalidade, não somente quando ela é completamente amável – o que acontece a maior parte do tempo!

Construir um Mosaico

Sempre gostei de mosaicos, especialmente aqueles feitos de vidro quebrado. Há algo espiritual numa obra de arte feita de vidro quebrado. Os pedaços de vidro quebrado representam, é claro, nossa fragilidade. Podemos imaginar cada pedaço de vidro ilustrando nossos pontos de fracasso, escolhas erradas e decisões impetuosas. Eles podem representar épocas em que nos tornamos piores, em vez de melhores pessoas.

BELEZA NA FRAGILIDADE

Almas gêmeas reconhecem que até mesmo suas falhas, escolhas erradas e decisões precipitadas – quando colocadas ao lado do respeito mútuo e amor incondicional – podem trazer riqueza e crescimento para o casamento.

O artista, no entanto, é capaz de tomar estes pedaços disformes de vidro afiado e quebrado e juntá-los para formar um mosaico. Talvez as cores variadas dos pedaços de vidro formem uma arte abstrata. Talvez eles sejam unidos de tal forma que possam ser emoldurados na janela de uma igreja.

A apreciação plena de um mosaico requer certo afastamento a fim de observar o trabalho artístico a certa distância. Quando muito próximos, os cacos são tristes pedaços de vidro. Uma vez úteis, agora são pedaços quebrados e inúteis. Ou não? O artista ainda vê a luz lindamente refletida através dos cacos. Ele é capaz de reorganizar os formatos estranhos em algo significativo.

Porém, somente podemos ver isto à distância. À distância o mosaico torna-se lindo. A fragilidade é transformada e a admiração renovada. A insignificância é ignorada ou até admirada. A partir de uma nova perspectiva, temos uma nova admiração.

Após terem se reunido comigo durante um ano, Garth e Jana estão sentados em meu escritório. Garth sentou-se de frente para sua esposa, sorrindo para ela adoravelmente. Havia um brilho em seu olhar enquanto falava.

"Eu amo minha jovem noiva", disse ele com um sorriso de menino, apesar de estarem casados há trinta anos. "Escolhi minhas batalhas e há poucas coisas que precisam ser combatidas."

Jana também sorriu, gozando da alegria de saber que é amada e valorizada.

Fiquei olhando enquanto se comunicavam pelo olhar, pelos gestos e por seus sorrisos.

COMO MANTER A ADMIRAÇÃO MÚTUA *Semana 12*

"Você parece segura no amor de Garth", disse, olhando para Jana.

"Sim", ela disse, olhando para mim com mais atenção. Ela parou por um instante enquanto considerava sua resposta.

"Não que não tenhamos problemas, como você sabe. Mas eu nunca duvido do quanto ele me ama. Sei que ele quer estar comigo e com mais ninguém."

"E você, Garth? Sente o amor de Jana por você?"

"Pode apostar que sim", disse ele enfaticamente. "E o que não é amar?"

Todos nós rimos.

Com isso, lançamo-nos em mais uma sessão de aconselhamento conjugal. Revisamos o progresso feito durante a semana, que eu uso para ajudar a criar um elo entre os cônjuges. Casais que fazem progresso – e o notam – tendem a ganhar autoconfiança e fé, dando-lhes a habilidade de continuar a lutar para resolver problemas difíceis.

Durante este último ano, Garth e Jana têm se esforçado muito para superar alguns padrões de comportamento destrutivos que ameaçavam seu casamento havia um ano. Embora Garth pudesse certamente ser encantador, ele também tinha a tendência a fechar-se ou a explodir. Ambas as reações tinham um impacto devastador sobre o casamento deles.

Apesar da desarmada brandura de Jana, ela podia ser bem sarcástica em seus comentários, geralmente levando Garth a um nível de intolerância. Ela tinha pouca sensibilidade sobre a necessidade dele de que as discussões fossem acalmadas e não incitadas, o que o levou a finalmente separar-se dela. Tivemos de lutar para erradicar aqueles comportamentos autodestrutivos do casamento deles.

Jana e Garth inicialmente não conseguiam ver muitos dos fatores que estavam prejudicando o casamento deles. Dentro de relativamente pouco tempo, no entanto, eles entenderam a importância de eliminar suas características negativas e substituí-las por qualidades positivas.

Mesmo enquanto trabalhávamos para melhorar o estilo de comunicação entre eles, sempre mantivemos a admiração que sentiam um pelo outro em alta. Eu os relembrava repetidamente que o casamento deles era um mosaico formado de pedaços claros e escuros, mas que poderia formar algo lindo. Era tarefa deles olhar para o seu relacionamento a partir daquela perspectiva, apreciando até mesmo os traços que, às vezes, os frustravam. Ativar o fogo da paixão e admiração permitiu que eles mantivessem outros problemas em perspectiva.

Garth ainda é muito apaixonado por Jana e ela ainda o ama muito. Eu os incentivo a relembrarem-se desta paixão com regularidade, o que é facilmente esquecido durante períodos de tensão. Eles agora compartilham livremente sua admiração um pelo outro.

Extermine a Crítica

Lembro-me de crescer vendo meus pais ligarem uma televisão enorme toda vez que Billy Graham estava no ar. Eles tinham uma forte admiração por ele, a qual passaram para mim. Também me lembro das várias ocasiões em que ouvi pessoas tentando questionar o caráter do reverendo Graham em frente dos meus pais. Eles escolheram ignorar todos aqueles rumores, fofocas baratas e negativismo geral.

Ao assistir ao Reverendo Graham ao longo das décadas, notei sua devoção por sua esposa e até conheci alguns dos seus filhos, solidificando meu incrível respeito e admiração por ele. Se até mesmo Billy Graham é criticado, é óbvio que a condenação pode arrastar-se a qualquer lugar – inclusive a um relacionamento amoroso.

É por isso que é tão importante abolir a crítica do seu casamento em todas as suas formas. Até mesmo um pequeno sinal dela em forma de palavras exageradas, inclinação do tom de voz ou lembretes de falhas passadas deve ser eliminado. Somente o encorajamento é a ferramenta para dar início a mudanças!

Garth e Jana aprenderam cedo no aconselhamento a importância de abolir a crítica de seu relacionamento, vendo-o como um assassino da intimidade.

Jana teve dificuldade no início para se ver como uma pessoa crítica. Ela racionalizava a sua crítica por causa do comportamento de Garth.

"Se ele não se afastasse, abandonando-me, eu não o criticaria", Jana disse durante o início do aconselhamento.

"Talvez seja exatamente por causa da sua crítica e da forma como a compartilha que ele se afasta", eu disse. "Sim, ele precisa aprender a ser assertivo com você, mas tem dificuldades em fazer isso."

COMO MANTER A ADMIRAÇÃO MÚTUA *Semana 12*

Garth também criticava Jana.

"Detesto como ela repisa em alguns assuntos", disse ele. "Sinto-me como um pequeno garoto sendo repreendido."

Ambos tinham de aprender como pedir o que queriam sem usar a crítica. Eles tinham de aprender a formular seus pedidos em termos de preferências e não exigências. Eles tinham de aprender a ser diretos, mas diplomáticos, claros, porém amáveis.

PERDOE E ESQUEÇA

Admiração significa ser generoso de espírito. Significa abandonar os pequenos rancores e perdoar alguém por não ser perfeito.

Em seu livro *Creating Optimism*, Bob Murray e Alice Fortinberry fizeram os seguintes comentários sobre a crítica "construtiva": "Não cremos que tal coisa exista. A crítica tem sempre a ver com controle. Se você quiser que alguém faça algo ou não, diga à pessoa o que quer de forma bem específica. Se deseja expressar uma opinião, utilize uma afirmativa 'Eu' e admita que esteja dizendo algo sobre você e não sobre a outra pessoa".[1]

Como seu comportamento poderia mudar se você acreditasse que toda crítica tem a ver com controle? Quão drasticamente o seu relacionamento pode melhorar se você pudesse dominar a arte de pedir aquilo que deseja? Considerar cuidadosamente as palavras contidas em seu pedido antes de fazê-lo pode ter um impacto incrível sobre manter a admiração por seu cônjuge.

Escolha hoje abolir toda a crítica de seu relacionamento. Faça um acordo com o seu cônjuge que você irá abolir a fofoca, impedir os rumores e demonstrar admiração.

---

[1] Bob Murray e Alicia Fortinberry, *Creating Optimism* [*Criando otimismo*]. New York: McGraw-Hill, 2004, p. 95; itálicos no original.

Todos Reagem à Admiração

A incrível beleza da admiração é que todos respondem favoravelmente a ela. Se quiser que algo melhore ou alguém mude certo comportamento, a admiração é uma grande ferramenta a ser usada.

Christie e eu decidimos anos atrás que seríamos um casal que enfatizaria a admiração em vez da crítica. Nós decidimos intencionalmente escolher traços que admirávamos um no outro e intencionalmente comentarmos sobre eles. Escolhemos ignorar as falhas irritantes comuns em todo relacionamento.

"Gostei muito do jantar que você fez hoje à noite", digo.

"Só liguei para dizer que te amo", diz ela.

"Admiro como você está se esforçando na sua aula de ginástica", eu comento.

"Obrigada por aparar a grama este fim de semana", ela diz.

Estes são comentários simples, mas que dizem muito. Assim como, certamente, a crítica destrói os casais, a admiração e o elogio os edificam. Assim como a crítica e o negativismo são desanimadores e fazem com que queiramos desistir, o encorajamento e a admiração nos fazem perseverar com mais afinco.

O compromisso da admiração mútua dá segurança para que ambos sejam exatamente quem são. Em outras palavras, a admiração exclui o medo. Seu cônjuge não precisa andar pisando em ovos, mas aprende a esperar por admiração – e lentamente deixa o medo. Neste porto seguro, seu cônjuge é livre para tornar-se a alma gêmea que você deseja.

"O presente de ser valorizado é a ausência do medo", diz Denis Waitley. "As pessoas que vivem com medo crescem mantendo-se sempre no final da fila. As pessoas que vivem com elogios aprendem a ficar sozinhas à frente do desfile, mesmo que esteja chovendo."[2]

---

[2] Denis Waitley, *Seeds of Greatness* [*Sementes de grandeza*]. Old Tappan, NJ: Fleming H. Revell, 1983, p. 41.

A COLA DA ADMIRAÇÃO
A admiração mútua cria um vínculo forte e duradouro entre você e seu cônjuge.

Como poderia enfatizar mais a importância de criar este porto seguro e encorajar seu cônjuge a criar um porto seguro para você? Vocês dois precisam saber, sem sombra de dúvida, que seu cônjuge admira você e que lhe comunicará isso. Você precisa ser capaz de antecipar esta admiração que alimenta você tanto quanto suas vitaminas diárias.

Embora todos respondam à admiração, seus comentários de elogios e encorajamento devem ser específicos. Não é suficiente dizer: "Admiro você". Esta afirmação é vaga e não terá o impacto que deseja. Em vez disso, tente estas abordagens:

- Faça um comentário específico diariamente sobre algo que admira em seu cônjuge.
- Faça um comentário específico diariamente notando que compreende o quanto o seu cônjuge trabalha em casa ou fora.
- Pergunte ao seu cônjuge sobre o seu dia e interesse-se por aquilo que ele fez naquele dia.
- Ofereça ajuda ao seu cônjuge na solução de problemas.
- Deixe claro que precisa de seu cônjuge e que está feliz por ter se casado com ele.

Dennis e Barbara Rainey escreveram um livro maravilhoso intitulado *Building Your Mate's Self-Esteem*[3]. Eles acreditam ser nossa responsabilidade a prática de agradar e admirar o nosso cônjuge.

Eles sugerem que agradar o nosso cônjuge requer três coisas:

---

[3] Dennis e Barbara Rainey, *Building Your Mate's Self-Esteem* [Construindo a auto-estima de seu cônjuge]. Nashville: Thomas Nelson, 1985.

1. *Conhecimento cuidadoso:* O casal Reiney sugere que a melhor maneira de agradar o seu cônjuge é simplesmente perguntando: "O que posso fazer para agradar você?". Embora isso pareça incrivelmente simplista, funciona. Se perguntar, seu cônjuge provavelmente responderá.
2. *Sacrifício:* Seu cônjuge determinará o quanto é amado observando o quanto você é sacrificial. De que você deseja abrir mão para demonstrar a seu cônjuge que ele é o número um em sua agenda? Obviamente que oferecer flores é maravilhoso, mas é claramente menos sacrificial do que organizar uma noite fora, inclusive com babá.
3. *Aventura:* O casamento nunca foi planejado para ser monótono, e almas gêmeas encontram formas de manter o casamento emocionante e repleto de aventuras. Mesmo quando o caminho torna-se um pouco espinhoso, estar com sua alma gêmea faz valer a pena. Você está se esforçando todos os dias para manter seu casamento interessante?

Esta receita para criar admiração em seu casamento funciona. Se você dedicar tempo e esforço para cumprir cada uma destas exigências, aproveitará os frutos de trazer à tona a alma gêmea em seu cônjuge.

Admiração Mútua

Não deveríamos nos surpreender por as Escrituras também falarem sobre a importância da admiração. Leia estas palavras do apóstolo Paulo à igreja de Filipos: "Finalmente, irmãos, tudo o que for verdadeiro, tudo o que for nobre, tudo o que for correto, tudo o que for puro, tudo o que for amável, tudo o que for de boa fama, se houver algo de excelente ou digno de louvor, pensem nessas coisas" (Fp 4.8-9).

Isto é incrível! O apóstolo Paulo está nos dizendo para mudar a nossa forma de pensar. Devemos focar naquilo que é maravilhoso, excelente e admirável. Ao mudar a maneira como pensamos, mudamos quem somos.

Há uma cena famosa no filme do Peter Pan. As crianças viram o Peter voar e desejam voar também. Elas tentam táticas diferentes – tentando voar do chão, da cama, exercendo todos os esforços, mas o resultado é sempre o mesmo: fracasso.

"Como você faz?", perguntou John.

E Peter respondeu: "Tenha pensamentos amáveis, maravilhosos e eles farão você subir".

Não é esta a verdade? Quando temos pensamentos maravilhosos, amáveis, eles nos elevam. Temos a habilidade, pela graça de Deus, de mudar a maneira como vemos as situações. O resultado são pensamentos que nos põem para baixo ou pensamentos que nos elevam.

Recentemente, Christie e eu visitamos meu filho, minha nora e seu bebê, Caleb. Queremos estar envolvidos em sua vida o máximo possível, mas como meu filho está no segundo ano de residência como cirurgião, seu tempo é limitado. Jaqueline também trabalha e às vezes nos sentimos como se estivéssemos vivendo o tema da canção de Harry Chapin: "Cat's In the Cradle" [O gato está no berço]. Com suas agendas cheias, Joshua e sua família têm pouco tempo para nós.

Abatido pela raridade de nossas visitas, comecei a ter pensamentos não tão nobres, certamente nada puros e que não chegavam nem perto de serem admiráveis. Felizmente Christie desafiou-me a ser mais generoso em meu pensamento.

"Eles estão ocupados, David", disse carinhosamente. "Devemos entender sua vida ocupada, orar por eles e aceitar qualquer tempo disponível para nós. Este é um período para os apoiarmos e amarmos, não para alimentar mágoas."

Suas palavras me encorajaram. Após nossa visita, enviei-lhes um *e-mail* agradecendo por seu tempo e exaltando a jovem família. Recebi uma resposta imediata de Jaqueline agradecendo por termos ido visitá-los e nos encorajando a voltar em breve para uma nova visita.

Se houver algo digno de louvor, pensem nessas coisas.

Li, recentemente, sobre a equipe de um escritor que, como todas as equipes, tinha reuniões na qual cada membro trazia algo para ser lido em voz alta. No entanto, aqui termina a semelhança com outras equipes. A equipe deste escritor havia adotado a regra: "não à critica, sim somente à admiração". Para uma equipe de um escritor abolir a crítica é quase absurdo. Os escritores vêm esperando que seu trabalho seja criticado com o fim, é claro, de ser melhorado.

Esta equipe, no entanto, decidiu tentar algo diferente. Em vez de ser "uma equipe crítica", era uma "equipe da admiração". Decidiram ler citações inspiradoras sobre serem artistas, que servissem para encorajá-los por terem a coragem de escrever.

Em vez de oferecerem a crítica, os membros ofereceram somente admiração e encorajamento. O resultado? Os membros revelaram que seus escritos melhoraram. Humm...

O casamento oferece muitas oportunidades para pensar sobre coisas admiráveis. Você tem oportunidades todos os dias de flagrar seu cônjuge realizando coisas dignas de admiração. Você fará a escolha de enxergá-las?

Sociedade da Admiração Mútua

A admiração nos transforma e deve ser incluída na nossa caixa de ferramentas para trazer à tona a alma gêmea em nosso cônjuge. Estou orgulhoso por ser um novo membro da Sociedade da Admiração Mútua (SAM). Nem sempre mereci a membresia neste prestigioso grupo. Na verdade, minha solicitação como membro foi recusada vários anos consecutivos. Apesar dos meus protestos de que tinha um caráter digno de pertencer a esse grupo, um exame mais criterioso revelou que eu tinha um espírito crítico demais para fazer parte da classe.

Felizmente, uma luz surgiu há alguns anos. Essa luz evidenciou que ser crítico não estava funcionando, enquanto a prática da admiração oferecia inúmeros benefícios. Conforme meu comportamento começou a mudar e meu modo de pensar ficou mais alinhado a Filipenses 4.8-9, fui finalmente recebido como membro da SAM.

Minha esposa e eu, na verdade, formamos nosso próprio código da Sociedade da Admiração Mútua. Em nossa pequena sociedade, minha esposa e eu somos intencionais no tocante a notar o que é amável, verdadeiro e admirável sobre as pessoas assim como sobre nós mesmos. Concordamos em abolir a fofoca e a crítica, falar a verdade em amor e prestar atenção àquelas coisas que são admiráveis um no outro, supondo que as pessoas nunca tentam nos magoar intencionalmente.

COMO MANTER A ADMIRAÇÃO MÚTUA — Semana 12

Esta é uma sociedade fabulosa. O único pré-requisito é o desejo de admirar o melhor um no outro. Não há outras obrigações ou taxas de membresia. Abolimos a crítica, filtramos nosso negativismo e concordamos em falar coisas admiráveis. É uma coisa muito simples e inacreditavelmente poderosa para mudar vidas e casamentos.

A membresia na Sociedade da Admiração Mútua requer uma coisa que muitas pessoas têm dificuldade de realizar: filtrar o negativismo.

O que isso significa? Significa negar-se a se envolver em pequenas discussões, escolhendo, ao contrário, acreditar no melhor sobre a pessoa.

O apóstolo Paulo encoraja-nos a celebrar o progresso do nosso cônjuge em vez de nos queixarmos de suas fraquezas. Devemos observar onde eles precisam de encorajamento e então oferecê-lo generosamente. Nunca devemos focar nas suas dificuldades, e sim amplificar seus pontos fortes.

Há incontáveis benefícios de viver na Sociedade da Admiração Mútua:

1. Oferecemos ao nosso cônjuge a coragem e a força para seguirem seus interesses e metas.
2. Criamos um ambiente no qual nosso cônjuge pode nos encorajar a sonhar e realizar nossos objetivos.
3. Criamos um lugar de segurança onde nosso cônjuge sente-se livre para ser o que é.
4. Recebemos a permissão do nosso cônjuge para sermos quem somos.
5. Criamos um lugar onde podemos nos abrir e compartilhar mais de nossos dons e vida um com o outro.
6. Recebemos a admiração do nosso cônjuge.
7. Criamos uma atmosfera onde a ansiedade dá lugar ao riso, onde a paz e a alegria se desenvolvem.

Se você já viveu na Sociedade da Admiração Mútua, não vai querer morar em qualquer outro lugar. Tendo já sentido o encorajamento diário, a confiança e o amor enorme encontrado naqueles arredores, você nunca mais vai querer voltar ao lugar da crítica. Tendo se sentido recompensado e estimado, nunca mais vai querer acomodar-se com menos.

Questionário Semanal

Há poder na admiração. Estamos todos ávidos por ela, e nosso cônjuge, talvez mais do que qualquer outra pessoa, a merece. Considere fazer da admiração um hábito que você tece na tapeçaria do seu casamento. Você amará os resultados.

Praticar a admiração pode ser difícil. Como você lidaria com esta situação:

Você passa a Sexta-feira Santa na casa da sua irmã, comendo bacalhau e assistindo futebol com muitos outros parentes. Enquanto dirige de volta, você:

a) Analisa minuciosamente o comportamento dos membros da sua família, criticando aspectos de cada pessoa.
b) Elogia seu cônjuge por ter dominado muito bem os desafios da noite, agradecendo-o por seu apoio.

PARA COLOCAR EM PRÁTICA ESTA SEMANA

1. Caso fosse construir um mosaico que representasse o seu casamento, quais cenas você incluiria? De que maneira os suaves e coloridos cacos têm enriquecido a sua vida? De que maneira os cacos escuros, pontiagudos, têm acrescentado profundidade e compaixão à sua alma?
2. Reservem um tempo, preferencialmente como casal, para analisar os 12 passos para um casamento de alma gêmea (veja as páginas 17-18 no Prólogo). Identifiquem as áreas nas quais vocês têm crescido, assim como aquelas nas quais gostariam de continuar trabalhando.
3. Ao final deste estudo, sente-se com o seu cônjuge, se possível, e complete as sentenças a seguir:
   - Tenho esperança em nosso casamento porque:
   - Gosto da forma como você:
   - Admiro você porque:
   - Eu quero _____ para você.
   - Quero separar um tempo para _____ juntos.
   - Meu sonho para o nosso casamento é:

Epílogo

A DECISÃO

CHEGAMOS AO FINAL da nossa jornada juntos. Tenho sido uma testemunha silenciosa da sua coragem de revolucionar seu casamento, escolhendo trazer à tona a alma gêmea em seu cônjuge.

Viajamos juntos durante doze semanas – tempo suficiente para aprender e praticar as doze técnicas incrivelmente valiosas, todas tecidas juntas para criar uma fórmula perfeitamente segura para trazer à tona a alma gêmea em seu cônjuge. É claro que você ainda não domina completamente essas técnicas, mas você deu início à sua jornada. Cada ferramenta, cada estratégia é para ser usada o tempo todo. Conforme você as usar, notará resultados maravilhosos.

Se você já começou a usar algumas das ferramentas deste livro, sabe que os resultados são possíveis. Pode ser que você já tenha tido momentos de vertigem, gargalhadas, de completar a frase um do outro e de saber o que seu cônjuge pensa e quer. Você tem sentido a proximidade desfrutada somente por almas gêmeas.

No entanto, tudo depende de uma decisão. Você fará a escolha de trazer à tona a alma gêmea em seu cônjuge? A sabedoria convencional diz para esperar até que ele seja uma alma gêmea para você e então oferecer algo em troca. Isto simplesmente não funciona.

Você tem o poder para estabelecer os padrões positivos ou negativos. Se escolher padrões de ações positivas, será encorajado e seu cônjuge também. Você será vivificado e seu cônjuge também. Ao escolher ser uma alma gêmea e também trazer à tona a alma gêmea em seu cônjuge, você estará partindo para uma vida de paixão e romance.

Tudo depende da sua decisão de começar a ser uma alma gêmea e, além disso, de sua habilidade de trazer à tona a alma gêmea em seu cônjuge.

Você tem a visão?

Escolha praticar as estratégias contidas neste livro. Elas são poderosas e funcionam. Acredite. Meu casamento já passou por momentos sem os traços de alma gêmea e também por muitos momentos de alma gêmea, e eu prefiro muito mais a segunda opção. Descobri, inquestionavelmente, que eu determino se Christie é minha alma gêmea. Enquanto faço a minha parte em trazer à tona a alma gêmea nela, sou abençoado por ela ser uma alma gêmea maravilhosa para mim.

Você deve tomar uma decisão firme de continuar nesta jornada. Revise os resumos dos capítulos, decidindo praticar estas ferramentas, fazendo delas um hábito em sua vida. Você deve decidir admirar e apreciar seu cônjuge. Mesmo quando notar qualidades que não pertencem a uma alma gêmea, olhe com cuidado. Tente novamente. Busque algo mais. Há uma alma gêmea esperando por você, exatamente em seu casamento.

Não existem pessoas perfeitas e certamente não existem casamentos perfeitos.

Felizmente, ser uma alma gêmea não depende de perfeição. Depende apenas de ser real, elegante e compromissado com a visão para aquilo que é possível. Como o mosaico espetacular de pedaços quebrados, você pode escolher ver seu cônjuge por aquilo que ele é – uma alma gêmea. É sua decisão e tarefa trazer à tona a alma gêmea em seu cônjuge. Deus o abençoe nesta jornada.

SOBRE O AUTOR

O DR. DAVID HAWKINS tem trabalhado com aconselhamento por mais de trinta anos e é autor de mais de trinta livros, inclusive da série de *best-sellers Your Pocket Therapist [Seu Terapeuta de Bolso]*. Ele também trabalha como colunista semanal para a Crosswalk.com e para a CBN.com. O Dr. Hawkins fundou o Marriage Recovery Center [Centro de Recuperação de Casamentos] e é proprietário da Pacific Psychological Associates [Associação de Psicólogos do Pacífico], com escritórios em todo o Estado de Washington. Ele mora em Bainbridge Island, Washington, com sua esposa Christie. Visite-o *on-line* no endereço http://www.yourrelationshipdoctor.com.